广东省质量工程项目：国际经济贸易专业、
国际商务专业综合改革试点项目成果

国际商务谈判

International Business Negotiation

主　编　左连村
副主编　夏海霞　吴丽华

中山大学出版社
SUN YAT-SEN UNIVERSITY PRESS
·广州·

版权所有　翻印必究

图书在版编目（CIP）数据

国际商务谈判/左连村主编．—广州：中山大学出版社，2018.1
ISBN 978 – 7 – 306 – 06199 – 7

Ⅰ.①国… Ⅱ.①左… Ⅲ.①国际商务—商务谈判—教材 Ⅳ.①F740.41

中国版本图书馆 CIP 数据核字（2017）第 242638 号

GUOJI SHANGWU TANPAN

出 版 人：	徐　劲
策划编辑：	金继伟
责任编辑：	林彩云
封面设计：	曾　斌
责任校对：	刘学谦
责任技编：	何雅涛
出版发行：	中山大学出版社
电　　话：	编辑部 020 - 84110771，84113349，84111997，84110779
	发行部 020 - 84111998，84111981，84111160
地　　址：	广州市新港西路 135 号
邮　　编：	510275　传　真：020 - 84036565
网　　址：	http://www.zsup.com.cn　E - mail：zdcbs@mail.sysu.edu.cn
印 刷 者：	广州家联印刷有限公司
规　　格：	787mm×1092mm　1/16　18 印张　353 千字
版次印次：	2018 年 1 月第 1 版　2018 年 1 月第 1 次印刷
定　　价：	39.80 元

如发现本书因印装质量影响阅读，请与出版社发行部联系调换

前　言

本书依据国际商务谈判的前沿知识和最新研究成果，适应国际商务谈判的课程特点，集理论性、实用性与趣味性于一体，体现了国际商务知识的前沿性、全面性、理论性、实用性以及趣味性等特征。全书共分为四编：第一编为国际商务谈判概论，第二编为国际商务谈判专论，第三编为国际商务谈判案例，第四编为国际商务实训游戏。

本书适合大专院校和科研机构从事国际经济、国际贸易、国际金融、国际企业管理的本（专）科生、研究生、专业教师和专业研究人员作为专业用书，也适合从事国际经济、国际贸易、国际金融、国际企业管理实际工作部门和相关管理部门人员以及其他对该领域有兴趣的人士作为学习参考用书。

本书是广东省高等学校"专业综合改革试点"（国际经济与贸易、国际商务）项目成果，由广东外语外贸大学南国商学院国际经济与贸易专业的教师集体完成。本书的撰写分工是：第一编第一章，第二编第三、四、七章由夏海霞老师撰写；第一编第二章、第二编第六章由陈文婧老师撰写；第一编第三、四、五、九章，第二编第一章由胡萍老师撰写；第一编第六章由罗惠铭老师撰写；第一编第七章由杜可君老师撰写；第一编第八章、第二编第五章由左连村老师撰写；第二编第二章由黄跃老师撰写；第三编由第一编和第二编的老师共同设计完成；第四编由吴丽华老师整理撰写。

全书由左连村教授确定写作理念、拟定写作大纲、设计各章关键词及写作导向，并对全书进行修改、增删、总纂定稿。

目 录

第一编 国际商务谈判概论 ····················· 1

第一章 国际商务谈判概述 ····················· 1
 第一节 国际商务谈判的定义与特点 ················ 1
 第二节 国际商务谈判的基本原则 ················· 5
 第三节 国际商务谈判的基本模式 ················· 7
 第四节 国际商务谈判的程序 ··················· 9

第二章 国际商务谈判的礼仪 ···················· 11
 第一节 商务谈判礼仪的基本含义 ················· 11
 第二节 商务谈判礼仪的作用 ··················· 11
 第三节 商务谈判礼仪的原则 ··················· 12
 第四节 交往中的一般礼仪规范 ·················· 14
 第五节 见面时的一些礼仪与禁忌 ················· 15
 第六节 递名片的礼节 ······················ 18
 第七节 电话联系的礼节 ····················· 18
 第八节 拜访的礼节 ······················· 19
 第九节 接待的礼仪 ······················· 20
 第十节 宴会的礼节 ······················· 20
 第十一节 馈赠礼品的礼仪与禁忌 ················· 22

第三章 商务谈判前的组织和准备 ·················· 24
 第一节 商务谈判目标的确定 ··················· 24
 第二节 谈判情报的收集 ····················· 26
 第三节 信息收集的方法与途径 ·················· 33
 第四节 制订谈判计划 ······················ 37
 第五节 谈判物质条件的准备 ··················· 43

第四章 国际商务谈判的过程及策略 ················· 46
 第一节 谈判过程概述 ······················ 46
 第二节 谈判开局阶段 ······················ 48

第三节　谈判磋商阶段 …………………………………………… 52
　　　第四节　谈判的终结 ……………………………………………… 66
　　　第五节　成交与签约 ……………………………………………… 71
　第五章　国际商务价格谈判 …………………………………………… 74
　　　第一节　报价的依据和策略 ……………………………………… 74
　　　第二节　报价策略 ………………………………………………… 79
　　　第三节　价格磋商 ………………………………………………… 82
　第六章　国际商务合同谈判 …………………………………………… 88
　　　第一节　涉及合同谈判的基本概念 ……………………………… 88
　　　第二节　合同谈判中应注意的问题 ……………………………… 90
　第七章　电子商务谈判 ………………………………………………… 97
　　　第一节　电子商务谈判概述 ……………………………………… 97
　　　第二节　电子商务谈判的主要特点 ……………………………… 98
　　　第三节　电子商务谈判的准备流程 ……………………………… 99
　　　第四节　电子商务谈判的优势 …………………………………… 101
　　　第五节　电子商务谈判的劣势 …………………………………… 103
　第八章　跨文化谈判 …………………………………………………… 105
　　　第一节　文化的本质及文化的要素 ……………………………… 105
　　　第二节　文化差异对商务谈判的影响 …………………………… 106
　　　第三节　国际商务谈判文化差异：十大谈判要素视角 ………… 107
　　　第四节　国际商务谈判文化差异的应对策略 …………………… 114
　第九章　模拟谈判 ……………………………………………………… 117
　　　第一节　模拟谈判的必要性 ……………………………………… 117
　　　第二节　拟定假设 ………………………………………………… 118
　　　第三节　模拟内容及方式 ………………………………………… 119
　　　第四节　总结 ……………………………………………………… 120

第二编　国际商务谈判专论 ……………………………………………… 121
　第一章　当代商务谈判需求理论 ……………………………………… 121
　　　第一节　需要与谈判 ……………………………………………… 122
　　　第二节　谈判需要理论的运用 …………………………………… 123
　　　第三节　商务谈判的三层利益 …………………………………… 126

第二章　商务谈判心理 128
第一节　商务谈判心理学的本质 128
第二节　商务谈判心理学应用的基础——人的需要 128
第三节　动机的强化与抑制 132
第四节　心理锚定及谈判中心理锚的设定 135
第五节　商务谈判中的心理防御 137

第三章　谈判思维 139
第一节　什么是谈判思维 139
第二节　商务谈判思维方法 142
第三节　谈判思维的障碍与误区 146

第四章　谈判语言 151
第一节　商务谈判语言的分类 151
第二节　商务谈判语言的特点 152
第三节　谈判语言的运用技巧 154

第五章　谈判道德 161
第一节　国际商务谈判道德规范的一般性 161
第二节　国际商务谈判的道德准则 162
第三节　国际商务谈判的非道德行为 164
第四节　国际商务谈判非道德行为的后果 168
第五节　国际商务谈判中施展策略与法律、信誉和道德的关系 170

第六章　谈判风格 173
第一节　商务谈判风格的特点与作用 173
第二节　学习谈判风格的作用 174
第三节　部分国家商人的谈判风格 176
第四节　世界各地商人谈判风格的基本分类 185

第七章　谈判中的权力与时间 188
第一节　权力 188
第二节　时间 195

第三编　国际商务谈判案例 199
一、国际商务谈判概述案例 199

二、国际商务谈判的礼仪案例 ………………………………………… 206
三、国际商务谈判前的组织和准备案例 ………………………………… 207
四、国际商务谈判的过程和策略案例 …………………………………… 211
五、国际商务价格谈判案例 ……………………………………………… 215
六、国际商务合同谈判案例 ……………………………………………… 221
七、跨文化谈判案例 ……………………………………………………… 223
八、模拟谈判案例 ………………………………………………………… 225
九、谈判需要案例 ………………………………………………………… 228
十、谈判心理案例 ………………………………………………………… 231
十一、谈判思维案例 ……………………………………………………… 234
十二、谈判语言案例 ……………………………………………………… 236
十三、谈判道德案例 ……………………………………………………… 238
十四、谈判风格案例 ……………………………………………………… 241

第四编 国际商务谈判实训游戏 ………………………………………… 247

游戏一 谈判氛围游戏——初次见面 …………………………………… 247
游戏二 谈判情绪——寻找情绪源 ……………………………………… 248
游戏三 谈判认知游戏——教你穿衣服 ………………………………… 250
游戏四 解决争端模拟谈判游戏——"你的货有问题" ……………… 251
游戏五 谈判的语言沟通——不要激怒我 ……………………………… 252
游戏六 谈判者的类型——你像哪种动物 ……………………………… 253
游戏七 肢体语言游戏——肢体语言的秘密 …………………………… 255
游戏八 谈判团队合作游戏——找错误 ………………………………… 256
游戏九 谈判策略——Queen 还是 King？ …………………………… 257
游戏十 双向沟通——闭上眼睛撕纸 …………………………………… 259
游戏十一 有效沟通——瞎子摸号 ……………………………………… 260
游戏十二 数字传递 ……………………………………………………… 260
游戏十三 双赢谈判 ……………………………………………………… 261
游戏十四 赌筹码 ………………………………………………………… 263
游戏十五 积极反馈 ……………………………………………………… 264
游戏十六 摆放积木 ……………………………………………………… 266
游戏十七 博弈游戏 ……………………………………………………… 267

游戏十八　拍卖游戏 …………………………………… 268
游戏十九　用力推 ……………………………………… 269
游戏二十　这是几呢? …………………………………… 270

参考文献 ……………………………………………………… 272

第一编　国际商务谈判概论

第一章　国际商务谈判概述

每个人都生活在一张巨大的谈判桌上，无论你喜欢与否，都需要与他人进行谈判。一个人的谈判能力和水平高低在一定程度上决定了他的生活质量。谈判能力是现代社会人必备的基本能力之一。要理解国际商务谈判的含义、特点、基本原则、模式和程序，并能运用到现实生活中去，养成理论联系实际的习惯。

第一节　国际商务谈判的定义与特点

国际商务谈判，是国际商务活动中不同的利益主体，为了达成某笔交易，而就交易的各项条件进行协商的过程。当今的国际商务活动中，不论是政府支持的建设项目，还是企业开展的技术引进或是跨国投资、货物买卖、金融保险、国际运输、咨询服务等，都不可避免地需要中外双方就所筹划的业务进行磋商，以求达成双方都能接受的条件和协议。所以，国际商务谈判是对外经济贸易工作中不可缺少的重要环节，是调整和解决不同国家和地区政府及商业机构之间不可避免的经济利益冲突必不可少的一种手段。

谈判是我们进行国际商务活动的一个极其重要的环节。它所涉及的有关项目合作或交易的内容、价格、时间、义务和责任以及其他条件，都必须通过协商谈判来确定，所以谈判的结果直接关系到双方的利益。双方通过谈判取得的协议具有法律效力，不能轻易改变。因此，总结国际商务谈判的经验教训，研究国际商务谈判的规律，正确使用谈判技巧，合理处理谈判中出现的各种问题，是开展国际商务活动的重要方面。了解掌握国际商务谈判原则、方法，善于运用谈判技巧、运用谈判艺术处理复杂的商务活动，这是对一个国际商务工作者的基本要求。

一、国际商务谈判的定义

国际商务谈判是一项集政策性、技术性、艺术性于一体的社会经济活动。所谓谈判（negotiation），按照一般的认识，是指人们基于某种需要，彼此进行信息交流，磋商条款，旨在协调相互关系，赢得或维护各自利益的行为过程。美国谈判学会会长、著名律师杰勒德·尼尔伦伯（Gerard I. Niernberg）在《谈判的艺术》（The Art of Negotiating）一书中阐述了更为明确的观点，他认为，谈判的定义最为简单，而涉及的范围最为广泛，每一个要求满足的愿望和每一次要求满足的需要，至少都是诱发人们展开谈判过程的潜在因素。只要人们为了改变相互关系而交换观点，或者为了取得一致而磋商协议，他们就是在进行谈判。

谈判的本质在于任何谈判都是为了某种利益，而利益的满足受到谈判各方的制约，他们之间既有利益方面的矛盾与冲突，又相互依赖，有共同的利益。因此，他们需要协商沟通，达成一致，实现合作，获得利益。因此谈判的定义如下：

（1）谈判是指利益各方为了达成某笔交易，彼此通过信息交流，就交易的各项要件进行协商的行为过程。谈判作为协调各方关系的重要手段，广泛应用于政治、经济、军事、外交、科技等领域。

（2）国际商务谈判，是指在国际商务活动中，处于不同国家或地区的人们为了达成某笔交易，彼此通过信息交流，就交易的各项要件进行协商的行为过程。国际商务谈判是国际商务活动的重要组成部分，是国际商务理论的主要内容，是国内谈判的延伸和发展。可以说，国际商务谈判是对外经济贸易活动中普遍使用的一种解决不同人们的利害冲突、实现共同利益的必不可少的手段。

由于谈判各方立场不同，所追求的具体目标各异，因此，谈判过程充满复杂的利害冲突与矛盾。如何解决这些冲突与矛盾，正是谈判人员所承担的任务。

二、国际商务谈判的特点

中美两国谈判建立一个合资企业，由中国提供生产场地，美国提供先进技术。建立这样一个合资企业，美国的目的和需求可能是：利用自己的技术优势，通过合资企业的方式，绕过直接贸易的障碍，开拓中国广阔的市场并扩大原有的市场份额，以获得长期的利润。而中国的目的和需求可能是：利用美国先进的技术，提高本国的生产水平，获得更多订单，开拓国际市场。显然，双方的目的和需求既统一又矛盾。其统一性表现在通过建立合资企业来达到各自的目的。其矛盾性表现在美国提供技术是要开拓中国市场，获得丰厚利润；中国希望吸收美国的先进技术，提高自己的技术水平，发展出口。一个是以技术换市场，一个是以市场换技术。双方通过谈判，寻找都能接受的方案，使矛盾在一定条件下达到统一。由此，作为调节利益关系的谈判有以下特点：

（1）谈判不是单纯追求自身利益需要的过程，而是双方通过不断地调整各自的需要，最终达成一致意见的过程。谈判是提出要求，做出让步，最终达成协议的一系列过程。谈判是需要时间的，复杂的谈判更是如此。谈判时间的长短，取决于谈判双方对利益冲突的认识程度以及双方沟通的程度。

（2）谈判不是"合作"或"冲突"的单一选择，而是"合作"或"冲突"的矛盾统一。通过谈判达成的协议应该对双方都有利，使各方的基本利益都得到保障，这是谈判合作性的一面；谈判各方积极地维护自己的利益，希望在谈判中获得尽可能多的利益，这是谈判冲突性的一面。对谈判人员来说，了解和认识谈判是合作与冲突的统一很重要。在制定谈判方针、选择和运用谈判策略时，要防止两种倾向：一是只注意谈判的合作性，害怕冲突与矛盾。当谈判陷入僵局时，茫然不知所措，对对方的要求只是一味地妥协和接受，不敢据理力争，结果是吃亏受损。二是，将谈判看成是你死我活的争斗，只看到谈判冲突性的一面，一味进攻，寸步不让，不知妥协，结果导致谈判破裂。这两种倾向都不可取，尤其是在国际商务谈判中。

（3）谈判有一定的利益限制。谈判者要在可能的范围内追求更多的利益，而不是无限制地满足自己的利益。谈判者必须满足对方的最低需要，若无限制地逼迫对方，最终可能会因为对方的退出而丧失可能到手的利益。尼尔伦伯格说过，谈判不是一场棋赛，不要求决出胜负，谈判也不是一场战争，要把对方消灭或置于死地，谈判恰恰是一项互惠互利的合作事业。

（4）通过综合的价值评判标准来判定一场谈判是否成功。商务合作是一个长期的过程，不能仅仅以实现某一次某一方的预定目标作为成功与否的标准。在谈判中，如果一方得到的很多，另一方得到的很少，则一方认为自己的谈判是成功的，这种判定则有些片面，是"谈判近视症"的一种表现。既然谈判是一项互惠互利的合作事业，那么至少有以下三个价值评判标准。

第一，目标实现标准。谈判的最终结果有没有实现预期目标？在多大程度上实现了预期目标？这是人们评价一场谈判是否成功的首要标准。

第二，成本优化标准。一场谈判通常有三项成本：谈判桌上的成本、谈判过程的成本和谈判的机会成本。为了达成协议所做出的让步，也就是预期收益与实际谈判收益的差距，这是谈判桌上的成本；为谈判所耗费的各种资源，包括投入的人力、物力、财力和时间，这是谈判过程中的成本，也是直接成本；因为参加了该项谈判而失去了其他获利机会，损失了可望的其他价值，即谈判的机会成本。

第三，人际关系标准。对于商务谈判而言，谈判的结果不只是体现在最终达成的价格高低、利润分配多少、风险和收益的关系，还应体现在人际关系中。也就是说，谈判是促进和加强了双方的友好合作关系还是削弱了双方的友好关系。谈判者应该具备长远的战略眼光，既要考虑眼下利益，也要考虑长远发展。在谈判中除了争取实现预定目标，降低谈判成本外，还要重视建立和维护双方的友好合作关系。

（5）谈判是科学性和艺术性的有机结合。谈判者必须以理性的思维对涉及的各方利益进行系统而具体的分析研究，根据一定的规律、规则来制订谈判的方案和策略。这是谈判具有科学性的一面。同时，谈判又是人与人之间的直接交流活动，谈判者的素质、能力、经验、心理状态以及临场发挥水平，对谈判的过程和结果有着极大的影响。同样的谈判，在同样的环境下，不同的人去谈判，结果往往不同，这就反映出谈判具有艺术性的一面。对于一个谈判者来说，在谈判中既要讲究科学性，也要讲究艺术性。

国际商务谈判，既具有以上所述的一般谈判的特点，同时又具有国际商务谈判活动的特殊性，主要表现在：

第一，国际商务谈判既是一种商务交易的谈判，也是一项国际交往活动，具有较强的政策性。由于谈判双方的商务关系是两个国家或两地区之间经济关系的一部分，因此常常涉及两国之间的政治关系和外交关系，两国或地区的政府常常会干预和影响商务谈判，这都会对谈判带来影响。因此，国际商务谈判必须贯彻执行国家的有关方针政策和外交政策。同时，在国际商务谈判中还应注意国别政策，遵守对外经济贸易的一系列法律和规章制度。

第二，国际商务谈判应按国际惯例和法律办事。国际商务谈判会涉及国际贸易、国际结算、国际保险、国际运输等问题，因此，在国际商务谈判中要以国际商法为准则，以国际惯例为基础。作为谈判者，要熟悉各种国际惯例，了解对方所在国或地区的法律条款，明白国际经济组织的各种规定和国际法律。

第三，影响谈判的因素复杂多样。国际商务谈判牵涉不同国家和地区的人们，他们有着不同的社会文化背景，代表不同的政治经济体制，其价值观念、思维方式、行为方式、语言、习俗等都有很大差异，从而增加了谈判的不确定性。

第四，国际商务谈判涉及的内容广泛。由于国际商务谈判将导致有形或无形资产的跨国转移，因而涉及国际贸易、国际金融、国际运输与保险、会计等一系列复杂的问题。同时，国际形势复杂多变，国际市场价格变化多端，竞争非常激烈，这就要求从事国际商务谈判者不仅要有全面的专业知识，还要熟悉对方国家的市场行情及风土人情，从而灵活运用谈判技巧。

第二节　国际商务谈判的基本原则

国际商务谈判是具有利益关系的双方或多方为谋求一致而进行协商洽谈的协调沟通活动。商务谈判的基本原则是商务谈判的指导思想和行为准则，决定了谈判中采用什么谈判策略和技巧以及如何运用这些策略和技巧。认识把握和遵循谈判原则是维护谈判各方利益、取得共识的基本保证，有助于提高谈判的成功率。国际商务谈判主要有以下四项原则。

一、合作原则

合作原则是指谈判双方一起努力，扩大双方的共同利益，力争达成双赢的谈判。商务谈判是企业进行经营活动和参与市场竞争的重要手段，有的人一说谈判，就把对方置于竞争者的位置，把谈判看成是一场比赛或一场战斗，非要论个你输我赢，过于强调商业中的利益冲突和矛盾。其实，在国际商务活动中，谈判的双方或多方都有着一定的共同利益，他们是合作的对象而不是敌对的对象。明智的做法就是通过双方的合作，发掘现实中存在的潜在利益，努力降低成本，减少风险，使双方都有利可图，也就是常说的"把蛋糕做大"。

谈判是一种合作，应明确双方不是敌人而是朋友。只有在这一指导思想下，谈判者才能秉持合作的态度，通过双方努力"把蛋糕做大"，一旦"蛋糕"足够大了，那么其他方面的问题就显得相对容易了，就容易达成双方满意的协议并能认真履约。

二、诚信原则

真诚守信在商务谈判中的价值不可估量，它会使谈判方从劣势变为优势，使优势更加发挥作用。

谈判各方之间的相互信任感会决定谈判有一个好的发展，因为信任感在商务谈判中的作用是至关重要的。如果双方没有信任感，也就不可能有任何谈判，也不可能达成任何协议，而只有让对方感到你是有诚意的，才可能对你产生信任感；只有出于真诚，双方才会认真对待谈判。对于谈判者来说，真诚守信重于泰山。

在谈判中，双方应真诚相待，讲信用，讲信誉。谈判只有做到真诚守信，才能取得相互的理解、信赖与合作，即谈判双方坚持真诚守信的谈判原则，就在很大程度上奠定了谈判的基础。在谈判中注重真诚守信，要做到以下两点：一是要站在对方的立场上，将自己了解到的情况坦率相告；二是把握时机，以适当的方式向对方袒露己方的某些意图，消除对方的心理障碍，化解疑惑，为谈判打下坚实的信任基础。真诚守信原则，并不是反对谈判中的策略运用，而是要求企业在基本的出发点上要真诚可信，讲究信誉，言必行，行必果，要在人格上取得对方的信赖。真诚守信原则还要求在谈判时，观察对手的谈判诚意和信用程度，以避免不必要的损失。

三、立场服从利益原则

立场服从利益原则，是指谈判双方立足于利益而在立场方面做出一定的让步。在日常生活中，人们往往在一些无关痛痒的立场上斤斤计较，结果会破坏谈判的和谐气氛，使谈判成为一场意志的较量，严重阻碍谈判协议的达成。

无论在国际商务谈判还是国内商务谈判，人们往往习惯站在自己的立场上讨价还价，协商问题。这样做往往很死板，很难通过让步达成一致，使谈判议题陷入僵局或者谈判破裂，使双方不欢而散。所以，以利益服从立场为原则进行谈判，虽然坚持立场是为了维护自己的利益，其结果往往是事与愿违、消极、不利的。而在立场服从利益的前提下，谈判会变得灵活，谈判者往往更加机敏，只要有利于己方或双方，可以不断修正或更改谈判方案。

四、守法原则

守法原则，是指在谈判以及签订合同的过程中，要遵守国家的法律、法规和政策。与法律、法规相抵触的谈判，即使出于谈判双方自愿达成，也是无效的、不受法律保护的。

在国际贸易谈判中，还应遵守国际法和国际惯例，并尊重对方国家的有关法律法规。对外谈判最终签署的各种文书都具有法律效力，受法律保护。因此，谈判者的发言，特别是书面文字，一定要符合法律的规定和要求。一切语言、文字应具有双方一致承认的明确的合法内涵。必要时要对用语给予具体明确的解释并写入协议文件，以免因解释调控的分歧而导致在执行过程中发生争议。按照这一原则，主谈判者的重要发言，特别是协议文件，必须经由熟悉国际法、国际惯例和涉外经济法规的律师进行细致的审定。

第三节 国际商务谈判的基本模式

作为一名谈判者，应该把谈判看成是一个连续的过程，每次谈判都需要经过一系列程序，包括议题评估、谈判计划、建立关系、达成协议和履行协议五个流程。谈判不仅仅是要达到所设定的目标和要解决的问题，同时也要致力于长远的合作关系。这里介绍一种国际上流行的 APRAM（appraisal，plan，relationship，agreement，maintenance）模式。APRAM 模式由以下五个环节组成。

一、进行项目评估

商务谈判是否取得成功，过去都认为主要取决于谈判者能否正确地把握谈判进程,能否巧妙地运用谈判技巧和策略。然而,谈判成功的因素,除了取决于谈判桌上的你来我往、唇枪舌剑外,更重要的是谈判前的各项准备工作,其中项目评估(Appraisal)工作尤为重要。项目评估主要针对谈判项目的需求、范围和可行性进行分析,并制订项目的总体安排计划。

二、制订正确的谈判计划

制订谈判计划(Plan)时,要明确自己的谈判目标,并要想方设法理解和弄清楚对方的谈判目标。在确定了两者的目标之后,谈判者就要将两者的目标加以比较,找出与对方完全一致的地方及不一致的地方,并提出解决方案,再详细制订时间计划、预算计划和人员计划并做出风险评估。

三、建立谈判双方的信任关系

在正式谈判之前,要建立与谈判对方的良好关系(Relationship)。要努力使对方信任自己,并尽量设法表现出自己的诚意。在与不熟悉自己的人进行谈判时,向对方表示自己的诚意是非常重要的。要记住,使对方最终信任自己的是行动,而不仅仅是语言。所以,要做到有约必行,不轻易许诺。如果还没与对方建立起足够的信任关系,就不应匆忙进入实质性的谈判。否则,勉强行事,谈判效果会受到影响,甚至会将可以办好的事情弄糟。

四、达成使双方都能接受的协议

在谈判双方建立了充分的信任关系之后,即可以进入实质性的谈判阶段。首先,要核实对方的谈判目标,对彼此意见一致的问题加以确认与强调,对彼此存在的问题进行充分的交流与协商,寻求一个双方都能接受并有利于双方利益的解决方案(Agreement)。

五、协议的履行与关系的维持

在谈判中,有的人一旦达成了己方比较满意的协议就拍掌欢呼,或者认为对方会毫不动摇地履行相应的义务和责任。这其实是片面的。切记,在商务合作中,履行职责的是人而不是协议。因此,签订协议书是重要的,但是维持(Maintenance)协议、确保协议得到履行更加重要。所以,需要做到自己信守协议并对于对方遵守协议的行为给予适时的情感反应。

APRAM 谈判模式实际上就是谈判的基本步骤。步骤之间相互关联，前一步骤为后一步骤打下基础，形成一个连续不断的循环过程。

第四节　国际商务谈判的程序

国际商务谈判是一项复杂的活动，易于受各种主客观因素的影响，谈判桌上往往风云变幻、跌宕起伏。同时，由于各种谈判内容不同，各谈判方的目标、实力、风格、策略等也不同，所以商务谈判是千差万别、多姿多彩的。当然，无论谈判的内容和形式如何不同，商务谈判总是依照一定的程序进行的。一般来说，国际商务谈判的程序大体可以分为以下几个阶段。

一、准备阶段

准备阶段是指谈判正式开始前的阶段，其主要任务是调查谈判环境、搜集相关情报、选择谈判对象、制订谈判方案与计划、组织谈判人员、建立与对方的关系等。准备阶段是商务谈判最重要的阶段之一，良好的准备有助于增强谈判的实力，建立良好的关系，影响对方的期望，为谈判的顺利进行和成功创造良好的条件。

二、开局阶段

开局阶段是指谈判开始以后到实质性谈判开始之前的阶段，是谈判的前奏和铺垫。虽然这个阶段不长，但它在整个谈判过程中起着非常关键的作用，它为谈判创造了一个氛围和格局，影响和制约着谈判的进行。开局阶段是谈判双方的首次正式亮相，直接关系到谈判的主动权。开局阶段的主要任务是建立良好的第一印象，创造合适的谈判气氛，谋求有利的谈判地位，等等。

三、摸底阶段

摸底阶段是指实质性谈判开始后到报价之前的阶段。在这个阶段，谈判双方通常会交流各自的意图和想法，试探对方的虚实，协商谈判的具体事项，并首次对双方无争议的问题达成一致。摸底阶段虽然不能直接决定谈判的结果，但是它关系到双方对最关键问题（价格）谈判的成效；同时,在此过程中,双方通过互相摸底,也在不断调整自己的谈判预期与策略。

四、磋商阶段

磋商阶段是指一方报价后至成交前的阶段,是整个谈判的核心阶段,是谈判策略与技巧运用集中体现的阶段,直接决定着谈判的结果。现阶段包括了报价、讨价、还价、要求、抗争、异议处理、压力与反压力、僵局处理、让步等诸多活动和任务。磋商阶段与摸底阶段往往不是截然分开的,而是相互交织在一起的,即双方如果在价格问题上暂时谈不拢,又会回到其他问题继续洽谈,再次进行摸底,直至最后攻克价格这个堡垒。

五、成交阶段

成交阶段是指双方在主要交易条件基本达成一致以后,到协议签订完毕的阶段。成交阶段并不代表谈判双方的所有问题都已解决,而是指提出成交的时机已经到了。实际上,这个阶段双方往往需要对价格及主要交易条件进行最后的谈判和确认。但是,此时双方的利益分歧已经不大,可以提出成交了。成交阶段的主要任务是对前期谈判进行总结回顾,进行最后的报价和让步,促使成交,拟订合同条款及对合同进行审核与签订等。

六、协议后履约阶段

合同的签订代表着谈判告一段落,但并不意味着谈判活动的完结,谈判的最终目的不是签订合同,而是履行合同。因此,协议签订后的阶段也是谈判过程的重要组成部分。该阶段的主要任务是对谈判进行总结和资料管理,确保合同的履行与维护双方的关系。

第二章　国际商务谈判的礼仪

要促成一次成功的商务谈判，礼仪是必不可少的环节。礼仪既是人类社会不断发展进步的产物，也是人们在日常往来中逐渐产生的民俗、习惯、传统等行为模式的规范准则。商务礼仪是礼仪的重要组成部分，是商务人员在从事商务活动的过程中，以树立良好形象（包括个人及企业）为目的，所需要遵守的社会秩序或行为规范。在商务谈判中，举止规范、行为得体，是商务谈判人员应当具备的基本素质。

第一节　商务谈判礼仪的基本含义

首先，我们需要了解何谓商务礼仪。商务礼仪可看作是公司或者企业中的商务人员在进行商务活动的过程中，以塑造个人或组织的良好形象，对商务谈判对象表示友好及尊敬的行为规范或行事程序。商务谈判礼仪，是指人们在长期的商务谈判活动中逐渐形成的惯例以及行为规范。这些规范要求商务谈判者的言行举止符合情理，待人接物得体得当，注重服饰的美观，从而塑造良好的形象，以便达到更有效率地完成商务谈判的目的。商务谈判礼仪包括礼节和仪式两个部分。

随着经济全球化的迅速发展，以及日益丰富的地区、文化、民族背景，商务活动中需要注意的礼仪和禁忌也在不断增多。因此，对商务人员所应当具备的商务谈判礼仪的素质要求也会更高。

第二节　商务谈判礼仪的作用

商务谈判礼仪主要包括三个方面的作用：沟通作用、形象塑造作用及协调作用。

一、沟通作用

商务谈判往往是由谈判双方相互进行的双向活动，谈判的成功与否也主要取决于谈判的双方是否进行了有效的沟通。随着商务活动中谈判双方交往的深入，双方都会产生一定的情绪或情感，或是排斥，或是吸引。此时，良好的谈判礼仪便能发挥作用，以得当的礼仪与对方拉近距离，在双方间建立良好的人际关系，从而促进商务活动的顺利进行。不得体的礼仪则会为对方留下不好的印象，从而使双方无法建立良好的人际关系，并进一步影响到谈判活动的顺利进行。

二、形象塑造作用

塑造良好的个人或组织形象也是商务谈判礼仪的一个重要作用。商务人员的一言一行应当合情合理，商务人员的着装或仪表应当大方得体。商务礼仪不仅体现商务人员的思想水平、文化修养、交际能力，而且体现企业的价值观、道德观以及员工的整体素质。因此，通过商务人员或组织的形象，也是我们了解其整体文明程度的重要渠道。

三、协调作用

商务活动中的争执和分歧往往在所难免，在谈判的过程中，良好的谈判礼仪也发挥着不可或缺的协调作用。

第三节　商务谈判礼仪的原则

一、基本原则

（一）尊重原则

尊重是所有礼仪的情感基础，我们应当充分地考虑别人的兴趣和情感。在商务活动中，人与人之间是平等的。我们理应做到尊重长辈，关心客户，这些礼仪可以体现一个人良好的素质。"敬人者人恒敬之，爱人者人恒爱之""人敬我一尺，我敬人一丈"。学会礼貌待人的同时也是一种自重行为。

（二）真诚原则

商务谈判活动不是着眼于短期利益的行为，而是更加注重其长远利益，只有恪守真诚原则，着眼未来，通过长期潜移默化的影响，才能获得最终利益。就是说，商务谈判者及企业都应当爱惜自身的形象和声誉，不应局限于追求礼仪外在的形式，更应将其作为商务谈判者情感的真诚流露与表现的途径。

（三）适度原则

适度是指感情适度、谈吐适度、举止适度。只有学会适度才能真正赢得对方的尊重，达到谈判的目的。在人际交往中，要注意各种不同情况下的社交距离，要善于把握沟通时的感情尺度。在商务谈判活动中，沟通和理解是建立良好合作的重要条件。但是，如果谈判者不善于把握沟通时的感情尺度，或是在商务谈判的人际交往中缺乏适度的距离，结果往往会背离自己的初衷。

（四）自律原则

礼仪的一个最基本的功能就是通过规范各种行为，使企业及其员工养成良好的自律习惯。商务谈判礼仪要通过员工的言谈举止及其在处理各种关系时所应遵循的原则与态度中表现出来。一定的商务谈判礼仪可以使得企业的规章制度、规范和道德具体化为一些固定的行为模式，从而对这些规范起到强化作用。企业的各项规章制度既能够体现企业的道德观和管理风格，也体现出礼仪的要求。员工在企业制度范围内调整自己的行为，实际上就是在固定的商务礼仪中自觉维护和塑造良好的企业形象，树立企业遵纪守法、遵守社会公德的良好形象。

二、黄金规则

英国学者大卫·罗宾逊曾概括出一些从事商务活动的黄金规则，具体表述可用"IMPACT"来概括，即 Integrity（正直），Manner（礼貌），Personality（个性），Appearance（仪表），Consideration（善解人意）和 Tact（机智）。

（一）正直

正直指个人的言行可表现出诚实、可靠、值得信赖的品质。良好的商务举止的第一条黄金规则就是——你的正直应当是毋庸置疑的，不正直是多少谎言也无法掩饰的。

（二）礼貌

礼貌即指人的举止模式。当与他人进行商务交往时，个人的风度可以向对方表明自己是否可靠，行事是否正确、公正。粗鲁、自私、散漫是不可能让双方的交往深入发展的。

（三）个性

个性是指个人在商务活动中表现出来的独到之处。比如说你可以对商务活动充满激情，但不能感情用事；你可以态度不恭敬，但不能不忠诚；你可以逗人发笑，但不能表现轻率、轻浮；你可以表现自己才华横溢，但不能过于惹人厌烦。

（四）仪表

以貌取人对常人来说往往是在所难免的。商务谈判人员要做到衣着整洁得体，举止落落大方，通过仪表给商务伙伴留下良好的印象是一项十分重要的守则。

（五）善解人意

善解人意是良好的商务风度中的一项最基本的原则。成功的谈判者往往会在事前扮演一下对手的角色。如果谈判者事先就模拟过即将与之交谈、书信往来或电话联系的对象可能产生的一些反应的场景，就可以更谨慎、更敏锐地与对方打交道。

（六）机智

在商务谈判活动中，任何人都有可能对某些挑衅行为立即做出反应，或者利用某些显而易见的优势；如若一时冲动，则可能导致后悔不迭。因此，在谈判中若有疑虑时，保持沉默才是机智的表现。

第四节 交往中的一般礼仪规范

一、守时守约

守时守约是商务谈判中最基本的礼貌，也是表示友好和尊重的表现。参与谈判或者其他的商务活动，谈判者都应当按约定好的时间到达，既不要过早，也不要过晚。过早到达，会使主人因为没有做好准备而显得尴尬，迟到则会使对方感到你的轻视或无礼。如果因故迟到或者不能出席，应尽快通知对方，并表达歉意。

二、尊重老人和女性

尊重老人和女性是我们的日常行为准则，在许多国家的社交场所和日常生活中，人们都奉行"女士优先"和"尊重老人"的行为准则。对于这种礼节，除了在日常生活中应当注意外，正式场合更应当引起重视。例如，上下电梯、进出门厅等都应先开门让女性和老人先行；同桌就餐时，男士应主动照顾、帮助女士和老人入座。

三、举止得体

在进行商务活动的人际交往中，商务人员要举止端庄稳重，表情要诚恳自然、平易近人、从容不迫，态度要谦恭、热情有度。站有站姿，坐有坐姿，不要在这种场合放声大笑或是高声谈论，同时也要避免交头接耳、窃窃私语的行为。

四、尊重各地的风俗习惯

经过长期的历史沉淀，不同国家和不同民族在历史文化背景中形成了自己独特的风俗习惯，这些风俗习惯在商务谈判活动中必须得到应有的理解与尊重，这样才能促进双方的情感交流和进一步的合作。西方信奉天主教的国家忌讳数字"13"，尤其是遇上一个在13日的星期五，这一天一般不要举行会谈等活动；日本人忌讳荷花，在谈判活动中就要避免出现荷花的图案；在印度避免用左手与他人握手；等等。诸如此类的不同习俗都应当引起我们的重视。

第五节 见面时的一些礼仪与禁忌

初次见面，彼此给对方留下良好的第一印象是迈向成功的前提。因此，了解在交际场合中的一些礼仪是十分重要的。

一、称呼

如何称呼他人是一件十分重要的事情，假若称呼不妥当，则很容易让他人反感，甚至记恨在心，影响后续的交往活动。

(一) 熟人

对于自己已经认识的人，多以先生、女士等加在姓氏之后称呼，如刘先生、王女士等；特别熟悉的人，可以直接称呼其姓名，或者用名代姓，视具体情况而定。

(二) 重要人士

对于重要人物最好加上他的头衔，比如校长、大使、首长、参议员、教授等，以示尊重。一般而言，在其名片上的头衔是终身适用的，有大使、博士以及公侯伯爵等皇室贵族。在称呼他们时一定要加头衔,否则表示十分不敬,甚至视为羞辱,这一点务必要谨慎小心。

(三) 陌生人

可用先生、女士等称呼陌生人,对外国人可以用 Mr. 或 Madam 来称呼对方。只要见到外国人就称其为"Sir",这是不对的,只有对看起来明显年长者或是虽不知其姓名但显然是十分重要的人士才使用"Sir"。当然,面对正在执行公务的官员、警员等也可以用"Sir"称呼,以示尊敬。对于女士则一律用 Madam 称呼,不论她是否已婚。

二、介绍

介绍一般有两种形式,包括自我介绍和通过第三者进行介绍。

(一) 自我介绍

在人际交往中如果能正确地运用介绍,不仅可以扩大自己的交际范围,广交朋友,而且有助于自我展示、自我宣传,在交往中消除误会,减少不必要的麻烦。自我介绍,是将本人介绍给他人。从礼仪上讲,做自我介绍时应注意下述几个问题。

(1) 注意介绍时机。要抓住时机,在适当的场合进行自我介绍。对方有空闲时间,情绪较好且又有兴趣时进行自我介绍比较好,这样就不会打扰对方。

(2) 讲究介绍态度。做自我介绍时态度一定要自然、友善、亲切、随和,还应镇定自信、大方得体。切忌唯唯诺诺、虚张声势、轻浮夸张。

(3) 注意介绍时间的长短。自我介绍一般要简洁,尽可能地节省时间,以半分钟左右为佳。话说得多了,不仅显得啰唆,而且对方也未必记得住。为了节省时间,做自我介绍时,可以利用名片、介绍信等加以辅助。

(4) 注意介绍内容。自我介绍时,介绍的内容应当包括三项基本要素:本人的姓名、供职的单位以及具体部门(担任的职务和所从事的具体工作)。这三项要素在自我介绍时应一气呵成,这样既有助于给人以完整的印象,又可以节省时间。介绍这些内容时要真实诚恳、实事求是,不可以自吹自擂、夸大其词。

(5) 注意介绍的方法。进行自我介绍时,应当先向对方点头致意,得到对方回应后再介绍自己。自我介绍时应善于用眼神表达自己的友善,表达关心以及沟通的渴望。

除此之外,最好预先获得一些有关对方的资料或者情况,诸如性格、特长及兴趣爱好等。这样在自我介绍后便很容易融洽交谈。在获得对方的姓名之后,不妨口头加重语气重复一次,因为每个人最乐意听到自己的名字。

由于自我介绍有其局限性,使用较少,由第三方介绍的方式更为普遍。

(二)通过第三者介绍

通过第三者介绍时,被介绍的一方应当主动站起,面带微笑,以示尊重。介绍顺序一般是:我国习惯上年龄大的人优先;而西方则是女士优先,只有对方年龄很大时才例外;在公事场合一般是职位高者优先。进行介绍时,应先向来宾介绍己方人员,介绍己方人员时应把姓名、职务说清楚;被介绍的人要有礼貌地以手示意。

三、握手

在介绍双方认识或见面时,握手作为最简单的肢体语言被世界各国广泛应用。握手礼虽然简单,但也有几点值得注意。

(1)握手的主动与被动。一般情况下,主动和对方握手,表示友好和尊重。在来宾登门拜访时,主人应主动握手,以表示欢迎和感谢;在离别时,客人应主动向主人握手。

(2)握手的时间和力度。握手时间要适中,时间过短显得没有诚意,时间太长又会使对方尴尬,一般应把握在3~6秒之间。握手时力度应适度,过轻或过重都不可取。

(3)握手者的姿态。握手者的面部表情是配合握手行为的一种辅助动作。握手时,应注视对方,面带微笑,使人有亲切、友好的心理感受。切忌左顾右盼、心不在焉和面部表情冷淡,这样容易引起对方的猜疑和不信任。

(4)女士与人握手时,应先脱去手套,男士也必须先脱去双手手套再行握手礼。

还应指出的是,握手这一礼节虽说在很多国家都适用,但在世界各国有不同的评价标准,而且也并非所有人都适用于这种方式。例如,瑞典人见面时以有力的握手表示热情和诚意;而在我国的香港,人们见面时要轻轻握手，并且握手时要伴随着点头或稍行鞠躬礼；在马来西亚，握手只限于男性之间使用，男女之间很少握手，男子应该向女子点头或稍行鞠躬礼，并且主动以口头问候为宜。

四、致意

有时谈判的双方或者多方之间相距较远，在不需要逐一介绍的情况下，可采用举右手打招呼或点头的形式表示敬意。对于不相识的或仅有很少接触的谈判者，在同一场合多次会面的情况下也可采用此种形式。

第六节 递名片的礼节

现在社会交往中，很多人用名片代替了自我介绍，所以应当掌握递名片的礼节。名片一般都有一定的规格，上面印着姓名、职位、地址、电话等。

递名片的顺序一般是地位低的交给地位高的，年轻的交给年老的。不过，假如是对方先拿出来，自己也不必谦让，应该大方收下，然后再拿出自己的名片来回递。

向对方递名片时，应该让文字正对着对方，用双手递出或用右手递出，千万不要用食指和中指夹着名片给别人。对方递过来的名片应双手去接，接过后仔细看一遍，切不可拿着对方的名片玩弄。看完后应将名片放入名片夹或认真收好，不可随手扔到桌子上或随便放入口袋，这都是对他人的不尊重。

第七节 电话联系的礼节

电话联系是一种较为常用的交际方式。一般人们都会认为对着话筒跟对方交谈是日常生活的普通技能，根本不会存在什么问题。其实不然，谈判双方互通电话，在礼仪上大有讲究。

在谈判双方修正过程中，一方给另一方打电话，一般是有重要的事情需要进行商议，双方对此类电话都很重视。因此，在打电话之前就应做好准备，打好腹稿，选择恰当的表达方式及得体的语音、声调。在通话中，如果是主动方，应以客气的语言，请对方找某某先生（女士）。对方回话时，要小心询问接话的是否某某先生（女士）。无论在多么紧急的情况下，不可一旦接通即进行交谈。如果接到他人来电，首先应报清自己的通话地点、单位名称和自己的姓氏，然后再进行交谈。每次谈话的内容要求简明扼要、逻辑严谨、节奏适中。关键的地方要放慢语速，询问对方听清没有或记下来没有，特别是涉及谈判议程、会谈通知、谈判时间和地点等方面的内容，一定不能马虎，要请对方重复一遍，然后认真进行核对、纠正，以免出现差错。

第八节 拜访的礼节

谈判双方时常是有一方来自异地。为了联络感情，关照其食宿，及时满足对方的生活需求或表示尊重，一般应由主方到客方的住所去拜访。这种做法同我国传统的"住客看过客"是完全一致的。

对于确有必要的拜访，拜访前要事先和对方约定，选择好恰当的拜访时间。双方在商谈拜访时间的过程中，都应当用友好和善、请求和商量的口气，不能用命令的语气强求对方会见，以避免对方心里不快或对方因早有安排或另有重要的事情要做而感到为难。

拜访时要准时赴约，时间长短应根据拜访目的和主人的意愿而定，通常宜短不宜长。

如果对方因故不能马上接待，可以在接待人员的安排下在会客厅、会议室或在前台安静地等候。如果接待人员没有说"请随便参观参观"之类的话，就不要随便地东张西望，甚至伸着脖子好奇地往房间里"窥探"，这些都是非常失礼的。

有抽烟习惯的人，要注意观察周围有没有禁止吸烟的警示，即使没有，也要问问工作人员是否介意抽烟。如果等待时间过久，可以向有关人员说明，并另行约定时间，不要显现出不耐烦的样子。

即使和对方意见不一致，也不要争论不休。对于对方提供的帮助要适当地致以谢意。要注意观察对方的举止表情，适可而止。当对方有不耐烦或有为难的表现时，应转换话题或口气，或另择时间拜访；当对方有结束会见的表示时，应识趣地起身告辞。

赴约要讲信用，严格遵守时间。一般比约定的时间早到5分钟为宜，万一碰到意外情况，不能准时到达或不能前往时，必须及时通知对方，并表示歉意。

拜访时若发现对方偷偷看表，意味着对方已在下"逐客令"。若交谈过程中又来了新的客人，则应"前客送后客"尽快结束所谈问题或改日另谈，向后到的来访者点头示意并与对方告别。对方送你出门，应诚恳地请对方留步。分手后，还应回头看看对方是否仍站在门口以目相送，如果对方尚未返回，要向对方举手示意，客气地催促对方返回。

拜访时应彬彬有礼，注意一般交往细节。告辞时要同主人和其他客人一一告别，说"再见"或"谢谢"。在主人相送时，应说"请回"或"留步"或"再见"。

第九节 接待的礼仪

作为接待人员，应注意做到以下几点：

（1）接待人员要品貌端正，举止大方，口齿清楚，具有一定的文化素养，应受过专门的礼仪、形体、语言、穿着等方面的训练。

（2）接待人员的穿着要整洁、端庄、得体、高雅；女性应避免佩戴过于夸张或有碍工作的饰物，妆容应尽量淡雅。

（3）如果来访者是预先约定好的重要客人，则应根据来访者的地位、身份等确定相应的接待规格和程序。在办公室接待一般的来访者，谈话时应注意少说多听，最好不要隔着办公桌与来访者说话。对来访者反映的问题，应做简短的纪录。

第十节 宴会的礼节

谈判双方若有机会一起赴宴，将对谈判本身产生积极的促进作用。经验证明，谈判者一般在餐桌上常可达成某种意向性的合作协议。为了避免节外生枝，谈判者必须重视并遵守赴宴的礼节。一般来说，赴宴应注意以下的诸多方面。

（1）在接到请帖时要做好必要的准备，如因故不能参加，必须提前通知对方，并表示感谢和惋惜。凡打算赴宴，一般不必回复；若请帖上注明"请回复"，则无论赴宴与否都必须通知对方。

（2）严格遵守赴宴的时间，不宜过早，也不宜太迟。过早会使对方因准备工作未完成而显得尴尬；迟到又显得架子大，对别人不够尊重。

（3）应衣冠整齐、自然、庄重，以示对主人的尊重。

（4）进入宴会，对宴客应笑脸相迎、点头示意，对长辈或身份高的人则要表示出尊重。

（5）步行至宴会桌前不要主动就座。若座位排列有规定的话，应按主持方给你安排的座位就座，不要随心所欲地找熟人或与想要结识的人为邻。入座时，如果旁座是老人或女性，应先照顾好邻座，然后再自己入座，给人以有教养和谦虚的良好印象。

（6）坐姿要端正，上身挺直，和餐桌保持两个拳头左右的距离，两只手搁在桌沿上，眼睛不可东张西望，更不可斜视看人。开席前不要摆弄碗筷，席间不要用筷子或刀叉指点议论他人。

（7）就座后，尚未上菜前也不要静坐等待，一般应与临座的人轻声交谈，内容可限在相互了解的方面，但不要夸夸其谈，以免给人以不稳重的感觉。

（8）当别人第一次向你敬酒时，应起身回敬，说声"谢谢"，不要自己先饮，待对方"请"过之后才可举杯。如自己不会喝酒，可用其他饮料代替，陪着大家齐饮，不可辜负对方的盛情。平时会喝酒的，在宴席上也要适当控制自己的酒量，不可贪杯，不可逞强好胜。

（9）进餐时，第一次动筷要等主人招呼了再开始。进餐时，坚持先人后己，宁可少吃一口，不可多贪一勺，否则会降低自己的身份；更不能狼吞虎咽，放口大嚼。遇到从未吃过的菜，在没搞清吃法的情况下，不要抢先动筷，以免闹出笑话。

（10）席间说话时避免嘴里有食物，避免唾沫横飞。打嗝、打哈欠、剔牙缝等行为是最令人讨厌的。实在忍不住要咳嗽、打喷嚏时，应用手帕捂住嘴。不要只顾吃喝而沉默不语或大声喧哗，反客为主。要配合主人的安排，善于调节宴席上的气氛。

（11）若有人失手碰到了碗杯，弄洒了汤菜或出了丑，你应当表现出不介意的状态，以宽慰对方。席间不要不辞而别，如果遇到非离开不可的情况时，则要对旁边的人说一声。离席回来时，必须向旁边的人点头示意。席间有人迟到"闯席"时，必须起身让座，表示欢迎，待他人入座后，应马上向他敬酒，用热情真诚的态度来缓解他紧张的心情，以示对主人的尊重和礼貌。

（12）散席时要伴随主人的寒暄退席，临别时要向主人道谢，称赞宴席办得好，吃得满意。离开时，主动同送客的人握手，再次表示感谢，这会使对方感到高兴，从而加深与对方的感情。

第十一节　馈赠礼品的礼仪与禁忌

送礼作为一种特殊的社会现象，已有着非常悠久的历史。相互馈赠礼品，是人类社会生活中不可缺少的交际内容。在商务谈判中，礼品是谈判的"润滑剂"，它有助于加强双方的交往，增进双方的感情，有助于巩固彼此的交易关系。

一、礼品的选择

（一）礼品轻重得当

礼物的轻重应适宜。一般来说，礼物太轻意义不大，很容易让人误解为瞧不起他，尤其是对关系不算亲密的人。但是，礼物太贵重，又会使接受礼物的人有受贿之嫌，特别是对上级、同事更应注意。因此，礼物的轻重选择应以对方能够愉快接受为尺度，争取做到少花钱多办事，多花钱办好事。那么，在赠送礼物时选择多大价值的礼品比较合理呢？这应根据客商的具体情况而定。一般情况下，欧美等国在送礼方面较注重礼物的意义价值，而不是礼物的货币价值，因此，我们在选择礼物时，其货币价值不要过高。相对而言，亚洲地区的客商，较注重礼物的货币价值，对这些国家的客商赠送礼物可适当地贵重一些。

（二）了解风俗与禁忌

送礼前应先了解受礼人的身份、爱好、民族习惯，免得送礼送出麻烦来。曾有人去医院看望病人，带去一袋苹果以示慰问，哪知引出了麻烦。因为正巧那位病人是上海人，上海人叫"苹果"跟"病故"二字发音相同，送去苹果岂不是咒人家病故。由于送礼人不了解情况，弄得双方不欢而散。英国人讨厌有送礼人单位或公司标识的礼品，法国人讨厌别人送菊花，日本人不喜欢有狐狸图案的礼品，中国人忌讳送钟，等等。这些都是由不同的习俗和文化造成的。鉴于此，送礼时，一定要考虑周全，以免节外生枝。

（三）注重礼品的意义

礼品是感情的载体，正确地选择礼品，对促成谈判成功往往有意想不到的效果。任何礼品都表示送礼人的心意，或酬谢或请求或联络感情等。所以，你选择的礼品应体现自己的心意，并使受礼者觉得你的礼物非同寻常，倍感珍贵。实际上，最好的礼品应该是根据对方兴趣爱好选择的，富有意义、耐人寻味、品质不凡却不显山露水。因此，选择礼物时要考虑它的思想性、艺术性、趣味性、纪念性等多方面的因素，力求别出心裁、不落俗套。正如一位著名的礼节专家所讲的那样，礼品应当是"创造性"的，应是为对方所喜欢并能接受的。像我国的景泰蓝、玉佩、绣品、水墨字画、瓷器、茶具等，都能受到国外客商的喜爱。

二、送礼时机的选择

各国都有"初交不送礼"的习惯，具体何时送礼较合适，各国又有不同的习惯。如法国人不喜欢下次重逢时馈赠礼品，英国人多喜欢在晚餐或看完戏后赠送礼品，而我国一般是在离别前赠送礼品较为自然。可见，应根据各国不同的习惯安排不同的送礼时间。

由于各国文化的差异，社会、宗教的影响和忌讳，送礼成了一种复杂的礼仪。如果运用得当，送礼能巩固双方之间的业务关系；运用不当则会有碍于业务联系。选择适当的礼品、赠送礼品的时机以及让受礼人做出适当的反应等，都是送礼时要注意的关键问题。

第三章　商务谈判前的组织和准备

第一节　商务谈判目标的确定

一、确定谈判的主题

所谓谈判主题，就是参加谈判的目的，即对谈判的期望值和期望水平。不同内容和类型的谈判有不同的主题。在实践中，一次谈判一般只为一个主题服务，因此，在制订谈判方案时也多以此主题为中心。为保证全体谈判人员牢记谈判的主题，在表述主题的方式上不可赘述，而应言简意赅，尽量用一句话进行概括和表述，比如"以最优惠的条件和如何达成某项交易"或"达成一笔交易"等。至于什么是最优惠条件和如何达成这笔交易，就非谈判主题的问题了。另外，谈判方案中的主题，应是可以公开的观点，不必过于保密。

二、确定谈判的目标

在谈判的主题确定以后，接下来的工作就是这一主题的具体化，即制定出谈判目标，谈判目标就是谈判主题的具体化。

谈判的具体目标，体现着谈判者的基本目的，整个谈判活动必须紧紧围绕着这个具体目标来进行，都要为实现这个目标服务。达到商务谈判目标是商务谈判的最终结果之一。商务谈判目标的内容依谈判类别、谈判各方需求不同而不同。如果谈判是为了取得资金，那么就可能获得的资金数额作为谈判的目标；如果谈判是为了获原材料，就以本企业对原材料的需求数量、质量和规格等作为谈判的目标。还有一些谈判以实际价格水平、经济效益水平等作为谈判的目标。总之，商务谈判的目标应根据谈判的具体内容不同而有所差异。

一般的商品交易谈判，其谈判目标的内容包括以下几个方面。

（1）商品品质目标。即买方或卖方对欲购进或销售的商品在品质、规格、等级等方面的具体规定。

（2）商品数量目标。即买方或卖方对欲购进或销售商品数量的规定。

（3）商品价格目标。即买方或卖方对欲购进或销售商品的可接受单价和理想成交单价的规定，包括贴现、回扣、价格、调整和价格极限等内容。

（4）支付方式目标。即买方或卖方对欲购进或销售商品理想的和可接受的货款支付方式的规定。

（5）保证期和交货期目标。即买方或卖方对欲购进或销售商品在质量和数量上的保证以及在交货时间上可变动范围的规定。

（6）商品检验目标。即买方或卖方对欲购进或销售商品的检验标准、检验机构、检验时间和检验方法的规定。

除此之外，不同的谈判内容根据交易条件制定其他谈判目标。

三、谈判目标层次

谈判的目标是一种主观的预测性决策目标，它的实现还需要参加谈判的各方根据自身利益的需要、他人利益的需要和各种客观因素的可能性来制定谈判的目标系统和设计谈判的目标层次，并在谈判中经过各方不厌其烦的"讨价还价"来达到某一目标层次。

谈判的具体目标可分为三个层次。

（一）最高目标

最高目标也叫最优期望目标，它是在商务谈判中所要追求的最高目标。如果超过这个目标，往往会冒着谈判破裂的危险。在实践中，最优期望目标很少有实现的可能性，因为商务谈判是双方利益重新分配的过程，没有哪个谈判者会心甘情愿地把自己的利益全部让给他人。同样，任何一个谈判者也不可能指望在每次谈判中都独占鳌头。尽管如此，这也并不意味着最优期望目标在商务谈判中没有价值，最优期望目标是谈判开始的话题，如一个诚实的谈判者一开始就推出他实际想达到的目标，由于谈判心理作用和对手的实际利益，他最终不可能达到这个目标。如在资金供求谈判中，需方可能实际只想得到50万元，但谈判一开始，需方可能报价80万元，这80万元就是需方的最优期望目标。这个数字比它实际需要的50万元还多30万元。

（二）实际需求目标

实际需求目标是谈判各方根据主客观因素，考虑到各方面情况，经过科学认证、预测和核算后纳入谈判计划的谈判目标。这是谈判者调动各种积极因素，使用各种谈判手段欲达到的谈判目标。如在上例中，其中 50 万元资金就是实际需求目标，这个目标具有如下特点：

（1）它是秘而不宣的内部机密，一般只在谈判过程中的某几个微妙阶段才得出。

（2）它是谈判者坚守的最后防线。如果达不到这一目标，谈判可能陷入僵局或暂停，以便谈判者与自己单位或谈判小组内部讨论对策。

（3）这一目标一般由谈判对手挑明，而己方则"见好就收"或"给台阶就下"。

（4）该目标关系到谈判一方主要或全部经济利益。如上例，企业若得不到 50 万元资金，将无法更新主体设备，这会使企业在近期内停产或不能扩大再生产，等等。正因为如此，这一目标对谈判者有着强烈的驱动力。

（三）最低目标

最低目标也称为终极目标、底价目标、最低限度目标。最低目标要严格保密，绝对不能透露给对方。例如，商业间谍刺探对方底价时，有些人随意将自己的底价透露对给方，这就会造成不应有的损失。

最低目标是商务谈判必须实现的目标，是谈判的最低要求，若不能实现，宁可谈判破裂也不能给对方留有讨价还价的余地，更不能妥协让步，它与最优期望目标之间有着必然的内在联系。在商务谈判中，表面上一开始要价很高，往往提出最优期望目标，实际上这是一种策略，保护的是最低目标，乃至可接受目标和实现需求目标。这样做的实际效果往往是超出谈判者的最低需求目标或至少可以保住这一目标，然后通过对最优期望目标的反复压价，最终可能达到一个超过最低目标的目标。

第二节　谈判情报的收集

收集信息情报非常重要，一般来说，收集的主要内容有三个方面。

一、知"情"——了解客观环境信息和市场环境信息

（一）客观环境信息

谈判总是在一定的客观环境下进行的，客观环境对具体的谈判会起着直接或间接的影响。影响谈判的客观环境因素有以下几个方面：政治状

况、宗教信仰、法律制度、商业习惯、社会习俗、财政金融情况、基础设施与后勤供应系统、科技信息、气候因素等。

1. 政治状况

我国目前正在进行经济体制改革，国有企业将以各种不同的公司形式从事法人活动。同时，除了国有企业，我国还有多种所有制形式的企业存在。企业与政府间的关系呈现多样化。与不同的企业谈判，就会面对不同的情况。如果是国际贸易谈判还要了解：①一个国家对企业的管制程度，是中央集权制度还是地方分治制；②中央派出的谈判代表的权力范围有多大；③对方对该谈判项目是否有政治兴趣，如果有，程度如何，哪些领导人对此感兴趣，这些领导人各自的权力有多大；④当局政府的稳定性如何，在谈判项目进行期间，政局是否会变动，总统大选的日子定在何时，它是否与所谈项目有关；⑤该国与邻国关系如何，是否处于敌对状态，有无战争风险，等等。

2. 宗教信仰

该国占主导地位的宗教信仰是什么，该宗教信仰是否对政治事务、法律制度、国别政策、社会交往与个人行为、不同国籍与不同信仰或不同党派人员的出入境、节假日与工作时间等产生重大影响。

3. 法律制度

改革开放以来，我国在健全法制方面取得了很大成绩，各项经济法规正在配套完善。有的地区和部门根据国家的有关法律规定，结合本地区、本部门的实际制定了相应的法令和条例。有关政策法规都是当事人行为的依据，谈判前应做必要的了解。如果是国际商务谈判，不仅要了解本国的有关法律规定，还应了解对方国家与本次谈判有关的法律规定。例如，对方国家的法律制度是什么，它是根据哪种法律体系制定的，在现实生活中，法律的执行程度如何，法院与司法部门对执行者的独立性如何，契约人对司法部门的影响程度如何，法院受理案件的时间如何；执行法院判决的措施是什么；执行国外的法律仲裁判决有什么程序；该国当地是否有完全脱离于谈判对手的可靠的律师；对谈判标的地税收、进口配额、最低限价、许可证管理等方面的法律规定如何；此外，还应了解与本次谈判内容有关的国际惯例。国际商务谈判中我们遵循的原则是坚持独立自主的方针，执行平等互利的政策，参照国际上习惯的做法。

4. 商业习惯

从商业习惯来看，经商方式是整体文化中的组成部分，由于地方文化的支配作用，谈判在级别的接触、语言个体、礼貌和效率以及谈判重点等方面都存在着极大的差异。在我国，讲究行政级别和"以大压小"是一大特点。不同规模的企业间谈判，小企业就有一定压力。所以经常出现小企业的厂长、经理与大中小企业的业务员、科长和处长相交谈的情况，只有相应规模厂家间的来往，才可能出现科长、处长以及最高领导间的对应谈判。因而，在我国企业间的经营观念上，行政级别是第一位的，各自的法律地位还没有予以充分重视。国际贸易谈判则各有不同，因而需要了解该国企业是如何经营的，是主要由公司的负责人经营（如阿拉伯国家）还是公司中各级人员均可参与（如日本），有没有真正的权威代表；是不是做任何事情都必须见诸文字（如东欧诸国），或是只有文字协议才具有约束力，合同具有何种重要意义；在谈判和签约过程中，律师等专业顾问起多大作用，在正式的谈判会见场合，是不是只是为双方的领导安排的，其他出席作陪的成员只有当问及具体问题时才能讲话；有没有商业间谍活动，应该如何小心保存机要文件；一个项目是否可以同时与几家公司谈判，以选择最优惠的条件达成交易，如可以，保证交易成功的关键因素是什么，谈判的焦点是否仅仅是价格问题；业务谈判的常用语种是什么，如使用当地的语言，有没有可靠安全的翻译，合同文件是否可用两种语言表示，两种语言是否具有同等的法律效力；等等。

5. 社会习俗

在衣着、称呼方面，什么才是合乎社会规范的标准；除了工作时间以外，在业余时间能否谈业务，送礼的方式、礼品的种类有什么习俗；人们是如何看待荣誉、名声等问题的；妇女是否参与经营业务，如参与，是否与男子具有同等的权利。

6. 财政金融情况

收集国际金融市场上的信息，随时了解各种主要货币的汇率及其浮动现状和发展趋势；收集进出口地主要银行的营运情况，以免因银行倒闭而影响收汇；收集进出口地的主要银行对开证、议付、承兑赎单或托收等方面的有关规定，特别是有关承办手续、费用和银行所承担的义务等方面的资料；收集商品进出口地政府对进出口外汇管制的措施或法令。

7. 基础设施与后勤供应系统

交易国或交易区域的人力、物力、财力情况如何；在原材料采购、引进设备等方面有无限制；当地运输条件如何。

8. 科技信息

在技术方面，主要应收集以下各方面的资料：①所谈判的产品与其他产品在性能、质量、标准、规格等方面的优缺点比较，以及该产品的生命周期、竞争能力等方面的资料；②同类产品在专利转让或应用方面的资料；③该产品生产单位的技术力量和工人素质及其设备状态等方面的资料；④该产品的配套设备和零部件的生产与供给状况及售后服务方面的资料；⑤该产品开发前景与开发费用方面的资料。尤其是对该产品的品质或性能进行鉴定的重要数据或指标及各种鉴定方法和鉴定机构的信息，同时也要详尽地收集可能导致该产品发生技术问题的各种潜在因素。科技信息对于引进设备的谈判非常重要，它是选择技术和准确进行谈判的先决条件。

9. 气候因素

气候因素包括雨季的长短、冬季的冰雪霜冻情况、夏天的高温情况、潮湿度的情况、有无地震等。

需要指出的是，以上所列环境因素是一个总的框架，实际谈判时可根据谈判内容和特征选择其中的相关因素进行重点分析。

（二）市场环境信息

市场环境信息是反映市场经济活动特征及其发展变化的各种消息、资料、情报的统称。市场环境信息是商务交易的微观环境因素，具体包括有关国内外市场分布的信息、消费需求方面的信息、产品销售方面的信息、产品竞争方面的信息、产品分销渠道方面的信息。这些信息对交易条件的影响一般比较直接，对谈判双方了解各自的实力与优劣势，并以此为依据制定相应的谈判策略来说都是必不可少的。市场环境信息的内容很多，归纳起来主要包括以下几个方面。

1. 有关国内外市场分布的信息

国内外市场分布的信息，主要指市场的分布情况、地理位置、运输条件、政治经济条件、市场潜力和容量、某一市场与其他市场的经济联系等等。随着科学技术的进步和生产力的发展，国内、国际分工都将不断扩大和深化。同时，交通运输工具和通信手段的日趋现代化，使得国内与国际贸易中交换的商品品种不断增多、数量不断扩大，这在一定程度上扩大了国内和国际市场。因此，通过调查应摸清本企业产品可以在什么市场上销售、确定长期、中期及短期的销售发展计划,从而有助于谈判目标的确立。

2. 消费需求方面的信息

消费需求信息包括:消费者忠于某一特定品牌的期限,消费者忠于某品牌的原因、条件、连带关系,消费者开始使用某一特定品牌的条件和使用原因,使用者与购买者之间的关系,产品的多种用途,消费者购买的意向和计划,产品被使用的次数及消费量,消费者对产品的态度,消费者对企业活动的反应与态度,消费者喜欢在何处购买,新的使用者的情况及使用原因,产品(资金或劳务)的需求量、潜在需求量,本企业产品的市场覆盖率和市场占有率,市场竞争形势对本企业销售量的影响,等等。

3. 产品销售方面的信息

如果是卖方,则要调查本企业产品及其他企业同类产品的销售情况。如果是买方,则要调查所购买产品的销售情况,包括以下方面:该类产品过去几年的销售量、销售总额及价格变动;该产品的长远发展趋势,拥有该类产品的家庭所占比率;消费者对该类产品的需求状况;购买该类产品的决定者、购买频率和季节性因素;消费者对这一企业新旧产品的评价及其要求。通过对产品销售方面的调查,可以使谈判者大体掌握市场容量、销售量,有助于确定未来的谈判对手及产品销售(或购买)数量。谈判者一定是直接消费者,因此,调查消费者情况对谈判双方具有重大意义。摸清消费者的需求和消费心理,可以基本掌握消费者对该产品的消费意向,预测企业产品的竞争力,也有利于谈判对手之间进行讨价还价。

4. 产品竞争方面的信息

这类信息主要包括:①生产或购进同类产品的竞争者数目、规模以及该类产品的种类,该类商品的各主要生产厂家的市场占有率及未来变动趋势;②各品牌商品推出的形式与售价;③消费者偏爱的品牌与价格水平、竞争产品的性能与设计;④各主要竞争者所能提供的售后服务的方式;⑤顾客及中间商对此类商品的满意程度;⑥当地经销类产品的批发商和零售商的毛利率与各种行情信息;⑦当地制造商与中间商的关系;⑧各主要竞争者所拥有的销售组织的形态及其规模与作用大小;⑨商品是由生产者机构推销还是由中间商推销;⑩各主要竞争者所采用的广告类型与广告支出的数额。

如果己方是卖方,通过对产品竞争情况的调查,能够使谈判者掌握己方同类产品竞争者的情况并能寻找到他们的弱点，争取到己方产品更广阔的销路，有利于己方谈判者在谈判时对竞争力做出充分的估计，便于自己保持清醒的头脑，在谈判桌上灵活掌握价格弹性，从而击败竞争对手。此外，摸清竞争者和谈判对手的销售形式还可以在运输费用的谈判上掌握主动权。

5. 产品分销销售渠道方面的信息

包括主要竞争对手采用何种经销路线；当地零售商或制造商是否聘用人员直接销售，其推销效果如何；各种类型的中间商有无仓储设备；各主要市场的批发商与零售商的数量；各种销售推广、售后服务及存储商品的功能，哪些是由制造商提供的，哪些是由批发商和零售商负担的，等等。

二、知彼——了解对手

谈判所应具备的最有价值的信息资料是有关对手的情况。只有摸清对手的实际情况才能对症下药，制定相应对策。因此，弄清对方虚实是谈判人员在谈判的准备和计划阶段应当下大力气解决的问题。

（一）对方的资信情况

资信情况包含两方面的含义：一是对方主体的合法资格，二是对方的资本信用与履约能力。

对方法人资格或其主体资格的有关信息，主要包括成立地注册登记证明、法人所属资格证明、营业执照、企业名称、法定地址、成立时间、注册资本、经营范围等。另外还包括组织性质。

对方的资本信息，主要看其注册资本、资产负债表、收支状况、销售状况、资金状况等。在信誉与履约能力方面则主要考察其经营历史、经营作风、产品市场声誉、与金融组织和其他公司之间的交易关系。在对对方的信用履约能力进行调查时，资料来源可以是公共会计组织对该企业的年度审计报告，也可以是银行、资信咨询机构出具的证明文件或其他渠道提供的资料。

（二）对方的合作意愿

了解谈判对手的合作意愿，可以更好地设计谈判方案，争取主动，对方的合作意愿强，可以使谈判朝着对己方有利的方向发展，便于尽快达成谈判协议；反之则不然。当然，合作意愿与合作能力是截然不同的。对方的合作意愿取决于其经营状况和经营条件的规定，同时也取决于对方对己方的信任程度。谈判者可以对此进行分析，判断了解对方的合作意愿。

（三）对方对己方的信任程度

这主要是了解对方对己方的经营能力、财务状况、付款能力、交货能力、谈判能力、商业信誉等方面的评价。通过对这些情况的了解，可以更好地判断对方的合作意愿，分析己方的实力。

（四）对方的经济情报或商品情报

如果谈判对方是买方，卖方必须了解买方的经营状况、财务状况，以此判断买方的需求能力、资金支付能力以及可能的付款方式和付款期限。这是价格谈判不可缺少的条件。如果谈判对方是卖方，买方必须了解卖方的商品质量、生产成本、市场销售情况以及交货期、提供服务的能力等方面的情况。

（五）对方的谈判目的

对方为什么要进行此次谈判？对方是否遇到了困难，急于想通过谈判来寻求某种解决的途径？对方公开表示的谈判目地和实质上的目的是否一致？对方对谈判的要求仅仅是一种姿态，还是出于某种特定目的？对这些问题的了解，并非是为了迎合对方的谈判立场，而是为了事先做好充分的准备。这样，一方面可以克服对方的某种恐惧感，另一方面可以对对方的目的在事先加以评价以便采取合理的对策。

（六）对方参加谈判的人员的权限

对方参加谈判的人属于哪一级别？是决策人物还是一般的工作人员？谈判前了解到这一点是非常重要的。一般来说，对方参加谈判的人员的级别越高，对方对此谈判的重视程度也越高。这样，己方就可以根据对方参加谈判的人员的级别采取相应的对策。若级别较低，就应了解对方谈判者是否得到了授权，在多大程度上能独立做出决定，有无让步的权力和中止谈判的权力，等等。

（七）对方谈判的最后期限

即了解对方在本次谈判中有无时间期限以及最后期限的具体日期，或者了解对方所说的最后期限的真伪。在了解对方的谈判期限时要及早动手，因为对手可能会千方百计地保守期限秘密。动手得越早取得资料就越容易。同时，在谈判中也可以通过察言观色，抓住对方的破绽摸清其期限，但要谨防对方有意提供的假情报。对方口头上有意或无意提供的期限，谈判者对此不必全信，也不能不信，要通过各种资料综合判断其真伪。一般来说，判断买方期限的真伪要全面分析买方在谈判期间的动态，有无同时和其他卖主进行谈判，买方对此商品需要的迫切程度如何，等等；判断卖方期限的真伪则要调查卖方存货的数量、质量，卖方的生产计划及资金周转的情况，等等。只有掌握对方的大量情况，才能判断准确。

（八）对方的谈判作风

谈判作风是谈判者在多次谈判中所采取的态度，分为强硬型、温和型、原则型三种。谈判者可以通过对谈判对手的年龄、职务、性格特征、谈判双方的实力对比等方面进行分析，通过在谈判中的接触观察，或通过向与对方打过交道的人进行了解等途径，对谈判对手的谈判作风进行分析。

（九）谈判人员的个人情况

除了了解对方的以上情况以外，还要尽可能去了解对方谈判者的个人情况，具体包括对方谈判者的姓名、性别、年龄、职务、主要经历、工作能力、兴趣爱好及此次谈判担负的主要任务及责任。

三、知己——了解自己

在谈判过程中，高估自己容易轻视对手，低估自己又容易怯场。许多谈判者不能正确评估自身的实力，主要原因来自于不了解自己到底有哪些实力。比如，就卖方来说，一个重要的谈判力量就是"货比三家"，有其他买者存在，重视这一现实而不气馁，因为卖方充分估计了自己的实力：一是同其他竞争者比较，自己具有地点优势，即其他卖方在空间上距离买方太遥远；二是有些竞争者不能提供全面服务，而自己可以提供；三是有可竞争的价格优势；四是在众多的卖方生产能量方面自己占有优势；等等。总之，要发现并充分利用和发挥自身的优势和特长，尽可能弥补不足或隐蔽弱处。

第三节 信息收集的方法与途径

一、信息搜集的方法

谈判前，谈判者可采用以下三种方法搜集有关资料。

（一）检索调查法

检索调查法就是对现有的资料进行收集和分析。资料来源可能是己方经常收集和存储的信息资料，也可能是谈判对方公开发行的资料，如对方的生产经营范围、经营项目、商品目录、报价单和样本等。这种方法投资少，见效快，简便易行，但需要长期积累。此外，这类资料一般难以满足全部或特殊需要。

（二）直接调查法

直接调查法即由谈判者采取直接接触的方式来收集、整理对方的资料。这种方法形式多样，可以灵活地进行选择。例如，通过社交活动接近对方；向曾经与对方有过交往的人或组织打听；通过函电、电话直接与对方联系，或对于较重要的谈判可先安排非正式洽谈。一个项目的非正式洽谈，可以与多家企业分别进行，以选择较好的谈判对手，争取有利的谈判条件。通过这种洽谈，可以顺便观察对方的意图、原则及态度，并使对方对己方的诚意、立场有所了解。

（三）咨询法

咨询法即通过咨询的方式从有关的咨询机构取得所需的谈判信息。比如，在对外商务谈判中，要了解国外客户，可通过咨询机构了解对方经营、市场、生产方面的资料，也可以通过各种驻外机构或相关协会团体对客户进行资信调查。这种方法针对性强，但一般要付咨询费，但得来的情报一般较及时、准确。

二、信息收集的途径

商务谈判信息收集的途径有以下几种。

（一）收集公开传播的有关信息

在当代，大量的市场信息是通过出版发行系统、广播影视系统和通信系统公开传播的，因而从图书、报纸、广播、电影、电视及其他企业寄送的资料中获得信息，是收集信息的主要途径。具体的资料类别有以下几种。

（1）国家统计机关公布的统计资料，如工业普查资料、统计资料汇编、商业地图等。

（2）行业协会发布的行业资料。这些资料是同行企业资料的宝贵财富。

（3）图书馆保存的大量商情资料，如贸易统计数字、有关市场的基本经济资料、各种产品交易情况统计资料以及各类买卖机构的翔实资料等等。

（4）出版社和杂志社提供的书籍、文献、杂志等。例如，出版的工商企业名录、商业评论、丛书和产业研究等。目前，许多报刊为了吸引读者，也经常刊登一些市场行情及其分析报道。

（5）专业组织提供的调查报告。随着经济的发展，出现了许多专业性组织。例如，消费者组织、质量监督机构和股票交易所等专业组织也会发布有关统计资料和分析报告。

（6）研究机构提供的调查报告。许多研究所和从事市场调研的组织，除了单独专委托人完成研究工作以外，为了提高自身的知名度，还经常发表市场报告和行业研究论文等。

（二）向有关单位索取信息

有些资料是不会刊载于公开出版物上的，需要与有关单位进行磋商或发函联系等方式才能获取。这种方法可以是无偿的，也可以是有偿的，如国内外企业的产品样本、产品说明书、产品介绍、企业内部刊物、油印宣传品及实物样品等。有些企业为了宣传本企业形象，扩大企业影响，推销产品，往往愿意免费赠送有关资料。

（三）委托收集信息

委托收集信息，即通过委托专业的咨询机构、信息情报网络、企事业单位或个人帮助收集信息。

（四）通过信息交换收集信息

信息交换是企业获取信息的主要办法，它不仅便于企业得到情报资料，而且比通过其他方式获取更省时。例如，在国际交换方面，可提前半年或一年得到相关的最新资料，另外，由本地信息交换通常都是对口交换，因此，所得的信息大部分是及时的、适用的。

（五）实地收集信息

有许多信息是不能通过间接手段得到的，这就要求企业有关人员深入实地进行直接调查收集。实地收集主要包括面谈法、问卷法、观察法、访问法和购买实物法，直接了解有关信息。

（六）从谈判对手的雇员中收集信息

在会议或社交场合，通过与对手的顾问或助手交往可以了解有关的信息。通过与对手内部受排挤人员的交谈，施之以关心、同情，往往也能获得非常有用的信息。另外，在公司组织的招聘中，利用应聘者想得到新职位的迫切心情和急于显示自己能力的炫耀心理,也可以了解对手公司的有关情况。

对收集的信息要学会区别真伪,并要注意灵活性、系统性、可比性、连续性及可靠性原则。

三、信息资料的整理

信息资料的收集是商务谈判准备工作的重要一环,当然,还得注意对收集回来的资料进行整理。主要做到以下几点。

(一) 资料的评价

资料的评价是资料整理的第一步。收集的资料中客观地存在着某些片面的、不完全的甚至是虚假的、伪造的资料。比如,某些人可能另有所图,于是提供了大量有利于谈判的信息,而将不利于谈判的信息或者掩盖或者扭曲,以达到吸引对方的目的。有些人可能自己没有识别真伪的能力,而将道听途说的信息照搬出来;有些可能自己根本不了解真实信息,却为了顾全自己的身份和面子提供了不真实的信息;甚至有些人为了从中获利,为谈判方提供不完全的或者人为制造出来的信息。因而对收集的资料要做到去粗存精、去伪存真,这样才能为己方谈判所用。另外,现实中,收集的各种资料的重要程度各不相同,有些可以马上使用,有的可以备用,而有些资料可能根本就用不上。因此需对收集到的信息进行评价,没有价值就舍弃。对认为有价值的需要保存的资料,也要根据其重要性不同,将其分为立即利用的资料、将来肯定可用上的资料和将来可能派上用场的资料。只有做好资料评价工作,才能为下一步资料的筛选工作打好基础。

(二) 资料的筛选

对于好不容易收集到的资料,人们往往不愿意将其舍弃。但是,如果把没用的或用处不大的资料全保存下来,既对信息查找不便,又占空间,因此,需对收集起来的资料进行清理。资料筛选的方法主要有以下几种。

(1) 查重法。这是筛选信息资料最简便的办法,目的是剔除重复资料,选出有用的信息。当然,不完全排除重复,只要不是完全相同的重要资料可以保存一部分。

(2) 时序法。逐一分析按时间顺序排列的信息资料,在同一时期内,较新的取用,较旧的舍弃,这样可以使信息资料在时效上更有价值。

（3）类比法。将信息资料按市场营销业务或按空间、地区、产品层次分类对比，接近实质的保留，其余的舍弃。

（4）评估法。这种方法需要信息资料收集人员有比较扎实的市场学专业知识，对自己所熟悉的业务范围，仅凭市场信息资料的题目就可以决定取舍。

（三）资料的分类

在资料整理阶段，对筛选后的资料认真地进行分类，这是最耗费时间的一项工作，但也是极其重要的环节。分类的方法有两种。一种是项目分类法。这种分类法既可以和工作相联系，按不同的使用目的来分类，如可以分为商务开发资料、销售计划资料、市场预测资料等；又可以按谈判的必备资料分为市场信息资料、技术资料、金融信息资料等。另一种是从大到小分类法，从设定大的分类项目开始，大项目数最好不要超过10项，经过一段时间的使用后，若觉得有必要再细分时，可以把大项目再进行细分，但不要分得太细，以免出现重复。

（四）资料的保存

把分好类的资料妥善地保存起来，即使是经常使用的资料也不要随便放置，要放到专门的资料架或卡片箱中，以便随时查找或补充同类资料。

第四节　制订谈判计划

商务谈判方案是指企业最高决策层或上级领导就本次谈判的内容所拟定的谈判主体、目标、准则、具体要求和规定，谈判方案的制订可根据谈判规模、重要程度的不同而定，内容可多可少，可繁可简，可以是书面形式，也可以是口头形式。

一、制订谈判计划的原则

由于商务谈判的规模、重要程度不同，内容会有所差别，内容的多少要视具体情况而定。尽管内容不同，但其要求都是一样的。一个好的谈判方案要求做到以下三点。

（一）简明扼要

就是要尽量使谈判人员记住其主要内容与基本原则，能根据方案的要求与对方周旋。

（二）明确、具体

谈判方案要求简明、扼要，必须与谈判的具体内容相结合，以具体内容为基础，否则会使谈判方案显得空洞和含糊。

（三）富有弹性

谈判过程中各种情况都有可能发生变化，要使谈判者在复杂多变的形势中取得比较理想的结果，就必须使谈判方案具有一定的弹性。谈判者可在不违背基本原则的情况下，在权限允许的范围内灵活处理有关问题，取得较为有利的谈判结果。谈判方案的弹性表现在，有几个可供选择的谈判目标，指标有上下浮动的余地，还要把可能发生的情况考虑在计划中。如果情况变化较大，原计划不适合，可以实施备选方案。

二、制定谈判的基本策略

谈判的基本策略是指谈判者为了实现自己的谈判目标，在对各种主客观情况充分估量的基础上拟采取的基本途径和方法。制定商务谈判的策略，就是要选择能够实现己方谈判目标的基本途径和方法。谈判不是一个讨价还价的简单过程，实际上是双方在实力、能力、技巧等方面的较量。因此，制定商务谈判策略前应考虑如下影响因素：对方的谈判实力和主谈人的性格特点，对方和己方的优势所在，交易本身的重要性，谈判时间的长短，是否有建立持久、友好关系的必要性。通过对谈判双方实力及以上影响因素进行细致而认真的研究分析，谈判者可以确定双方的谈判地位，即处于优势、劣势或者均势，由此确定谈判的策略，如报价策略、还价策略、让步与迫使对方让步的策略、打破僵局的策略等。

第一步是确定谈判双方的目标，包括最高目标、最低目标、中间目标。在交易的各项条款中，哪些条款是对方重视的，哪些是己方最想得到的，哪些是对方可能做出让步的，让步的幅度有多大，等等。第二步是确定己方在争取最重要条款时，将会遇到对方哪些方面的阻碍，对方会提出什么样的交换条件，等等。第三步是针对以上情况，确定己方应采取的策略。

以上谈判计划的制订，有赖于对双方实力及其影响因素的正确估量和科学分析。否则，谈判计划就没有什么意义了。

三、确定谈判地点和时间

谈判地点的选择不是一件随意的事情，恰当的地点往往有助于取得谈判的主动，要将谈判的策略与谈判的时间、地点安排结合起来，进行综合考虑。

根据地点的不同，谈判可分为三种形式，即主场谈判、客场谈判和主客场轮流谈判。一般来说，谈判地点要争取在己方，因为在主场举行谈判，洽商获胜的可能性更大。一些谈判学家所做的研究也证明了这一点。比如，美国专家泰勒尔的实验表明，多数人在自己家的客厅与人谈话，比在别人的客厅里更能说服对方。这是因为人们在自己的所属领域里，能更好地释放能量与本领，所以，行为的成功概率更高。事实上，这种情况也适用于谈判。

此外，谈判地点的选择也很讲究艺术性。一般来说，在大型会议室举行的往往是正式的谈判，谈判的开始阶段需要选择大型会议室，因为这样能造成一种气势，使双方认真对待。谈判结束签订合同时，也常在大型会议室中进行，同样是为营造一种合作的气氛和社会影响，这些内容便于公开，双方也希望更多的人了解这样的结果。

小型会议室安排的一般是讨论型的谈判，大量具体的细节问题比较适合在这样的场合中讨论，特别是有争议的问题，在这种场合比较容易表达。

办公室约见主要是私密性会见，谈判中也经常需要这种会见，个别交谈和征求意见不做正式决策时选择这种场合最有效。谈判和内部讨论不一样，谈判中的约见是平等的。

以上所说的谈判场合都是正式场合，双方都有一种无形的压力，即责任的压力，每一句话、每一行为都会表达出个人的思想和责任。因此谈判场合的安排应该与这些要求相一致。

在餐桌上或高尔夫球场上，双方比较放松，既可以谈论正事，也可以诉说友情，还可以聊别的话题。这样的交流在谈判过程中也是不可或缺的。通过非正式的议论不仅可以了解对方的真实想法，同时还可以建立长期的沟通关系，从而有利于正式谈判时的顺利决策。

人们对时间的安排是很有感觉的，因此在谈判时间的选择上也要深思熟虑。如果谈判定在星期一上午开始，而且主要谈判人员出席的话，说明主持方很在乎要讨论的主题，并准备花足够的时间来解决。如果安排在星期五下午，则表达了这样一个信息：该问题应该尽快解决，没有拖延的时间了。

四、安排议程

谈判议程是人们在进行谈判之前预先拟定的谈判目标和实现目标的步骤。制定议程,可以使谈判在不损害他人利益的基础上达成对己方更为有利的协议,可以卓有成效地运用预先制定的谈判技巧,而又不为他人察觉。

议程本身就是一种谈判策略。谈判议程可由一方准备,也可由双方协商确定。谈判议程主要包括以下三个方面。

(一)时间安排

时间安排,即确定在什么时间举行谈判、谈判多长时间、各个阶段的时间如何分配、议题出现的时间顺序等。谈判时间的安排是议程中的重要环节,如果时间安排得很仓促,准备不充分,匆忙上阵,心浮气躁,就很难沉着冷静地在谈判中实施各种策略;如果时间安排得过长,不仅会耗费大量的时间和精力,而且随着时间的推延,各种环境因素都会发生变化,还可能会错过一些重要的机遇。

(二)谈判议题

所谓谈判议题,就是谈判双方提出和讨论的各种问题。谈判议题首先需明确己方要提出哪些问题、讨论哪些问题。对所有问题进行全盘比较和分析,哪些问题是重点议题,要列入重点讨论范围;哪些问题是非重点问题;哪些问题可以忽略;各问题之间是什么关系,在逻辑上有什么联系。还要预测对方会提出什么问题,哪些问题己方必须认真对待、全力以赴去解决,哪些问题可以根据情况做出让步,哪些问题可以不予讨论。

(三)通则议程和细则议程

1. 通则议程

通则议程是谈判双方共同遵守的日程安排,一般经过双方协商同意后方能正式生效。在通则议程中,通常应确定以下内容:谈判总体时间及分段时间安排、双方谈判讨论的中心议题、问题讨论的顺序、谈判中人员的安排、谈判地点及招待事宜。

2. 细则议程

细则议程是己方参加谈判的具体策略安排,提供给己方人员使用,具有保密性。其内容一般包括以下几个方面:①谈判中如何统一口径,如发言的观点、文件资料的说明等;②对谈判过程中可能出现的各种情况的对策安排;③发言的策略,如何时提出问题、提什么问题、向何人提问、谁来提问、谁来补充、谁来回答对方的问题、谁来反驳对方的提问、什么情况下要求暂时停止谈判等；④谈判人员更换的预先安排；⑤谈判时间的策略安排、谈判时间期限。

拟定谈判议程时，应注意以下五个问题。

（1）谈判的议程安排要依据己方的具体情况，在程序安排上能扬长避短，也就是在谈判的程序安排上，保证己方的优势能得到充分的发挥。

（2）议程的安排和布局，要为自己出其不意地运用谈判策略埋下伏笔。一个谈判高手，是绝不会放过利用拟定谈判议程的机会来运筹谋略的。

（3）谈判议程内容要能够体现己方谈判的总体方案以及己方让步的限度和步骤，统筹兼顾，引导或控制谈判的速度。

（4）在议程的安排上，不要过分伤害对方的自尊和利益，以免导致谈判破裂。

（5）不要将己方的谈判目标特别是最终谈判目标通过议程和盘托出，使己方处于不利地位。当然，议程由己方安排也有短处，己方准备的议程往往透露了自己的某些意图，对方通过分析可猜出并在谈判前拟定对策，使己方处于不利地位。同时，对方如果不在谈判前对议程提出异议而掩盖其真实意图，或者在谈判中提出修改某些议程，容易导致己方被动甚至谈判破裂。

五、起草商务谈判计划书

商务谈判计划书是关于谈判的总体规划及具体安排，由于谈判的不确定性和复杂性，计划书不可能面面俱到；同时，鉴于谈判在一定程度上存在保密要求，因此，好的计划书应满足以下基本要求。

（1）在起草过程中，要围绕本次谈判目标，深入思考谈判的核心，制定好对策。

（2）注意通则议程与细则议程的区别。为确保谈判顺利，计划书的通则部分很多时候需要谈判的各方共同制定，这本身就是一个谈判过程。议程的安排往往与谈判目的和结果有一定的相关性，对一方有利的安排很可能不会被轻易察觉。

（3）计划书不要求将全部内容都写出来，但要写清主要内容。商务谈判计划书可以参考以下框架内容制订谈判方案。

关于××的谈判计划书

谈判的主题
主方××
客方××
一、会议时间
××年××月××日
二、会议地点
××
三、谈判小组人员组成
首席代表：（决策人）
主谈人员：（包括技术主谈人、商务主谈人等）
其他人员：（包括法律顾问、翻译人员、记录人员、文书资料保管人员）
四、基本情况分析
（一）谈判双方的背景
1. 我方公司分析
2. 客方公司分析
（二）谈判的项目
依照主题和目的对谈判进行内容细分，形成多个项目。
（三）谈判目标
1. 主要目标
2. 次要目标
3. 最低目标
（四）谈判形势分析
1. 我方优势分析
2. 我方劣势分析
3. 我方人员分析
4. 客方优势分析
5. 客方劣势分析
6. 客方人员分析

（五）谈判的形式

五、谈判的方法及策略

（一）开局阶段的策略

（二）磋商阶段的策略

（三）成交阶段的策略

要根据谈判的进程及时调整方案。

六、谈判效果及风险预测

（一）谈判效果预测

（二）谈判风险预测

主要说明出现意外情况时处置的方法、策略、合同如何约定。

七、谈判费用预算

八、谈判议程

（一）双方进场

（二）介绍会议安排和与会人员

（三）进行正式谈判

（四）达成协议

（五）签订协议

（六）祝贺谈判成功

九、附属计划

（一）谈判日程表

（二）接待计划

（三）会务保障计划

（四）保密要求

（五）谈判终结的判定和处理

第五节　谈判物质条件的准备

谈判物质条件的准备包括两个方面的内容，一是谈判室及室内用具的准备，二是谈判人员的食宿安排。

一、谈判室及室内用具的准备

一般来说，谈判室应选择在距谈判人员住宿地较近的地方，否则会造成诸多不便。要远离闹市区和街道，嘈杂的环境会影响谈判人员的情绪，从而影响其谈判技巧的发挥。

室内应整洁、宽敞、光线充足，通风设备良好，并且要有良好的通信设备，谈判人员能够很方便地打电话或者上网。还应设有类似白板、投影仪等设备，供谈判双方进行计算和图表分析时使用。谈判室一般不设录音设备，除非双方同意或要求才能配备。谈判室旁边或附近应设有休息室，以便能使双方放松一下紧张的神经，缓和彼此的对立气氛。有时也会设置特定的环境，让对方处在不利处境中。日本政治家河野一郎在回忆录中，清晰地描述了他于20世纪50年代与苏联领导人布尔加宁的一次谈判，就是利用环境的优势轻取对手。当他来到谈判会议室准备就座时，苏联人按惯例让他先行选择，河野环视了一下，就近选了一把椅子说："我就坐在这儿吧。"布尔加宁说了声："好。"随后便在河野对面坐了下来。事后河野说他选的椅子是背光的，因此，谈判中河野很容易看到对方的表情，甚至看到布尔加宁流露出的倦容。河野曾宣称，这是他多年外交谈判的一个秘诀。

室内的布置也很重要，如选择什么样的谈判桌，是圆形的还是长方形的。一般来讲，比较重要的、大型的谈判选用长方形的谈判桌，双方代表各居一面，相对而坐，无形中增加了双方谈判的分量。在规模较小或双方谈判人员较熟悉的情况下，多选用圆形谈判桌，双方团团围坐，这样既可以消除谈判双方代表的距离感，还能加强双方关系融洽、共同合作的印象，使谈判容易进行。所配椅子要舒适，会谈所需的其他设备和服务也应周到。

有时候，在谈判中常会感到自己置身于不利处境，一时又说不出为什么，其实是对手故意设计的，以干扰和削弱己方的谈判力。比如，座位的光线刺眼，看不清对手的表情；会议室纷乱嘈杂，常有干扰和噪音；疲劳战术，连续谈判，在疲劳和困倦的时候对方会提出一些难以察觉却比较关键的改动。更甚的是，利用外部环境形成压力。例如，我国知识产权代表团首次赴美谈判时，纽约好几家中资公司都"碰巧关门"，忙于应付所谓的反倾销活动，美方企图以此对我代表团造成一定的心理压力。谈判时遭到"光线刺眼"这类策略时，应该立即提出拉上窗帘或者更换位置。识别和排除这些"无意"的干扰，需要谈判人员具备优秀的素质。如果感觉受到干扰，直接提出来一般会得到缓解，而对"碰巧关门"之类的事情，预先防范为好。

二、谈判人员的食宿安排

谈判是一项艰苦复杂、体力消耗大、精神高度紧张的工作，对谈判者的精力和体力都有较高的要求。因此，东道主一定要妥善安排谈判者的食宿，尽量做到周到细致、方便舒适。如根据谈判者的饮食习惯安排可口的饭菜，本着友好的态度，提供便利、安全的住宿条件。这样不仅有利于谈判者精力、体力的恢复，也是东道主应持的态度。1972年2月，美国总统尼克松访华，在欢迎尼克松一行的国宴上，当军乐队熟练地演奏起由周总理亲自选定的《美丽的亚美利加》时，尼克松简直听呆了，他绝对没想到在中国北京可以听到他生平最喜爱并且在他的就职典礼上指定演奏的家乡的乐曲。敬酒时，他特地到乐队前表示感谢。此时，国宴达到高潮，融洽而热烈的气氛深深地感染了美国客人，也促使此后的谈判在和谐融洽的氛围下进行。

第四章　国际商务谈判的过程及策略

商务谈判的各项准备工作就绪以后，就可以进行正式谈判了。谈判的过程应有一定的程序，这个程序涉及谈判的方案、议程安排及相关对策等。有经验的谈判者十分注重谈判程序的安排和运用。本章从谈判的开局、磋商到最后达成协议，分阶段加以阐述。

第一节　谈判过程概述

谈判的过程划分对于商务谈判的整体流程有不同的描述方法，常见的有阶段划分法。

阶段划分法是按照一定的发展过程，将谈判的整个流程划分为若干个不同的阶段。一般认为，一次完整的商务谈判包括谈判前的准备活动、谈判中的正式活动以及协议签订三大组成部分。而其中正式谈判部分可以分为开局阶段（又可以细分为导入过程和摸底过程）、磋商阶段（又可以细分为报价过程、交锋过程、妥协过程）和终结阶段。谈判的各个阶段如下表所示。具体知识会在相关章节详细介绍。

商务谈判阶段划分

组成部分	包含阶段	具体过程	作用
谈判前的活动	准备阶段		为谈判时做好计划、人员、情报分析、场地、设备的准备，进行模拟谈判
谈判中的活动	开局阶段	导入过程	双方人员相互介绍，彼此熟悉，创造谈判的氛围
		摸底过程	简单介绍自己的情况，并努力获取对方的意图
	磋商阶段	报价过程	一方主动要求或根据双方协商，率先报出价格
		交锋过程	就一方的报价，对方进行讨价还价，并进行价格解释、评论，以及就其他交易条件进行交涉
		妥协过程	双方按照一定的原则，互相妥协，以求达成交易

续上表

组成部分	包含阶段	具体过程	作用
谈判中的活动	终结阶段		根据谈判的目标设定和期望，无法继续进行时，结束谈判过程
谈判后的活动	签订协议阶段		交易正式达成以后，为约束对方而签订相关协议

一、谈判前的活动

谈判开始前的准备活动包括收集和分析谈判信息，拟订详细的谈判计划，确定谈判目的，选择有利的谈判场所，布置谈判现场，等等。

二、谈判中的活动

（一）开局阶段

商务谈判的开局阶段可以分为两个过程，分别是导入过程和摸底过程。导入过程标志着商务谈判的真正开始，其中的主要事务包括相互介绍和彼此熟悉。采用自我介绍比较常见，要注意介绍的礼节、礼貌。要通过服饰和饰物、秘书、组成人员等塑造有利于谈判目标实现的形象；营造一种自然轻松、礼貌尊重、友好合作、积极进取的良好谈判气氛，努力给对方人员留下美好的印象。在摸底过程中，双方都要简单地表明自己的目标、立场和条件，并做一些简单的沟通。注意在这个过程中，双方只是说了应该说的，而隐藏了不想让对方知道的东西。所以，谈判人员要学会投石问路，表达内容要谨慎、简短、清晰和准确。当事双方都知道这属于相互摸底的过程，所以彼此都想窥测对方的信息和意图。

（二）磋商阶段

商务谈判的磋商、讨价还价阶段。此阶段在整个谈判过程中占有重要地位，也是其中的关键阶段，它直接关系到双方是否能够最终签约以及日后是否能够合作。具体来说，磋商阶段又可以分为报价过程、交锋过程和妥协过程。在报价过程中公开展示自己的价格需求，在交锋过程中双方讨论、比较、权衡各自利益。这是认识迈进的阶段，而在妥协过程中双方互相让步，促使交易在最后的短暂时间里达成。

（三）终结阶段

双方的谈判到了一定的时间，或者出现了不可调和的局面时，谈判进入结束阶段。

三、谈判后的活动

如果商务谈判的最终结果是交易顺利达成的话，还要进行协议或者合同的签订；一般先签订协定备忘录，即此次谈判顺利达成的一种文字记录。协定备忘录不是合同文书或正式协议书，但一经双方签字，就代表双方必须遵守承诺，之后再进行正式协议或合同的签约，其中的具体流程和仪式将在后续章节中介绍。

第二节　谈判开局阶段

开局是实质性谈判的第一个阶段。在这一阶段，商谈的双方开始进行初步的接触，互相熟悉，并就此次会谈的目标、计划、进度和参加人员等进行讨论，在尽量取得一致的基础上就本次谈判的内容分别发表意见。

一、营造洽谈气氛

为了创造良好的乃至有利于己方的气氛，就要有意识地创造合适的谈判环境。在开谈之前就要做好准备工作。准备工作包括心理方面和物质方面。比如，理清自己的思路，把谈话要点写出来，以防遗忘；做好物质准备，包括收集、整理有关文件、资料、信息以及选定谈判场所。较好的气氛是良好谈判的基础。在谈判开始时双方不太了解，需要调整思路，熟悉对方，研究对方，加强沟通。因此，话题应是轻松的、非业务性的，可谈名人轶事，也可谈旅游风景、名胜古迹等，使双方找到共同话题，逐渐撤去初识所设的心理屏障，然后逐渐过渡到交易谈判上。

（一）塑造良好的第一印象

形成洽谈气氛的关键时间是短暂的，可能只有几秒钟，最多不超过几分钟。实际上，从双方走到一起准备洽谈时，洽谈的气氛就已经形成了，而且会延续下去，以后很难改变。因为这时，热烈或冷漠、合作或猜疑、友好或防范等情绪已经出现，行动已经表现出不是轻松便是拘谨。当然，洽谈气氛不仅受最初几秒钟内发生的事情的影响，还受双方见面之前的预先接触以及洽谈中接触的影响。但是，开始见面形成的印象，比初见前形成的印象强烈得多，甚至会很快取代以前的印象。

（二）营造洽谈气氛不能靠故意做作

双方第一次走到一起准备进行洽谈时，最可能出现的场面是什么？一见面双方首先互致问候，开始某种形式的对话。这时，洽谈人员除了耳闻目睹，他还会产生某种预感，"说不定这个洽谈会很棘手"，也许是"天啊，我可得留神对面这些人"。当然，反应也可能是积极的。比如，"看来这次真的没准会有点结果"。从见面形式、问候和坐定的方式并不能完全解释为什么洽谈人员会产生上述各种情绪，它应该缘于谈判双方的本来意图和其他一些复杂的影响因素。因此，应本着诚挚、合作、轻松而又认真的态度，建立良好的洽谈气氛并以平等互利、友好合作作为谈判的基本原则。单纯表面的做作很难奏效。

（三）开局目标在于思想协调

要想使谈判顺利进行，首先要融洽感情、协调思想。在开局阶段，最重要的工作就是确立开局的目标。所谓开局的目标，是一种与谈判的终极目标紧密相连而又相互区别的初级目标，即应该营造出一种和谐的谈判气氛，使谈判双方能尽快地协调一致。因此，洽谈开始时的话题最好是轻松的、非业务性的。比如，双方可以随便聊聊以下内容：天气情况、足球比赛、国际时事等。

二、确定谈判中的角色定位

在洽谈双方的初次接触、闲谈中，通过无声信息的传递和有声信息的沟通，彼此之间会对对方形成各自的印象，如对方的表象认识、言谈举止、着装打扮、习惯以及本性推断，是自信还是自卑、是精力旺盛还是疲惫不堪、是轻松愉快还是高度紧张等。精明的谈判人员往往会依据这些印象来树立自己在谈判中的形象，形成自己的角色定位。譬如，一个谈判对手是西方人，他目光直视着你，握手有力，而且用右手与你握手时，左手又放在你的肩膀上，这就说明此人精力充沛（这个人太精干了，我最好小心一点）；或者说明他权力欲很强（这是一种过激的举动，他想控制我）。那么，你就应该相应地采取"慢火文攻"的方式来树立自己的谈判形象。同样，如果对方是一个拖泥带水、时间观念差的人，则你应警惕"他想拖垮你"，必须确定自己的主动攻击性角色，设法以巧取胜。

因此，在进入正式谈判之前，谈判者应做好各方面周密、细致的工作，注意个人形象，认真研究分析对方的行为，同时，最重要的是在谈判中做到以诚待人、行为端庄、说话态度诚恳、言之有理、以理服人、平等互利、真诚合作、处世灵活、遇变不惊，始终维护来之不易的良好洽谈氛围和已确立的己方在谈判中的地位。

三、开好预备会议

在商务谈判中，常常需要在正式谈判前召开会前，以确定谈判内容以外的双方都关心的共同问题。因此，开好预备会议也是开局阶段的主要任务之一。预备会议的目的是使双方明确本次谈判的目标以及为此目标共同努力的途径和方法，以便为此后各阶段的洽谈奠定基础。预备会议的内容一般是双方就洽谈目标、计划、进度和人员等内容进行洽商。目标是指本次洽谈的任务或目的，计划是指为了洽谈目标所设想采取的步骤与措施，内容包括待讨论的议题以及双方必须遵守的规程，进度是指双方会谈进展的速度或是会谈前预计的洽谈速度，人员是指双方谈判小组的单个成员的情况，包括其姓名、职务以及在谈判中的地位与作用等。上述问题必须在洽谈进入正题前就定好。一般来讲，预备会议是由东道主主持并首先发言，但这并不意味着客方处于被动地位，实际上双方的地位是平等的，且必须依赖相互间的真诚合作，方能开好预备会议。因此，应尽量做到以下几点：

（1）在会议开始时，彼此都应设法采取措施，使会议有一个轻松的开端。

（2）享受均等的发言机会。

（3）要有合作精神，在会议期间应给予对方足够的机会发表不同意见，提出不同设想，同时要尽量多提一些使双方意见趋向一致的问题，并可反复重申已取得的一致意见。

（4）提问和陈述要尽量简练。

（5）要乐于接受对方的意见。

四、把握开局阶段的要点

商业如同外交，安排议程也是掌握主动的一个机会。一个良好的议程可以阐明或隐蔽原来的动机，可建立一个公平原则。所以，在谈判开始之前，要拟好议程，之后再商谈，这将有助于掌握主动权。一般应注意以下几个方面：

（1）要仔细考虑问题的主题，以及何时提出最好。

（2）详细研究对方的议程，以便发现本方利益是否被忽略或摒弃，并相应调整本方的议程。

（3）不要显示自己的利益可以退让，应略微强硬。

（4）未经详细考虑后果之前，不要轻易接受对方提出来的额外问题，否则会偏离原议程的轴心，导致己方疲于应付。

五、商务谈判开局策略

谈判开局策略，是谈判者谋求谈判开局和有利形势从而实现对谈判开局的控制而采取的行动方式或手段。营造适当的谈判气氛实质上就是为实施谈判开局策略打下基础。商务谈判开局策略一般包括以下几种类型。

（一）协商型开局策略

协商型开局策略是指以协商、肯定的语言进行陈述，使对方对己方产生好感，创造双方对谈判的理解充满"一致性"的感觉，从而使谈判双方在友好、愉快的气氛中展开谈判工作。

协商型开局策略比较适用于谈判双方实力比较近，双方过去没有商务往来的经历，第一次接触，都希望有一个好的开端。要多用外交礼节性语言谈论话题，使双方在平等、合作的气氛中开局。比如，谈判一方以协商的口吻来征求谈判对手的意见，然后对对方的意见表示赞同或认可。双方达成共识，要表明充分尊重对方意见的态度，语言要友好、礼貌，但又不奉承对方，姿态上应该是不卑不亢，沉稳中不失热情，自信但不自傲，把握住适当的分寸，顺利打开局面。

（二）坦诚型开局策略

坦诚型开局策略是指以开诚布公的方式向谈判对方陈述自己的观点或意愿，尽快打开谈判局面。

坦诚型开局策略比较适合双方过去有过商务往来，而且关系很好，互相比较了解，将这种友好关系作为谈判的基础。在此可以真诚、热情地畅谈双方过去的友好合作关系，适当地称赞对方在商务往来中的良好信誉。由于双方关系比较密切，可以省去一些礼节性的外交辞令，坦率地陈述己方的观点以及对对方的期望，使对方产生信任感。

坦诚型开局策略有时也可用于实力不如对方的谈判。本方实力弱于对方，这是双方都了解的事实，因此没有必要掩盖。坦率地表明己方存在的弱点，使对方理智地考虑谈判目标。这种坦诚也表达出实力较弱一方不惧怕对手压力，充满自信和实事求是的精神，这比"打肿脸充胖子"高调掩饰自己的弱点要好得多。

（三）慎重型开局策略

慎重型开局策略是指以严谨的语言进行陈述，表达出对谈判的高度重视和鲜明的态度，目的在于使对方放弃某些不适当的意图，以达到谈判的目的。

慎重型开局策略适用于谈判双方过去有过商务往来，但对方曾有过不太令人满意的表现，己方要通过严谨、慎重的态度，引起对方对某些问题的重视。例如，可以对过去双方业务关系中对方的不妥之处表示遗憾并希望通过本次合作能够改变这种状况。可以用一些礼貌性的提问来考察对方的态度、想法，不急于拉近关系，注意与对方保持一定的距离。这种策略也适用于己方对谈判对手的某些情况存在疑问，需要经过简短的接触摸底的情况。当然，慎重并不等于没有谈判诚意，也不等于冷漠和猜疑，这种策略正是为了寻找更有效的谈判成果而使用的。

（四）进攻型开局策略

进攻型开局策略是指通过语言或行为来表达己方强硬的姿态，从而获得谈判对手必要的尊重，并借以制造心理优势，使谈判顺利进行下去。这种开局策略只在特殊情况下使用。例如，发现谈判对手居高临下，以某种气势压人，有某种不尊重己方的倾向，如果任其发展下去，对己方是不利的，因此要变被动为主动，不能被对方气势压倒。采取以攻为守的策略，捍卫己方的尊严和正当利益，使双方站在平等的地位上进行谈判。进攻型策略要运用得好，必须注意有理、有利、有节，不能使谈判一开始就陷入僵局。要切中问题要害，对事不对人，既表现出己方的自尊、自信和认真的态度，又不能过于咄咄逼人，使谈判气氛过于紧张，一旦问题表达清楚，对方也有所改观，就应及时调节一下气氛，使双方重新建立一种友好、轻松的谈判气氛。

第三节　谈判磋商阶段

磋商阶段是实质性谈判的核心部分，当谈判双方通过协商一致而最终达成协议,并且已经初步建立了友好、轻松的洽谈气氛,就洽谈的目标、计划等取得了一致的意见,已经有了相互合作的趋势,双方洽谈人员对各自的情况已有了一定的了解,这时就应该展开对具体业务的协商洽谈,一般把达成协议前的这种对专门问题的谈判都归入交锋阶段。这个阶段一般包括摸底阶段、报价阶段、议价与磋商阶段。

一、摸底阶段

一般来说,摸底阶段是比较重要的,对于以谋求共同最佳利益为方针的谈判更为重要。该阶段的工作主要通过开场陈述进行,这个开场陈述应该是分别进行的。洽谈双方应通过此活动摸清对方的意图,不要对对方的观点发表异议。

(一)开场陈述——"我是否说清楚了?"

开场陈述就是要把己方的立场、观点及会谈的内容向对方说清楚,同时还要表明对对方建议的反应。在陈述自己的观点时,要采用横向铺开的方式,而不是就某一具体问题深谈。开场陈述的内容一般应包括:①己方对问题的理解。②己方的基本利益,即己方希望通过这次会谈取得的利益;己方的首要利益,即对己方至关重要的利益。③己方可以向对方做出让步的事项,即己方可以采取何种方式为双方共同的利益做出贡献。④己方的立场,包括双方以前合作的结果、己方在对方所享有的信誉、今后双方合作中可能出现的机会或障碍。

开场陈述的特点是:

(1)双方分别进行开场陈述。

(2)双方的注意力应放在自己的利益上,不要试图猜测对方的立场(这种猜测只能使对方恼火而引起混乱和敌意)。

(3)开场陈述只需把握原则性,而无须就具体问题深入探讨。

(4)开场陈述应简明扼要。陈述的方式一般有两种:一种是由一方提出书面方案发表意见,另一种是会晤时双方口头陈述。这两种方式的实际作用要结合具体的洽谈环境来分析,不能一概而论。但有一点必须明确,即陈述应该是很正式的,应以真诚和轻松的方式表达出来,要让对方明白己方的意图,而不是向对方提出挑战。切记以柔至上。

(二)倡议——"你们有什么新设想吗?"

倡议是对开场陈述在共同性上的延续,开场陈述已经向对方明示了个别利益与合作的愿望,接下来就应该抓住寻求这一共同利益的机会提出倡议。在倡议阶段,需要双方各自提出各种设想和解决问题的方案,然后再在设想与符合商业标准的现实之间搭起一座通向最终成交的桥梁。

提建议应注意以下几点:

(1) 提建议要采取直截了当的方式。这是因为人们往往会立刻集中于某一个建议上(或者评头论足,或者进一步深入)。因此,提建议时切忌拐弯抹角、含糊不清。

(2) 建议要简单明了,具有可行性。例如:

"现在,贵方有什么新设想吗?"
"我想,也许可以通过交货条件平衡一下价格问题。"
"我方可以把支付条件作为解决双方分歧的一个桥梁。"
"卖方可向买方发放贷款。"
"先把这笔买卖做成,然后再选个时间做下笔交易。"

如此等等。这样,一方可从另一方的倡议中得到启发,双方共同合作,使成交的前景逐渐明朗。

(3) 双方互提意见。

如果不是双方互提意见,而是一方对对方的某个建议纠缠不休,则可能导致谈判中断或失败。假如对方不但未提出自己的建议,而且对于己方的建议一直纠缠不休,己方应设法引导对方提出他们的设想。只有双方通力合作,充分发挥各自的创造潜力,提出各种设想,然后在各种设想的基础上寻求最佳方案,才有可能使谈判顺利进行下去。否则,不可能有好的结果出现。例如:

"现在,贵方有什么新的想法了吗?"
"我想,也许可以通过交货条件平衡一下价格问题。"
"贵方的意思是,我方需要付更多的钱换取贵方早日交货?"

显然,这种对话实际上已把双方引入报价阶段,而没有充分利用目前倡议阶段这个较好的机会。对此,己方可以引导对方提出其他设想。

"贵方看,是不是还有其他思路,咱们一起来讨论讨论?"
"我方觉得,如果……"

这样，又会回到融洽的商谈气氛中。

不要过多地为自己的建议辩护，也不要直接抨击对方提出的建议。这是因为建议的提出和下一步最佳方案的确定，需要双方的共同努力，如果过多地为自己辩护或激烈地抨击对方的建议，则会引起对方的反感或增加对方的敌意，这样会人为地给共同确定最佳方案制造障碍。双方应把前面大家提出的所有想法统统列出来，探讨一下每种设想的可行性。例如：

"好，现在咱们来讨论一下哪种方案更为可行。"

"好的，我想依靠交货条件来平衡价格问题的建议可能行不通。说不定咱们还会有更好的解决办法。我认为这个建议只是'二流'的。"

"我同意。不过，我对于把付款条件作为解决分歧的桥梁很感兴趣。咱们可不可以把这个建议列为最佳建议，卖方为买方提供贷款的建议怎么样？"

注意，此时不要对尚未充分展开的思路提出反对或辩护。例如，"不，我对这个建议没有丝毫兴趣。"或者"我可以肯定地说，我方的建议是最好的。"切记，即使你认为某种方案最佳，也要以谦虚的态度和客观的讨论获得对方的确认。

(4) 确认对方的底细——"他们真的想与我们合作吗？"

经过一系列的开场陈述、倡议与选择可行方案，摸底工作有条不紊地进行。至此，通过这种温和的交锋，双方应该就对方的底细有一个明确的认识，这对于下一阶段激烈的谈判很有帮助。

如果通过摸底交谈，发现对方并不是同己方一样采取合作的态度，则己方就需要相应地从根本上改变洽谈的方针，否则，就有被对方利用的危险。一般来说，对方的底细无非分为以下三种：

第一，"绿灯"型。即对方在入题、开场以及摸底阶段能采取合作的态度，那么，就不必担心对方别有用心了。

第二，"红灯"型。即对方拒绝合作，或者态度暧昧。尽管己方寻求各种机会与对方合作，但对方仍然无动于衷，那么就有被对方利用的危险；同时，也看清了对方是想尽一切办法在谋求自己的利益。

第三，"黄灯"型。即对方处于犹豫不决的状态。对此，应及时进行分析。最合适的方针是稍作休息。如果是一次性会谈，可以休息几分钟；如果是持续时间较长的大型会谈，可以利用休息时间剖析一下会谈的形势和对方的行为。

回顾洽谈的形势必须考虑以下几个问题：这笔生意的性质是什么？对方的实力如何？对方准备采取什么样的进攻方针？这时，还需要对对方的下列行为进行评价。

（1）自洽谈开始以来，对方的表现如何？其行为基本上是合作的还是充满敌意的？

（2）从对方开始几分钟的行为中，己方可以做出哪些判断？开谈之前，对方曾对己方施加了多大的压力？

（3）在开场阶段，对方与己方合作的诚意如何？对方是否一开始就与己方通力合作，或者从一开始就与己方背道而驰？

（4）在开场陈述时，对方是不是对己方开诚布公？

（5）在己方进行开场陈述时，对方是不是竭力攻击？

（6）对方提出设想与采纳设想之比是多少？对方提供的信息及获取的信息之比又是多少？

从以上问题的思考中，己方便可以对对方的底细有一个清晰的了解，相应地，也确定了己方的对策。

二、报价阶段

假定谈判的双方都已经表现出良好的合作愿望，这时就可以进行垂直式的谈判，首先对双方已经共同认定的一些至关重要的议题加以阐述。

报价阶段一般是商务谈判由横向铺开转向纵向深入的转折点。在实际业务中，一般都是由一方报价，另一方还价，这种报价和还价的过程就是报价阶段。这里所指的价是广义而言，并非单指价格，还包括各项有关的交易条件。在本阶段，对于报价者来说需要考虑的是怎样选择开盘价；而对于还价者来说，需要考虑的主要是怎样确定还盘价。

（一）怎样确定开盘价

实际谈判过程中的最初报价称为开盘价，应根据国际市场价和市场需求以及购销意图与报价策略等，确定一个符合情理的可行价格。理论上讲，开盘价应是最高的可行价格，它通常有两种形式，一种是以最高价格报出的期望价，另一种是以不能突破的最低底盘价报出的期望价。买卖双方如何报出期望价，要视具体情况而定。

在国际贸易谈判中，有两种比较典型的报价方式，即西欧式报价和日本式报价。以下主要介绍西欧式报价。

西欧式报价一般的模式是，首先提出有较大余地的价格，然后根据买卖双方的实力对比和该笔交易的外部竞争状况，通过给予各种优惠，如数量折扣、价格折扣、佣金和支付条件上的优惠（延长支付期限、提供优惠信贷等），逐步达到成交目的。这种报价法只要能稳住买方，往往会有一个不错的结果。卖方在开盘时报出的期望价，理所当然是最高价，其内在含义及作用在于：

（1）开盘价给己方的要价定了一个最高限制，往往开盘价一报，自己就不能再提出另一个更高的价格了；同时，对方也绝不会再接受另一个更高的价格。开盘价为对方提供了一个相应的评价己方价格尺度的标准。

（2）报出一个高的开盘价，为下一步价格磋商提供了回旋余地。开盘时报出的最高期望价，本质上是一张为整个交易留着使用的"牌"。

（3）开盘价代表谈判者的实在利益。在报价信息掌握得比较充分和可靠，而且策略运用得当的前提下，开盘价越高越可行，报价的一方能够得到的好处也就越多。

在实际谈判中，报价并不是简单的卖方或买方单方面的事情，它既要寻求己方的最高利益，又要兼顾对方接受的可能性。脱离对方可能接受的报价，只能是一场一厢情愿的美梦。这是因为，当己方抬高报价时，对方必然千方百计地压低报价。而当己方为了自己的利益向对方施加压力，尽可能设法压低对方的开盘价时，对方也会顽强地坚持开盘价；或在开盘价上被迫做出让步的同时，又策略性地从其他方面争得好处，以使自己的利益得到必要的保护。

在提出报价时，一般应注意以下问题：

（1）报价要非常明确。报价时切忌含含糊糊，必须让对方准确无误地了解其期望，才能达到报价的目的。

（2）报价要非常果断，毫不犹豫，这样才能给对方一种诚实而又认真的印象。

（3）报价时不必做过多的解释或说明。因为在议价阶段，对方肯定会就报价的有关问题提出质疑。如果在对方提问前，自己主动地对有关问题做过多的解释或说明，就有可能让对方从中找到某些突破口。

（二）怎样确定报价次序

报价的先后应视具体情况而定。

关于应当由哪一方先报价的问题，目前还存在争议。在对方报价之前己方先报价是否有利，如果说有利，主要在于先行报价，其影响较大。先报价的卖方实际上为谈判规定了一个框架，最终协议将在此范围内达成。而且，第一个报价在整个谈判与磋商过程中都会持续起作用。因此，先报价的影响比后报价的影响要大得多。

先报价的不利之处有两点：一是对方听了报价后，可以对自己的想法进行调整，从而获得本来得不到的好处。二是对方会试图在磋商过程中迫使己方按照对方的路子谈下去，也就是说，对方会集中力量对己方的报价发起进攻，逼己方一步一步地降价，而不泄露对方究竟打算出多高的价。这是必须坚决拒绝的。己方必须让对方报价、还价，绝不能使谈判转变为一场围绕己方报价的攻击战。

那么，究竟是先报价还是后报价对己方有利呢？总的来说，如果预计是一场十分激烈的谈判，那么，就应当先报价以争得更大的影响；如果己方的谈判实力明显较弱，且缺乏谈判经验，就让对方先报价，通过观察对方扩大思路，调整自己的方案；如果双方都是谈判专家或有长期业务往来的老客户，则谁先报价均可。

就惯例而言，一般由卖方先报价。谁先报价的问题在许多合作型谈判中更加难以回答。无论怎样，双方应该本着真诚合作、共同解决问题的态度，不断摸索、逐步前进，以达成理想的协议。

（三）怎样回价

回价也称还价。即在面对面的谈判中，当一方听取了另一方的报价说明之后，对对方的报价做出适当的回应，即提出自己要求的交易条件。还价方应注意以下几点。

（1）在还价前要准确地弄清对方的报价内容。为此，可以向对方提出一切必要的问题。比如，在谈论设备的价格时，可以向对方询问价格中是否包括佣金、是否包括机器的调试及技术培训费、是否包括一切必要的零配件费用等，以便得到一幅正确无误的价格图像。当提问完毕后，应把自己对对方报价的理解进行归纳总结，并加以复述，以检验双方在要约内容的理解上是否一致。

（2）还价应当是符合情理的可行价。

（3）在还价所涉及的提问过程中，必须使对方认识到，这些问题只不过是为了弄清对方的报价，而不是要求对方解释如此报价的原因。这样做不仅是对对方的尊重，而且对谈判双方都有好处。

三、议价与磋商阶段

当一方报价、另一方还价之后，一般情况下都要进入议价阶段。当双方进入议价阶段后，可能需要几个步骤才能使交易明确，即探明对方报价或还价的依据，对报价做出判断，互为让步，打破僵局。议价与磋商阶段要做到以下三点。

（一）捕捉信息，探明依据

谈判者要有效地维护自己的利益，首先必须充分了解对方报价的依据，探究对方的真正意图。如前所述，对于报价的直接反问不仅是事无补，而且会使对方意识到己方对其掌握的资料、信息知之不多，因而产生警惕，使以后的谈判于己方不利。要抓住每一谈话细节，认真分析，最好做到以下三个方面的工作：

（1）仔细检查对方开出的每一个条件并逐项询问其理由，在可能的情况下，尽力引导对方就各个条件可变动的灵活性发表陈述，不要根据主观的推测去任意改变己方的原定计划与对策。

（2）仔细倾听并认真记录对方的回答。在对方回答问题时，切忌过多地插话，更不要对对方的讲话或回答做过激的评论。在倾听对方的陈述时，捕捉对方言谈中透露出来的信息，探究出对方的真实意图。在对方采取避实就虚或避重就轻或其他含糊技巧对问题不做正面回答时，应尽量引导对方对问题做正面回答，并指出其含糊其辞回答问题的弊端。

（3）当对方想了解己方报价或还价的理由时，原则上应尽量把自己回答的内容限制在最小的范围内，只告诉对方最基础的东西即可，不必多加说明与解释，切忌问一答三的回答方式。

（二）了解分歧，归类分析

在议价过程中，双方存在分歧是正常的。可以说，没有分歧，就不会有谈判存在。分歧往往存在于谈判内容的各个方面，有主有次，一般来说，价格方面的分歧是较大的分歧。

谈判过程中产生的分歧大致可以分为三类，即想象的分歧、人为的分歧和真正的分歧。

想象的分歧是由于一方没有很好地理解对方的要求或立场而产生的，或者是由于不相信对方的陈述准确地反映了对方的要求这一事实而造成的。这种分歧的根源在于相互间的沟通不够。解决的办法就是，要更好地掌握沟通的技巧。人为的分歧是由于一方为了种种目的（比如，提出很高的报价或不近情理地杀价以便为其在下面的谈判中有较大的回旋余地等）有意设置关卡而造成的。消除人为因素造成的分歧，一般是多留一些时间用于磋商，使谈判在不陷入僵局的前提下，一轮一轮地进行下去。同时，在磋商过程中，尽可能地使用说服的技巧，使对方逐步降低要求。真正的分歧是多种多样的，所以解决的办法也有多种选择。对此，我们将在后面的内容中进行分析和叙述。

（三）掌握意图，心中有数

在尽可能准确地分析双方之间的分歧之后，就要分析对方的真正意图。在此，谈判者应对下列问题做到心中有数。

（1）在己方的报价或还价中，哪些条件可能为对方所接受，哪些条件又是对方不大可能接受的。

（2）从对方对己方的报价或还价所做出的评价中流露出来的迹象和直接观察对方言行，推断对方对其他一些问题所持反对意见的坚定立场如何。

（3）在每一个议题上对方讨价还价的实力如何。

（4）可能成交的范围怎样，双方都可接受的最佳交易条件是什么。

四、对症下药

选择方案有时可能会出乎人的意料，使预先准备的首选方案不得不发生改变，这在谈判中是常有的。一般来说，通过对双方分歧的分析和判断对方的真正意图后，如果发现双方之间存在很大的真正分歧，摆在谈判者面前的选择一般有以下三种。

（一）建议中止谈判

一般来说，谈判者都不愿中止谈判，对于卖方来说更是如此。建议中止谈判往往是不得已而采用的最后一招，必须特别慎重。在采取这一步骤时应具备以下条件：

（1）己方处于一个有利的地位上，一旦提出中止谈判这一要求，对方就有很大可能做出让步。

（2）采用中止谈判的方法在当时是唯一能使对方改变立场与想法的措施。

（3）双方矛盾焦点所涉及的交易条件对己方来说确实是非常重要的，如果对方不肯改变立场，已方宁愿交易落空，也不愿勉强成交。

（二）全盘让步

接受对方的条件。在下列情况下，不得不采取全盘让步这一做法。

（1）如果己方不做全盘让步，交易就不可能达成，而本次交易的达成，将会对己方产生重大的影响。

（2）对方处于有利的地位，如果己方不做全盘让步，马上就有新的竞争者加入，届时，已方将会处于更加不利的地位。

（3）己方即使做出全盘让步，接受对方的条件，也仍然是有利可图的。在采用这一做法时，一定要在能够取得一定的经济效益或社会效益的前提下进行，否则，宁可终止谈判。

（三）继续进行磋商

继续进行磋商，以求交易条件在互为让步的基础上达成一致。若是双方选择了这一方式，谈判将进入下一步。

五、控制议程，争取主动

谈判高手除了会对实质性谈判下很大工夫，也非常注意对谈判议程的控制。在商务谈判中，人们往往察觉不出有人在控制洽谈议程方面施展技巧，这不仅存在而且非常重要。有时洽谈小组的某个成员可能在旁边一言不发，而其同事则在对价格和交货问题上激烈地讨价还价。这位不引人注意的人经常通过偶尔的插话，对谈判的进程起着巨大的作用。比如，当谈到价格及折扣问题陷入僵局时，那位一直不作声的人突然说了一句："我们是否先考虑一下付款方式呢？"也许一句话就改变了整个谈判的方向。很多商务洽谈班子里都有这么一个人，他有天生的才干做出这种干预，他所发挥的巨大影响经常是他的同事所不及的。他的才干表现在能在谈判过程中能操纵谈判的走向。洽谈人员要控制洽谈议程，应该采取以下行动。

（1）进行归纳总结。帮助双方认识谈判进行到哪一个阶段了。

（2）让双方看清形势。使大家明确："我们正在谈什么"和"目前的问题是什么"。

（3）明确谈判议程。运用其洞察力把谈判引向广泛或深入的方面，或者推向"以我为准"或"各说各的"方向。

（4）检查洽谈的进展情况。如果能够依据双方已同意的某一标准来检查洽谈的进展，对洽谈是非常有益的，特别是根据开场时确定的目标、进度、计划来检验进程，更是十分有利的。

（5）架设桥梁。设法在双方之间架起一座桥梁，使大家联合起来继续前进。

（6）强调双方的一致性。要反复强调这样一个事实：我们是能够彼此谅解的。当按照议程讨论第二个议题时，如果出现分歧，要提醒大家在目标、进度、计划以及第一个议题上保持一致的立场，而且双方已一致同意讨论第二个议题。总之，要使大家在第二个议题上同样做到协调一致。还有很多积极的方法能够促进谈判向前发展。经验丰富的洽谈者还可能采取其他灵活的措施，使谈判避免陷入僵局。比如，谈判时间越长，出现裂痕的可能性就越大，所以他总是尽力加快洽谈的每一个进程，以求在出现裂痕前就能达成协议。出现裂痕是不可避免的，但他可以通过人们说话的速度、坐姿的改变、眼神的变化以及对方让步的方式等做出判断。当察觉洽谈可能出现裂痕时，他可能会建议稍作休息，然后迅速地总结一下谈判进行到了哪个阶段，并提出何时复会、下一步该采取什么步骤等，就谈判向一致的目标前进等问题提出建议。

六、磋商阶段谈判策略

（一）"情绪爆发"策略

人们总是希望在一个和平、没有紧张对立的环境中工作和生活。当人们突然面临激烈的冲突时，在冲突的巨大压力下，人们往往就会惊慌失措，不知该如何是好。在大多数情况下，人们会选择退却，以逃避冲突和压力。人们的上述特点常常在谈判中被利用，从而产生了所谓的"情绪爆发"策略，作为逼迫对方让步的手段。在谈判过程中，情绪爆发有两种：一种是情不自禁地爆发，另一种是有目的地爆发。前者一般是因为在谈判过程中，一方的态度和行为引起了另一方的反感，或者一方提出的谈判条件过于苛刻而引起的，是一种自然的、真实的情绪发作。后者则是谈判人员为了达到自己的谈判目的而有意识地进行的情绪发作，准确地说，这是情绪表演，是一种谈判的策略。

我们这里说的情绪爆发是指后者。在谈判过程中，当双方在某一个问题上相持不下时，或者对方的态度、行为欠妥或者要求不太合理时，我们可以抓住这一时机，突然之间情绪爆发，大发脾气，严厉斥责对方无理，有意制造僵局，故作没有谈判的诚意。情绪爆发的烈度应该视当时的谈判环境和气氛而定。但不管怎样，烈度应该保持在较高水平上，甚至拂袖而去，这样才能震撼对方，产生足够的威慑作用和影响。

在一般情况下，如果对方不是谈判经验丰富的行家，在这突然而来的激烈冲突和巨大压力下，往往会手足无措，动摇自己的信心和立场，甚至怀疑和检讨自己是否做得太过分，从而重新调整和确定自己的谈判方针和目标，做出某些让步。

在运用情绪爆发这一策略迫使对方让步时，必须把握住时机和态度。无由而发会使对方一眼看穿；烈度过小，起不到震撼、威慑对方的作用；烈度过大，或者让对方感到小题大做，失去真实感，或者使谈判陷入破裂而无法修复。

（二）不开先例策略

不开先例是谈判一方拒绝另一方要求而采取的策略方式。当己方向对方提出最优惠政策时，对方承担不起，这时对方就可以"不开先例"为由挡回其要求。如果买方提出的要求使卖方为难，卖方可向买方解释，如果答应了买方要求，对卖方来说就等于开了一个先例，以后对其他买主要采取同样的做法，这不仅对卖方来说无法负担，而且对以前的买主也不公平。"不开先例"策略是对事不对人，一切不利因素都推诿于客观原因，挽救了自己。运用这一策略既不伤面子，又不伤感情，可说是两全其美的好办法。既然不开先例是一种策略，因此，提出的一方就不一定是真没开过先例，也不能保证以后不开先例，只说明对应用者是不开先例。当然，运用这一战术，必须要注意另一方是否能获得必要的情报和信息来确切证明不开先例的事实。如果曾经开个"先例"，你只是对他不开先例，那效果就适得其反。

（三）疲劳战术策略

在商务谈判中，有时会遇到一种锋芒毕露、咄咄逼人的谈判对手。他们以各种方式表现其居高临下、先声夺人的挑战姿态。对于这类谈判者，疲劳战术是一个十分有效的策略。这种战术的目的在于通过许多回合的拉锯战，使这类谈判者疲劳生厌，以此逐渐磨去锐气；同时也扭转了己方在谈判中的不利地位，等到对手筋疲力尽、头昏脑涨之时，己方即可反守为攻，促使对方接受己方条件。如果你确信对手比你还要急于达成协议，那么运用疲劳战术会很奏效。采用疲劳战术，要求己方事先有足够的思想准备，确定每一回的战略战术，以求更有效地击败对方的进攻，争取更大的进步。

（四）休会策略

休会是谈判人员比较熟悉并经常使用的基本策略，是指在谈判进行到某一阶段或遇到某种障碍时，谈判双方或一方提出中断会议、休息一会儿的要求，以使谈判双方人员有机会恢复体力、精力和调整对策，推动谈判的顺利进行。从表面上看，休会是满足人们生理上的要求，有利于恢复体力和精力，但实际上，休会的作用已远远超出了这一含义。它已成为谈判人员调节控制谈判过程、缓和谈判气氛、融洽双方关系的一种策略技巧。

在什么情况下比较适合采用休会策略呢？

（1）在会谈接近某一阶段尾声时，总结前段、预测下一阶段谈判的发展，提出新的对策。

（2）谈判出现低潮时，若再会谈，会使谈判人员体力不支，头脑不清，最好休息一下再继续。

（3）在会场谈将要出现僵局时，谈判双方观点出现分歧，如果各持己见、互不相让，会谈难免会陷入僵局。这时，比较好的做法就是休会，使双方冷静下来，客观地分析形势，采取相应的对策。

（4）在一方不满现状时，采取休会进行私下磋商，改变不利的谈判气氛。

（5）在谈判出现问题时，会谈双方可提出休会，各自讨论协商，提出处理办法。提出休会一方必须把握好时机，看准对方态度的变化。如对方也有休会的需要，则一拍即合，立即生效。一般东道主提出休会，客人出于礼貌很少拒绝。休会是一种内容简单、容易掌握、作用明显的策略技巧，能否发挥上作用，关键就看怎样运用了。

（五）以退为进策略

这个策略从表面上看，谈判的某一方退让或妥协或委曲求全，但实际上退却是为了以后更好地进攻或实现更大的目标。运用这一策略较多的形式是，谈判的某一方故意向对方提出两种不同的条件，然后迫使对方接受其中的一种。

采用这一策略时，要认真考虑后果，既要考虑退一步后对自己是否有利，又要考虑对方的反应，如果没有十分把握，则不要轻易使用这一策略。

（六）以弱求怜策略

以弱求怜策略也称恻隐术，是一种装可怜相、为难相的做法，以求得对方的同情，争取合作。在一般情况下，人们总是同情弱者，不愿落井下石，将之置于死地。这一招日本厂商和港澳商人常用。我们不能装可怜相，不能失国格、人格，但"为难"处境却是人人都免不了会有。恻隐术常见的表现形式有：装出一副可怜巴巴的样子，说可怜话，进行乞求。如"这样决定下来，回去要被批评，无法交差""要砍头""我已退到崖边了，再退就要掉下去了""求求你，高抬贵手""请你们不看僧面，看佛面，无论如何帮我一把"。有的日本厂商在谈判桌上磕头，请求条件。还有的商人精心策划，装可怜相。

在使用这一方法请求合作时，一定注意不要丧失人格和尊严，直诉困难也要不卑不亢。与此类似，有的谈判人员"以坦白求得宽容"。当在谈判中被对方逼得招架不住时，干脆把己方对本次谈判的真实希望和要求和盘托出，以求得对方理解和宽容，从而阻止对方进攻。

（七）"亮底牌"策略

"亮底牌"是在谈判进入让步阶段后实行的策略。谈判的某一方一开始就拿出全部可让的利益，做出一次性让步，以达到以诚制胜的目的。这种让步策略一般在己方处于劣势或双方关系较为友好的情况下使用。在谈判中，处于劣势的一方虽然实力较弱，但并不等于无所作为、任人宰割，可以采用各种手段积极进攻，扭转局面。在采用这种让步策略时，应当充分表现出自己积极、坦率、以诚动人的姿态，以一开始就做出最大让步的方式感动对方，促使对方也做出积极的反应，拿出相应的诚意。在双方有过多次合作或者是关系比较友好的谈判中，双方更应以诚相待，维持友谊。所以，在这种情况下，当一方作了一次性让步，袒露真诚后，对方一般不会无动于衷，也会做出积极的反应。

这种策略的优点是：首先，由于谈判者从一开始就露出底牌，让出自己的全部可让利益，比较容易感动对方，使对方也采取积极行动，促成和局。其次，首先做出让步表示，使对方感到在谈判桌上有一种强烈的信任、合作、友好气氛，易于交谈。最后，这种率先做出的大幅度让步具有强烈的诱惑力，会给对方留下一步到位、坦诚相见的良好印象，有益于提高谈判效率，速战速决，降低谈判成本。

这种让步策略的缺点在于：主动提出让步，有时不免显得有些操之过急，易使对方感到还是有更多的争取空间，继续讨价还价。特别是强硬而贪婪的谈判者，在得到第一次让步后，可能会再次要价，争取对方更大的让步。这时，如果拒绝了对方的要求，由于对方先有成见，那么就很容易出现僵局。另外，由于一次做出全部让利还可能失掉本来可以争取到的利益，不利于在谈判桌上讨价还价。所以，谈判人员在使用让步策略时，一定要注意审时度势、趋利避害。谈判人员在使用让步策略时要语气坚定，态度诚恳，表述明确，显示出坦率，通过语言表述使对方知道你是在尽最大程度的让步，而且只能让步一次，由于不留后手，所以已到极限。

第四节 谈判的终结

一、谈判终结的原则

谈判终结的基本原则有彻底性原则、不二性原则、条法性原则和情理兼备性原则。

（一）彻底性原则

彻底性原则指结束谈判时所论及的交易内容要全面，各内容论及的深度要透彻，不得再出现疑点。

（二）不二性原则

不二性原则指当谈判结束时，双方达成的合同不得随意因谈判破裂、中止的状态而改变。换言之，谈判结果必须具备不可更改性。

（三）条法性原则

条法性原则指双方所达成的各种交易条件均以相应的法律形式表述，使之具有法律的约束和追索效力。为确保谈判终结达到条法性原则要求，需满足三个条件，即口头合同文字化、文字合同格式化、不同格式文本一体化。

（四）情理兼备性原则

情理兼备性原则指谈判终结不论其形势如何，都应保持友善与客观的态度。具体地说，应尽力创造友好气氛和阐明理由，使双方均感受到了尊重。结果如果谈判成功，固然可喜可贺；即使谈判破裂亦坦然处之。

二、谈判终结的判定

谈判者只有正确判定好谈判终结的时机，才能运用好结束阶段的策略。错误的判定可能会使谈判变成一锅夹生饭,已付出的大量劳动付之东流;错误的判定也可能导致毫无意义地拖延进程,丧失成交机遇。谈判是否终结,可以从以下三个方面判定。

(一) 从谈判涉及的交易条件判定

这个方法是指从谈判所涉及的交易条件来分析判定整个谈判是否终结。谈判的中心任务是交易条件的洽谈,经过磋商阶段双方多轮的讨价还价,临近终结阶段,要考察交易条件是否达到以下三条标准,如果已经达到,那么可判定谈判终结。

1. 考察交易条件中尚余留的分歧

首先,从数量上看,如果双方已达成一致的交易条件占绝大多数,所剩的分歧数量占极小部分,就可以判定谈判已进入终结阶段。其次,从质量上看,如果交易条件中最关键、最重要的问题都已经达成一致,仅遗留一些非实质性的无关大局的分歧点,就可以判定谈判已进入终结阶段。谈判中关键问题往往起决定性作用,也需要耗费大量的时间和精力,谈判是否即将成功,主要看关键问题是否达成共识,如果仅在一些次要问题上达成共识,而关键问题还存在极大的差距,是不能判定谈判进入终结阶段的。

2. 考察谈判对手的交易条件是否进入己方成交线

成交线是指己方可以接受的最低交易条件,是达成合同的下限。如果对方认同的交易条件已经进入己方成交线范围之内,谈判自然进入终结阶段。因为双方已经出现在最低限度达成交易的可能性,只要紧紧抓住这个时机,继续努力维护或改善这种状态,谈判就能成功。己方如果能争取到更优惠的条件当然更好,但是考虑到各方面因素,有可能因为强求最佳成果而重新形成双方对立的局面,丢掉有利的时机。因此,谈判交易条件已进入己方成交线时,就意味着终结阶段的开始。

3. 考察双方在交易条件上的一致性

谈判双方在交易条件上全部或基本达成一致,而且个别问题如果做技术处理也能达成共识,可以判定谈判终结的到来。双方不仅价格达成一致,而且观点、态度、做法、原则都有了共识,对个别问题的技术处理也认可,这时可以判定谈判终结。

(二) 从谈判时间判定

谈判必须在一定时间内结束,当谈判即将结束,自然就进入终结阶段。受时间的影响，谈判者应调整各自的战术方针，抓紧最后的时间达成有效的成果。时间判定有以下三种标准。

1. 双方约定的谈判时间

在谈判之初，双方一起确定整个谈判所需要的时间，谈判进程完全按约定的时间安排，当谈判接近规定的时间时，自然进入谈判终结阶段。谈判时间的长短要以谈判规模的大小、谈判内容的多少、谈判所处的环境形势以及双方政治、经济、市场的需要和本企业的利益等综合而定。如果双方实力差距不大，有较好的合作意愿，紧密配合，利益差异不是很悬殊，就容易在约定时间内达成合同，否则比较困难。按约定时间终结谈判，使双方都有时间紧迫感，促使双方提高工作效率，避免长时间为一些枝节问题而争辩不休。如果在约定时间内不能达成一致，一般也应该遵守约定的时间，将谈判告一段落，或者另约时间继续谈判，或者宣布谈判破裂，双方再重新寻找新的合作伙伴。

2. 单方限定的谈判时间

由谈判一方限定谈判时间，随着时间的终结，谈判随之终结。由单方限定谈判时间，通常是在谈判中占有优势的一方，或是出于对己方利益的考虑需要在一定时间内结束谈判；或是还有其他可选择的合作者，因此请求或通告对方在己方希望的时限内终结谈判。单方限定谈判时间无疑会对被限定方施加某种压力，被限定方可以听从，也可以不听从，关键要看交易条件是否符合己方的谈判目标。如果认为条件合适，又不希望失去这次交易机会，可以听从，但要防止对方以时间限定为由向己方提出不合理要求。另外，也可利用对方对时间限定的重视程度，向对方争取更优惠的条件，以对方提供的优惠条件来换取己方在时间限定上的配合。如果以限定谈判时间的手段向对方施加不合理要求，会引起对方的抵触情绪，破坏平等合作的谈判气氛，从而导致谈判破裂。

3. 形势突变的谈判时间

本来双方已经约定好谈判时间，但是在谈判进行过程中形势突然发生变化，如市场行情突变、外汇行情大起大落、公司内部发生重大事件等，谈判者突然改变原有计划，比如要求提前终结谈判。谈判的外部环境在不断发展变化，谈判进程不可能不受这些变化的影响。

（三）从谈判策略判定

谈判过程中有多种多样的策略，如果谈判策略实施后决定谈判必然进入终结，这种策略就叫终结策略。终结策略对谈判终结有特殊的导向作用和影响力，它表现出一种最终的冲击力量，具有终结的信号作用。常见的终结策略有以下四种。

1. 最后立场策略

谈判者经过多次磋商之后仍无结果，一方阐明己方的最后立场，讲清只能让步到某种程度，如果对方不接受该条件，谈判即宣布破裂。如果对方接受该条件，那么谈判成交。这种最后立场策略，可以作为谈判终结的判定。一方阐明自己最后的立场，成败在此一举，如果对方不想使谈判破裂，只能让步接受该条件。如果双方并没有经过充分的磋商，还不具备进入终结阶段的条件，一方提出最后的立场就含有恐吓的意味，让对方俯首听从，这样并不能达到预期的目标，反而会过早地暴露己方的最低限度条件，使己方陷入被动局面，这是不可取的。

2. 折中进退策略

折中进退策略是指将双方条件差距之和取中间条件作为双方共同前进或妥协的策略。例如，谈判双方经过多次磋商互有让步，但还存在遗留问题，为了尽快达成一致、实现合作，一方提出一个简单易行的方案，即双方都以同样的幅度妥协退让。如果对方接受此建议，即可判定谈判终结。折中进退策略虽然不够科学，但是在双方很难说服对方、各自坚持己方条件的情况下，也不失为一种寻求尽快解决分歧的方法。其目的就是化解双方的矛盾，比较公平地让双方分别承担相同的义务，避免在遗留问题上过多地耗费时间和精力。

3. 总体条件交换策略

双方谈判临近预定谈判结束时间或阶段时，以各自的条件做整体一揽子的进退交换以求达成合作。双方谈判内容涉及许多项目，在每个分项目上已经进行了多次磋商和讨价还价。经过多个回合谈判后，双方可以将全部条件通盘考虑，做一揽子交易。例如，涉及多个内容的成套项目交易谈判、多种技术服务谈判、多种货物买卖谈判，可以统筹全局，总体一次性进行条件交换。这种策略从总体上展开一场全局性磋商，使谈判进入终结阶段。

4. 以谈判者发出的信号来判定

收尾工作在很大程度上是一种掌握火候的艺术。通常会发现，一场谈判旷日持久却进展甚微，然后忽然由于某种原因，大量的问题会神速地得到解决，双方会作一些让步，最后的细节在几分钟内即可拍板。一项交易将要明确时，双方会出现一种如释重负的状态，这种状态的出现，往往是由己方发出成交信号所致。有时，在国际商务谈判中也会出现这样一些情况，到了谈判后期，己方认为可以收场了，也向对方发出了信号，可对方却认为时机未到，坚持不打出最后一张牌，使己方处于被动的局面。因此，在必要的时候，己方也可以放一些"气球"直接试探对方，促使对方早日结束谈判。

三、谈判终结的方式

商务谈判结束的方式包括成交、中止、破裂三种。

（一）成交

成交是指谈判双方达成协议，交易得以实现。成交的前提是双方对交易条件经过多次磋商达成共识，对全部或绝大部分问题没有实质上的分歧。成交方式是双方签订具有高度约束力和可操作性的合同书，为双方的商务交易活动提供操作原则和方式。由于商务谈判内容、形式、地点的不同，成交的具体做法也有区别。

（二）中止

中止是谈判双方因为某种原因未能达成全部或部分成交协议而由双方约定或单方要求暂时终结谈判的方式。中止如果发生在整个谈判的最后阶段，在解决最后分歧时发生中止，就是终局性中止，并且作为一种谈判结束的方式被采用。中止可分为有约期中止与无约期中止。

1. 有约期中止

有约期中止，指双方在中止谈判时对恢复谈判的时间予以约定的中止方式。如果双方认为成交价格超过了原订计划或让步幅度超过了预定的权限，或者尚需上级部门的批准，使谈判难以达成合同，而双方均有成交的诚意和可能，于是经过协商，一致同意中止谈判。这种中止是一种积极姿态的中止，其目的是促使双方创造条件最后达成协议。

2. 无约期中止

无约期中止，指双方在中止谈判时对恢复谈判的时间无具体约定的中止方式。无约期中止的典型是冷冻政策。在谈判中，或者由于交易条件差距太大，或者由于特殊困难存在，而双方又有成交的需要而不愿使谈判破裂，于是双方暂时中止谈判。此外，如果双方对造成谈判中止的因素无法控制，也会采取无约期中止的做法。例如，发生国家政策突然变化、经济形势发生重大变化等超越谈判者意志之外的重大事件时，谈判双方难以约定具体的恢复谈判的时间，能表述为"一旦形势许可""一旦政策允许"，然后择机恢复谈判。这种中止，双方均出于无奈，对谈判最终达成协议会造成一定的损失和拖延，是被动的中止方式。

（三）破裂

破裂是指双方经过最后的努力仍然不能达成共识和签订合同，交易不成，或友好而别，或愤然而去，从而结束谈判。谈判破裂的前提是双方经过多次努力仍没有任何磋商的余地，至少在谈判范围内的交易已无任何希望，再谈判进行下去已无任何意义。谈判破裂依据双方的态度，可分为友好破裂结束谈判和对立破裂结束谈判。

1. 友好破裂结束谈判

友好破裂结束谈判，是指双方互相体谅对方面临的困难，讲明难以逾越的实际障碍而友好地结束谈判的做法。在友好破裂方式中，双方没有过分的敌意态度，只是各自坚持自己的交易条件和利益，在多次努力之后最终仍然达不成协议。双方态度始终是友好的，能充分理解对方的立场和原则，能理智地承认双方在客观利益上的分歧，对谈判破裂抱着遗憾的态度。谈判破裂并没有使双方关系破裂，反而通过充分的了解和沟通，产生了进一步合作的愿望，为日后双方再度合作留下可能的机会。这种友好的破裂方式应该加以提倡。

2. 对立破裂结束谈判

对立破裂结束谈判，是指双方或单方在对立的情绪中愤然结束未达成任何协议的谈判。造成对立破裂的原因有很多，不论何种原因，造成双方在对立情绪中谈判破裂毕竟不是好事，这种破裂不仅没有达成任何协议，而且使双方关系恶化，日后很难再次合作。所以，在谈判破裂不可避免的情况下，首先，要尽力使双方情绪冷静下来，不要使用过激的语言，尽量使双方能以友好态度结束谈判，至少不要使双方关系恶化；其次，要摆事实讲道理，不要攻击对方，要以理服人，以情感人，以礼待人，这样才能体现出谈判者良好的修养和风度。

第五节　成交与签约

谈判双方均认可本方的利益并达到其要求后，就可以签订协议表示成交。通常以签订书面合同的形式结束。

一、书面合同的草拟

在招商和各类经济谈判中,大致有合同、协议、意向、洽谈纪要和备忘录等几种形式。其中针对合同的签署,在要约和承诺的主要条款上要反复斟酌,力求严密、合法、不出漏洞。合同文本可由法律顾问起草,或者起草后请法律顾问审查修改。重要的合同在签署时还要进行公证。在各类商务谈判中,书面合同文件的名称和内容往往各有不同。例如,在国际货物买卖谈判中,书面合同文件大多称为合同或确认书,而在合资企业谈判中则需签订协议、合同和章程三种文件。书面合同由哪一方草拟并无统一规定,但在我国涉外商务谈判中,习惯上都争取由我方负责草拟。参加谈判的业务人员必须具备草拟合同的知识和技能。在实际货物买卖谈判中,书面合同往往采用我方或对方印好的现成格式加以填写,但在其他各类商务谈判中,则很少印有固定格式,一般都需要从头到尾草拟全文。

二、书面合同的签字

书面合同起草完毕后,双方当事人应认真地审查各项条款,确认合同条款内容无误时,就由双方代表签署。审查合同条款是个很重要的环节,稍有不慎可能会造成难以估计的损失。例如,一份关于火腿的买卖合同,买方本意是"无腐烂、无过期"的火腿,但合同上却写成了"无腐烂、无过期",签字时没有发现错误。货到后买方发现火腿都已经过期,要求退货。卖方辩解说,我们按合同办事,还以为你们要的就是过期的呢。退货不成,买方一气之下将卖方告上法庭,诉讼结果却是买方败诉。还有些容易引起歧义的条款需要特别注意,如"货到后付款",究竟货到后多久付款,应该给予明确的时间限制。在面对面谈判成交的情况下,由双方同时签署。如果是通过电函往来成交,一般由我方签署后,将正本一式两份或一式多份寄交对方,经对方签署后退回一份,以作为履行合同的法律依据。至此,双方所进行的谈判工作告一段落。

三、交流与总结

谈判工作一旦结束,双方都会呈现出轻松的状态,原先谈判桌上的对手一下子仿佛变成了亲密的朋友。在大中型谈判中,还要举行一场告别酒会。

需要注意的是，谈判结束后的总结工作往往被人们忽视，实际上它对于做好以后的谈判工作是十分必要和非常有益的。谈判结束后的总结应包括以下内容：

（1）我方的战略。包括谈判对手的选择、谈判目标的确定、谈判小组的工作作风等。

（2）谈判情况。包括准备工作、制定的程序与进度、采用的策略与技巧等。

（3）我方谈判小组的情况。包括小组的权力和责任的划分、成员的工作作风、成员的工作能力和效率以及有无进一步培训和增加小组成员的必要性等。

（4）对方的情况。包括对方的工作作风、小组整体的工作效率、各成员的工作效率及其他特点，以及所采用的策略与技巧等。至此，本次谈判任务方圆满完成。

四、谈判结果的整理

一项成功的商务谈判，其内容最终要以合同的形式加以确认，并通过合同的法律效力来保证实施。谈判的过程结束或告一段落后，也要通过签约的方式来确定双方约定的结果。因此，谈判结果的整理是整个谈判工作的落脚点。

第五章　国际商务价格谈判

商务谈判过程中的价格谈判，实际是交易利益的分割过程，其中包括初始报价、之后多回合的讨价与还价以及双方的让步与交换，直到互相靠拢，达成成交价格等一系列环节，当然其中也涉及各环节的策略和技巧。可以说，商务谈判是一种包括各种复杂力量关系在内的沟通与交换过程。

第一节　报价的依据和策略

一、影响价格的因素

（一）成本因素

成本因素是主要站在供方立场上来看的因素。谈判双方都要关心成本，但在谈判过程中没有足够的时间，也没有必要对成本及其构成讨论得非常具体和精确。对于成本，通常从产品的硬件、软件和服务三方面进行分类讨论。特别是为了引起需方的重视，在报价单上对成本的表述要做到完整、合理、准确，能自圆其说。

1. 原材料成本

原材料成本，是指在商品制造过程中购买的原材料、元器件、零部件、配套内容等的类别和价格、数量等，在总成本中所占的比重。对于技术含量高的产品，其成本占总的制造成本的比重往往比较高。

2. 规模引起的成本

对于规模成本有两种理解，其一是购买数量和成本的关系，即订货量大成本下降；其二，生产企业规模大，其相对制造成本也会比较低。

3. 生产过程中的成本

生产过程中的成本包括人力、技术、耗费、管理、折旧等成本。对于工程项目，还要考虑到与工程密切相关的各种成本因素，包括政策性的和地区性的成本开支。

4. 应变需要付出的成本

这部分成本包括可预见的和不可预见的为应变所付出的成本，包括技术、人力、环境、融资等方面。

5. 技术和软件的成本

对于专用技术和专利技术的使用当然应计入成本，但不适合用一般产品的计算方式来计算其成本，通常采用以下方法。

（1）技术含量不高的时候，用一个百分比来进行估算。例如，软件和技术的价格等于产品硬件的价格乘以折算比例。

（2）技术含量高的时候，必须单独报价。为了保守机密，通常用两种形式。第一种，直接费用，即实现该技术或软件的花费清单，主要有人工费用（以工作日计）、资料费用、调研费用、实验费用和部分设备费用。这种方式通常用于常规设计、咨询、软件开发、技术服务等领域。如果内含专利，可以明码标价列出其使用价。第二种，估算费用。许多技术无法用直接费用表述的时候通常会采取估算费用的方式。

6. 技术资料的价格

技术资料是技术或软件的物质表现形式，因此其价格也非常特殊，最初常和硬件捆绑在一起提供。随着技术含量的增加，其独立提供的情况大大增加。有论套报价的，即每套资料价格专门定义；有单份出价的，对于专用性较强的资料往往单份出价；有论页出价的，对于品种比较多而需要量不同的资料常论页计算；量大而且价格不太高的资料也有论公斤计算的。现在用光盘存放的资料则以单个盘的价格计算。

7. 销售成本

销售过程中的成本构成也很复杂，包括中介、广告、运输、仓储、搬运、保险、关税、人工、信息等方面，另外，还应该包括资金的占有。货物转接的中间环节越多，运输距离越远，则销售成本越高。但是，在谈判过程中，有许多成本是不宜放到桌面上来谈的，如广告费在商品报价过程中是不能作为一项内容提出的。因此，为实现上述成本的回收，报价单的设计就很值得仔细研究。现在还有许多销售活动是配套进行的，也会涉及成本的增加，同样需要仔细考虑。

8. 服务成本

现代产品成本中服务成本占的比重不断增加。销售服务包括售后服务、售中服务和售前服务三种。

售后服务比较明确，每种产品的维护、保养、安装、调试、培训、修理、配件供应等，一般都有明确的目标和成本标准，因此在成本核算和报价中都可以明确提出，并进行协商调整。

售中服务是指合同签订后到产品交付前整个阶段中提供的服务，其内容一般有两类，一类是技术服务，包括来料来样的处理、质量的监控以及满足买方对产品的改变或调整的要求等。例如，许多国防产品在生产过程中，买方会派代表常驻生产企业，对产品生产全程监控，而相关企业对这些代表要提供相关食宿条件及配合工作，因此也需要增加成本。另一类是金融服务，大型项目在整个交易过程中，卖方向买方提供各方面金融服务，包括融资贷款、担保、保险等，大型建设项目还会涉及政府间的贷款。售中服务的目的当然是争取更多的客户和项目。

售前服务成本是谈判中比较难以处理的成本。售前服务是指合同签订前卖方所提供的服务，如商品介绍、现场参观、样品提供、用户培训、产品试用等。售前服务的目的是为了加强沟通和取得买方的信任，包括对产品的信任和对企业的信任两个层面，当然也包括对销售个人的信任。同时，卖方也能因此获得买方的需求信息，给企业产品进一步发展带来明确而具体的方向。可见，售前服务不可缺少，但因此而发生的成本却很难直接在谈判报价中体现出来。

（二）市场同比因素

对于市场同比因素的分析主要是站在买方立场上。顾客获得满意的两个主要因素，即满足期望的程度和市场同比因素，这两个因素直接影响到买方对价格的认同。

1. 满足期望的程度

满足期望的程度，是指实现该项目的目标后，买方获得了什么利益，和其预先设定的目标有多少差距，解决了多少问题以及这些问题的迫切性和重要性如何。理性的买方必然是这样考虑的，利用有限的资源来解决当前最需要解决的问题，在这种情况下考虑什么样的价格是可以接受的，性价比就是在这个基础上提出来的。当然，这里的利益和需要解决的问题是极具个性化的，不同的买方有不同的需求，即使是同一个买方在不同的场合和时机其需求也不一定相同。

2. 市场同比因素

市场同比，含纵向和横向的比较。获得卖方报价后，买方必然会做多方面的比较。纵向比较是指和历史价格相比较，即与以往购买这类产品时付出的价格进行比较，如果无多大差异，就比较容易接受；如果差异较大，就会发生怀疑。即使现在的价格比原来有较大幅度的下调，买方也会提出许多疑问。

横向比较是指和其他相同或相近的产品进行比较，可以是与不同品牌、不同国家、不同制造商的产品进行类比。对一些成熟产品，其在市场上常常已经形成了"价位排行榜"，一旦卖方的报价偏离了这些规律，买方就会产生疑问；对一些新出现的产品，尽管没有明确的价格规律，但买方除了用上一个判断方式处理，还是会将其和相近的产品价格比较。

3. 供需矛盾

当谈判涉及的产品供不应求时，谈判对卖方有利，产品越是紧缺，卖方的形势越有利；相反，当供过于求时，买方占有优势，同类产品越多，买方在价格谈判中的优势越强。这已经成为市场中的常规法则了。

（三）产品因素

按理说这也属于市场同比因素，但因为其有特殊的影响所以可以分别论述。品牌对于价格的影响，主要表现在以下几个方面。

1. 品牌使价格比较稳定

品牌的地位确定了价格的范围。越是名牌，其价格越是稳定。当然，品牌不一定就是高价位，有的品牌就是体现低价位的，具有优势价位的品牌谈判比较简单，容易被双方接受，降低了谈判时间和风险。

2. 品牌使成本结构模糊

买方对品牌价格的认同使其对报价的怀疑程度降低，因此，卖方在报价中就可适当使价格模糊。上面提到的成本报价结构引起的报价困难的问题也得到解决。

3. 品牌不仅体现在具体的产品上

品牌使产品的销售得到简化，同时服务也进一步明确化。企业，尤其是服务型企业，其品牌的作用更有利于价格的谈判。例如，咨询机构的服务价格和品牌的关系就非常密切，世界上著名的几家咨询公司开出的咨询服务价格比一般的企业高出数倍，也能获得比别人多得多的项目。

品牌本身就是一种无形资产，既然是资产，就和成本结合在一起，买卖双方都因为对品牌有共同的认识，在价格上比较容易达成一致。

但要注意的是，品牌不一定只掌握在卖方一边，如果买方也是品牌企业的话，在谈判中也会对价格造成重大影响。卖方有机会与品牌本身合作也是一种无形资产积累的过程，因此，在价格上让步也是一种策略。

（四）谈判中的主观因素

买方购买的迫切程度和卖方产品脱手的迫切程度对价格都会产生很大影响。经常发生的情况是，当谈判中大部分问题都已经达成共识，只留下价格这一个问题时，往往双方都显得很迫切。如果该问题对双方来说都不是最重要的，则双方更想尽快解决；如果该问题对一方不重要，而对另一方比较重要时，感到不太重要的一方会比较宽松，愿意让步而尽快结束谈判；如果该问题对双方都很重要的话，谈判气氛就会一下子紧张起来。这些都和心理状态相关，价格谈判更是如此。因此，注意分析谈判中的主观因素也是十分重要的。

1. 积极价格与消极价格

从理论上可以将谈判中的价格取向分为积极价格和消极价格。积极价格是以达成交易为倾向，因此对价格的要求比较宽松。对于买方来说就是在价格谈判时愿意以比较高的价格达成交易，也就是积极价格偏高；对于卖方来说，就是愿意以比较低的价格达成交易，而卖方的消极价格偏高。

这里的许多用词比较模糊，因为价格谈判和谈判现场人员的主观因素相关，可变性很强，积极和消极只是相对而言。另外，买卖双方的态度不一定是对称的，即不一定双方都积极或都消极，完全可能出现一方积极，另一方消极，而且在情况发生变化后形势也可能发生变化。

2. 价格的影响因素

形成积极和消极这两种价格的主要因素有：

（1）供需矛盾。客观的供需矛盾直接造成了买卖双方的主观因素。

（2）需求压力。对买方来说，如果十分迫切需要这种产品时，则态度比较积极，采用积极价格的可能性较大；如果卖方抛售产品的要求十分迫切的话，采用积极价格的可能性也越大。

（3）买方价格观。不同的买方有不同的价值观，有些提倡"价廉物美"，有些相信"价优质优，便宜无好货"；有些是为了直接需求，有些是为了将来的需求；有些强调就事论事，也有些讲究全面满足；等等。

（4）环境因素。谈判或购物环境适宜的话，容易使买卖双方都比较积极，但双方的认识不一定相同。

（5）情绪因素。谈判人员的情绪会造成不同的态度。有比较好的情绪就会有较高的积极性，因此选择时机就显得很重要了。

既然是主观因素，则和谈判的人直接相关，参与谈判的人，特别是主要负责人,个人因素都直接影响到上述几个方面。不同的人、不同的场合、不同的时间,这些因素是动态的,随时可能发生变化。处理得好,可以变消极为积极;处理不好,则可能使原来的积极变成消极。

第二节 报价策略

报价是指报出价格或已经报出的价格。报价标志着价格谈判的正式开始,也标志着谈判者的利益要求的"亮相"。报价是价格谈判中一个十分关键的步骤,它不仅给谈判对手以利益信号,从而成为能否引发对方交易欲望的前奏,而且在实质上对影响交易的盈余分割和实现谈判目标具有举足轻重的意义。

报价绝不是报价一方随心所欲的行为,报价应以影响价格的各种因素、所涉及的各种价格关系、价格谈判的合理范围等为基础。同时,由于交易双方处于对立统一之中,报价一方在报价时,不仅要以己方可能获得的利益为出发点,更必须考虑对方可能的反应和所报价格能否被对方接受。因此,报价的一般原则应当是:通过反复分析与权衡,力求把握己方可能获得的利益与被对方接受的概率之间的最佳接合点。如果报价的分寸把握得当,就会把对方的期望值限制在一个特定的范围内,并有效控制交易双方的盈余分割,从而在之后的价格磋商中占据主动地位。反之,报价不当,就会增加对方的期望值,甚至使对方有机可乘,从而使己方陷入被动境地。可见,报价策略的运用,直接影响价格谈判的开局、趋势和结果。

在价格谈判中,报价策略主要涉及以下几个方面。

一、报价起点策略

价格谈判的报价起点策略通常是:作为卖方,报价起点要高,即"开最高的价";作为买方,报价起点要低,即"出最低的价"。商务谈判中这种"开价要高,出价要低"的报价起点策略,由于足以震惊对方,被谈判专家称为"空城计",对此,人们也形象地称之为"狮子大开口"。

"开价要高,出价要低"的报价起点策略有以下四点作用。

(1) 这种报价策略有效地改变对方的盈余要求。当卖方的报价较高并振振有词时,买方往往会重新估算卖方的保留价格,从而价格谈判的合理范围会朝着有利于卖方的方向发生变化。同样,当买方的报价较低并有理有据时,卖方往往也会重新估算买方的保留价格,从而价格谈判的合理范围便会朝着有利于买方的方向发生变化。

(2) 卖方高开价,往往为买方提供一个评价卖方商品的价值尺度。因为在一般情况下,价格总能够基本上反映商品的价值,人们通常信奉:"一分钱一分货"。所以,高价总是与高档货相联系,低价自然与低档货相联系。这无疑有利于实现卖方利益的最大化。

(3) 这种报价策略中包含的策略性虚报部分,能为下一步双方的价格磋商提供充分的回旋余地。因为,在讨价还价阶段,谈判双方经常会出现相持不下的局面。为了打破僵局,往往需要谈判双方或其中一方根据情况适当做出让步,以满足对方的某些需求和换取己方的利益。所以,开盘的"高开价"和"低出价"中策略性虚报部分,就为讨价还价过程提供了充分的回旋余地和准备了必要的交易筹码,这可以有效地造成做出让步的假象。

(4) 这种报价策略对最终议定成交价格和双方最终获得的利益具有不可忽视的影响。这种"一高一低"的报价起点策略,倘若双方能够有理、有利、有节地坚持到底,那么,在谈判不致破裂的情况下,往往会达成双方满意的成交价格,从而使双方都能获得预期的物质利益。

当然,价格谈判中这种报价起点策略的运用,必须基于价格谈判的合理范围,必须审时度势,切不可漫天要价和胡乱杀价,否则就会失去交易机会或导致谈判失败。

二、报价时机策略

价格谈判中,报价时机也是一个策略性很强的问题。有时,卖方的报价比较合理,但并没有使买方产生交易欲望,原因往往是此时买方正在关注商品的使用价值。所以,价格谈判中,应当首先让对方充分了解商品的使用价值和为对方带来的实际利益,待对方对己方商品发生兴趣后再来谈判价格问题。经验表明,提出报价的最佳时机,一般是对方询问价格时,因为这说明对方已对商品产生了交易欲望,此时报价往往水到渠成。

有时,在谈判开始的时候对方就询问价格,这时,最好的谈判策略是听而不闻。因为此时对方对商品尚缺乏真正的兴趣,过早报价会徒增谈判的阻力。正确的做法应当首先谈商品或项目能为对方带来的好处和利益,待对方的交易欲望被调动起来再报价为宜。当然，对方坚持即时报价，也不能故意拖延，否则就会使对方感到不被尊重甚至产生反感情绪，此时应采取建设性的态度，把价格同对方可获得的好处和利益联系起来。

总之，报价时机策略，往往体现着价格谈判中相对价格原理的运用，体现着促进积极价格的转化工作。

三、报价表达策略

报价无论采取口头还是书面方式，都必须十分肯定、干脆，表现出不能再做任何变动和没有任何可商量的余地。而"大概""大约""估计"一类含糊语言在报价时都不适使用，因为这会使对方感到报价不实。另外，当买方以第三方的出价胁迫时，应明确告诉他"一分钱一分货"，并对第三方的低价毫不介意。只有在对方表现出真实的交易意图时，为表明以诚相待，才可在价格上开始让步。

四、报价差别策略

同一种商品，因客户性质、购买数量、需求急缓、交易时间、交货地点、支付方式等因素的不同，会形成不同的购销价格。这种价格差别，体现了商品交易中的市场需求导向。在报价策略中应重视运用。例如，对老客户或大批量需求的客户，为巩固良好的客户关系或建立起稳定的交易联系，可适当实行价格折扣；对新客户，有时开拓新市场，可给予适当让价；对某些需求弹性较小的商品，可适当实行高价策略；当对方"等米下锅"时，价格则不宜下降；旺季时，价格自然较高；交货地点远程较近程或地区优越者，应有适当加价；支付方式，一次性付款较分期付款或延期付款，价格须给予优惠；等等。

五、报价对比策略

价格谈判中，使用报价对比策略往往可能增强报价的可信度和说服力，一般有很好的效果。报价对比可以从多方面进行。例如，将本商品的价格与另一商品的价格进行对比，以突出相同使用价值的不同价格；将本商品及其附加各种利益后的价格与可比商品不附加各种利益的价格进行对比，以突出相同商品的不同价格。

六、报价分割策略

报价分割策略，主要是为了迎合买方的求廉心理，将商品的计量单位细分化，然后按照最小的计量单位报价。采用这种报价策略，能使买方对商品价格产生心理上的便宜感，容易为买方所接受。

第三节　价格磋商

一、卖方与买方的价格

价格磋商开始之前，卖方与买方都会为或者应为各自准备好几种价格的选择方案，从而确定谈判的价格目标，以便为讨价还价和最终达成成交价格所遵循。

一般来说，卖方与买方的价格目标各有三个层次，这就是最低目标、理想目标和最高目标。其中，第一个层次的价格目标是双方的最低目标，即由双方各自的最低价格规定的目标。如最低价格即卖方的最低售价或买方的最高买价，这是双方的保留价格，也是价格谈判各自坚守的最后一道防线和被迫接受的底价，一般不能突破，由此确定了价格谈判的合理范围。第二个层次的价格目标是双方的理想目标，即由双方各自的理想价格所规定的目标。这一目标具有重要意义，它不仅是谈判双方根据各种因素所确定的最佳价格备选方案和双方谈判所期望达到的目标，而且通常也是双方通过价格磋商达成的实际接近目标的成交价格，并决定了双方的盈余分割。第三个层次的价格目标是双方的最高目标，即双方初始报价的价格目标。这一目标实际上是在双方理想目标的基础上，加上策略性虚报部分形成的。它一般不会为对方所接受，因而不能实现，但是，由此可展开双方的讨价还价，成为价格谈判中的讨价还价范围。

二、讨价策略

讨价是指要求改善报价方式的行为。谈判中，一般卖方在首先报价并进行价格解释之后，买方如认为离自己的期望目标太远，或不符合自己的期望目标，则要求对方改动报价。

讨价策略包括讨价方式、讨价次数及讨价技巧等方面。

（一）讨价方式

讨价方式分为全面讨价、分别讨价和针对性讨价三种。

1. 全面讨价

全面讨价其常用于价格评论之后对于较复杂的交易的首次讨论。

2. 分别讨价

分别讨价常用于较复杂交易中对方第一次改动报价之后，或不便采用全面讨价方式的讨价。例如，全面讨价后，将交易内容的不同部分，按照价格中所含水分的大小分为水分大的、水分中等的、水分小的三类，再分别讨价；或者不便全面讨价的，如技术贸易价格，按具体项目分为技术许可基本费、技术资料费、技术咨询费、人员培训费和设备费等，再分别讨论。

3. 针对性讨价

针对性讨价常用于在全面讨价和分别讨价的基础上，针对个别价格仍明显不合理或水分较大部分的进一步讨价。

从讨价的步骤来看，一般第一阶段采用全面讨价，因为正面交锋的战幕刚刚拉开，买方总喜欢从宏观角度先笼统压价。第二阶段再按价格水分大小分别讨价。第三阶段进行针对性讨价。另外，不便采用全面讨价的，第一步可以按照交易内容的具体项目分别讨价；第二步再按各项价格水分的大小分别讨价；第三步进行针对性讨价。需要说明的是，在按价格水分分别讨价时，一般成功的讨价规律是按价格水分的大小依次由大到小进行，否则，任意讨价，往往事倍功半。

（二）讨价次数

所谓讨价次数，是指要求按照报价方式改动报价的有效次数，亦即讨价后对方降价的次数。讨价作为要求改变报价的行为，不能说只允许一次，究竟讨价可以进行几次，依照讨价方式及心理因素，一般有以下规律。

（1）从全面讨价来分析。一般价格谈判的初始报价都包括一个策略性的虚报部分，同时，报价方又都有保持自己的"良好形象"和与客户保持"良好关系"的心理，因此，讨价中对方往往会做出"姿态性的改善"。不过，常言道"事不过三"。讨价一二次当然可以；若第三次讨价，就可能引起对方反感了。所以，对于全面讨价，从心理因素角度来看，一般可以顺利地进行两次。当然，经两次改变后的报价，如果还存在明显的不合理，继续讨价仍完全必要。

（2）从分别讨价来分析。当交易内容按照价格中所含水分分为三类时，就意味着至少可以讨价 3 次，其中，水分大的、水分中等的又可至少讨价 2 次，这样算来，按三类价格分别讨价，实际上可能讨价 5 次以上；若按照交易的具体项目分为五项，就意味着至少可以讨价 5 次，其中有的项目肯定不可能讨一次价，而是要讨价两次以上，这样算来，按五项分别讨价，实际可能共讨价 8 次以上。

（3）从针对性讨价来分析。因为这种讨价一般是在全面讨价和分别讨价的基础上有针对性地进行的，所以，无论从实际出发还是从心理因素考虑，讨价次数基本"事不过三"，即通常一两次而已。

（三）讨价技巧

1. 以理服人

讨价应本着尊重对方和说理方式进行，同时，讨价不是己方的还价，而是启发、诱导对方自己降价，以便为还价做准备，所以，此时"硬压"对方降价，可能过早地陷入僵局，对买方也不利。因此，特别是初期、中期的讨价，务必保持信赖、平和的气氛，充分说理，以理服人，以求最大的收益，即使对"漫天要价"者，也应如此。

一般来说，在报价太离谱的情况下，价格解释总会有这样那样的矛盾，只要留心，不难察觉，所以，当以适当方式指出报价的不合理之处时，报价者大都有所松动。如会以"我们再核算一下""我们与生产厂商再研究研究""这项费用可以考虑适当降低"等为遁词，对报价做出改善。此时，即使价格调整的幅度不是很大，或者理由也不甚合乎逻辑，作为买方，也应该表示欢迎。而且，可以通过对方调整价格的幅度及其解释，估算对方的保留价格，确定进一步的讨价策略和技巧。

2. 相机行事

买方做出讨价表示并得到卖方回应后，必须对此进行策略性分析，若首次讨价就能得到对方改善报价的迅速反应，这可能说明报价中策略性虚报部分较大，价格中所含虚头、水分较大，或者也可能表明对方急于促成交易的心理，同时，还要分析其降价是否具有实质性内容。这样，通过认真分析对讨价后对方的反应，判定或改变己方的讨价策略。

不过，一般有经验的报价方，开始都会固守价格立场，不会轻易降价，并且往往会不厌其烦地引证那些比其报价还要高的竞争者的价格，用以解释其报价的合理性和表示这一报价不可改变的态度。对此，只要善于通过分析，就能抓住报价及其解释的矛盾和漏洞。而对于那些首次讨价即许诺降价者，也应根据其实际情况或可能，继续采取相应的讨价策略。

3. 投石问路

价格谈判中，当遇到对方固守立场、毫不松动，己方似无计可施时，为了取得讨价的主动权和了解对方的情况，此时不妨"投石问路"，即通过假设己方采取某一步骤，询问对方作何反应来进行试探。下面都是可供"投石问路"的方式。例如，如果我方与贵方签订为期一年的合同，贵方的价格能优惠多少？如果我方对原产品做出如此改动，价格上有何变化？如果我方买下贵方的全部存货，报价又是多少？如果我方有意购买贵方提供生产产品所需的原材料，那么成品价格又是多少？如果我方有意愿购买贵方其他系列的产品，能否价格上再优惠些？如果货物运输由我方解决，价格多少？等等。一般来说，任何一块"石头"都能使讨价者进一步了解对方，而且对方难以拒绝。

三、还价策略

(一) 还价策略前的准备

1. 弄清对方为何如此报价

弄清对方为何如此报价，即弄清对方的真正期望。要研究如何在谋得我方利益的同时，又能满足对方的期望；还要研究对方报价中哪些是必须得到的，哪些是希望得到但不是非得到不可的；对方报价中哪些是比较次要的，而这些又恰恰是诱使我方让步的筹码。这样知彼知己，才能在讨价还价中取得主动。为此，要做到以下几点。

(1) 检查对方报价的全部内容，询问如此报价的原因和根据，以及在各项主要交易条件上有多大的灵活性。

(2) 注意倾听对方的解释和答复，千万不要主观臆测对方的动机和意图，不要做对方的代言人。

(3) 记下对方的答复，但不要加以评论，避免过早过深地陷入具体的某一个问题中去，其目的是把谈判面铺得广一些。相反，当对方了解我方的意图时，只告诉对方最基本的东西，掌握好哪些该说，哪些不该说。好的讨价还价者不会把手中的所有东西都摊开，只有在十分必要时才会把自己的想法一点一滴地透露出来。

2. 判断谈判形势

判断谈判形势，是为了对讨价还价的实力进行分析。这时首先需要弄清双方的真正分歧，判断什么是对方的谈判重点，此时要区别以下几点。

（1）哪些是对方可以接受的，哪些是对方不能接受的。

（2）哪些是对方急于要讨论的。

（3）了解在价格和其他主要条件上对方讨价还价的实力。

（4）可能成交的范围。

3. 我方还价前的策略准备

（1）假如谈判双方分歧很大，我方应做好拒绝对方的报价的准备。如果决定继续下去，就要准备进入下一回合的谈判。此时要进行如下选择：一是由我重新报价（口头或者书面均可）。二是建议对方撤回原价，重新考虑一个比较实际的报价。三是改变交易形式，比如对售价不进行变动，但对其他一些交易条件如数量、品质、交货时间、支付方式等做一些改变。改变交易形式的目的是使之更适合成交的要求。

（2）列出两张表。一张包含我方原则上不能做出让步的问题和交易条件，可写成合同条款的形式。另一张则包含我方可以考虑让步或给予优惠的那些具体项目，最好附上数字，表明让步幅度和范围。

（3）列一张问题表，以便在会谈中掌握提问的顺序。什么时候该谈什么问题，是有一定规律的。例如，在进口谈判中，我方往往在其他各项主要合同条款已逐项地同对方拟定之后，最后才抛出价格条款，向对方还价。

一场谈判往往旷日持久，需要许多回合的会谈。在每一回合谈判开始时，要努力造成一种新的气氛，根据需要随时调整并提出新的会议日程。在每一回合谈判结尾时，对那些棘手的、双方相持不下的问题，重审我方的立场或再提一个新的解决方案，供对方回去仔细考虑。

（二）还价的技巧

在实际的讨价还价过程中，争论几乎常常是以纯逻辑的方式进行的，但是其中所牵涉的当事人双方之间的相互作用，却更具有个人关系的特点，带有浓厚的感情色彩。最后问题的解决可能取决于当事人双方之间感情的深厚程度。如果你影响对方，那么就应该是一个受对方欢迎、为对方所接受的人；如果你有时想靠强硬的态度来得到你预想的结果，想使用你的力量来压服对方，最好的做法是先唤起对方的好感，以便当你坚持自己的立场时，而不必担心把关系搞坏。

(三) 还价的方式

还价方式从性质上分为两类：一类是按比价还，另一类是按分析的成本价还。两种还价方式的选取取决于手中掌握的比价材料，如果比价材料丰富且准确，选按比价还价，对买方来讲简便，对卖方来讲容易接受，反之，则用按分析的成本价还价。如果比价材料准确，但不优惠，而卖方坚持比价，买方从总的价格水平出发，视卖方具体情况而定。

有的卖方总价格条件很优惠，态度坚定，买方则应实事求是，谨慎抛出资料。有的卖方以"诚恳"的态度、假的条件说服你同意他的价格。例如，"我雇人装卸货，需要人工费"，这属事实；但人工的报酬实际是多少，可能会出现假条件。如果买方明确提出给卖方利润，请卖方公开人工费数目及利润数额，卖方若为了掩盖不合理之处，常拒绝公开。对此，买方也只能"有选择地使用比价材料"。从总体上看，双方在利益的交锋中得到了"平衡"。在做法上应避免"公开的欺骗"之嫌。卖方要注意运用"存在的事实"夸大成本、费用的技巧。相应的是，买方要运用注重"比价真实感"，"贬低"卖方商品价值的策略。

无论是按比价还，还是按分析的成本价还，其具体做法均有分项还价和总体还价两种方法，根据谈判双方的情况具体选择。

第六章　国际商务合同谈判

合同谈判的具体目标就是合同的签订,最终目标则是合同的顺利履行。因此,本章先来探讨合同成立的相关概念。

第一节　涉及合同谈判的基本概念

订立合同是交易行为的法律运作,没有合同的订立就没有交易,没有合同。其动态阶段是交易主体(缔约人)利用其经济条件、社会环境,发挥其聪明才智,采取各种策略,说服交易对方,达成合同条款的过程。合同成立的根本标志是当事人意思表示的一致,即达成合意,这种合意的形成通常要经过要约与承诺这两个阶段。

一、要约

(一) 要约的概念及构成要件

要约是指希望和他人订立合同的意思表示,要约又称发价、发盘、报价、报盘。要约的构成要件包括如下几点。

(1) 应有特定的受要约人,即应向一个或一个以上特定的主体提出订立合同的建议。向非特定的人提出的建议,仅应视为要约邀请,除非提出建议的人明确地表示相反的意向。

(2) 要约的内容必须明确、肯定。一个建议如果写明货物,并且明示或暗示地规定数量和价格或规定如何确定数量和价格,即十分确定。

(3) 要约必须表明要约人愿意根据要约提出的条件与对方订立合同的意思。要约的目的在于订立合同,因此,凡不是以订立合同为目的的意思表示,就不能称为要约。

(4) 要约必须送达受要约人时才能生效。

(二) 要约与要约邀请的区别

要约邀请,又称要约引诱,依照《中华人民共和国合同法》(以下简称《合同法》)第15条第1款的规定,要约邀请是希望他人向自己发出要约的意思表示。其目的不是订立合同,而是邀请相对人向其为要约的意思表示。所以，要约邀请只是当事人订立合同的预备行为，其本身并不发生法律效果。它与要约的区别主要体现在：①从当事人的目的看，一定要有缔结合同的目的，若欠缺缔结合同的目的，则不是要约；②如果是要约，它一经对方承诺，合同即告成立，要约人则必须受其约束；如果是要约邀请，即使对方完全同意或接受该要约邀请提出的条件，那么发出该项要约邀请的一方仍然不受其约束，除非他对此表示承诺，否则合同仍然不能成立。一般来说，寄送的价目表、拍卖公告、招标公告、招股说明书、商业广告等均视为要约邀请。

（三）要约的撤回、撤销与失效

1. 要约的撤回

要约的撤回是指要约在发出后、生效前，要约人使要约不发生法律效力的意思表示。撤回通知须在要约达到受要约人之前或与要约同时到达受要约人。

2. 要约的撤销

要约的撤销是指要约人在要约生效后、受要约人承诺前，使要约丧失法律效力的意思表示。撤销的通知应当在受要约人发出承诺通知之前到达受要约人。

3. 要约失效的情形

①拒绝要约的通知到达要约人；②要约人依法撤销要约；③承诺期限届满，受要约人未做出承诺；④受要约人对要约的内容做出实质性变更。至于何为实质性变更，将在下文有关承诺的内容部分进行分析。

二、承诺

承诺是受要约人同意要约的意思表示。承诺生效时合同成立。承诺的构成要件包括以下几点。

（1）承诺必须由受要约人做出。若由代理人做出承诺，则代理人须有合法的委托手续。

（2）承诺必须向要约人做出。

（3）承诺必须在规定的期限内做出。

（4）承诺的内容应当和要约的内容一致。根据《联合国国际货物销售合同公约》的规定，对要约表示接受但载有添加、限制或其他更改的答复，即为拒绝该项要约，并构成新要约，因为它对原要约进行了实质性变更。对于内容的非实质性变更,如果要约人不在过分延迟的期间内以口头或书面通知反对其间的差异,则该非实质性内容变更仍构成承诺。一般来说,有关货物价格、付款、货物质量和数量、交货地点和时间、一方当事人对另一方当事人的赔偿责任范围或解决争端等的添加或不同条件,均视为构成实质性变更。

(5) 根据《联合国国际货物销售合同公约》的规定,承诺送达要约人时生效。

一般来说,承诺生效时,合同即成立。但如果双方约定或法律规定需签订书面合同时,则合同的成立时间是在书面协议签订时。

合同谈判时需要特别注意的是承诺与反要约的区别,也就是前面提到的对要约进行实质性变更时,会构成反要约,而不是承诺。下面以一案例加以说明。

甲向乙发了一要约:"以每斤10元的价格出售1000吨苹果。(建议A)"乙收到要约后回复说:"我们只需要500吨,而且价格要求是每斤7元。(建议B)"两天后乙改变了主意,再次向甲发函说:"按照你们的价格每斤10元,需要500吨。(建议C)"

上述案例中的建议A是甲向乙发的要约,而建议B由于变更了价格和数量,属于实质性变更,所以不构成承诺,只构成反要约(乙向甲发的要约)。建议C同理只是反要约。但如果乙见甲没回应,再次回函甲:"同意按每斤10元的价格购买1000吨苹果。(建议D)"那建议D是否构成承诺?乍一看好像此时符合承诺的要求,因为完全与建议A一致。但是,当乙第一次实质性变更了甲发来的要约时,建议A作为要约就已经失效了,之后乙发回的都只构成反要约,至于合同是否成立,那就只能看甲是否做出承诺了。

因此,在合同谈判中双方的讨价还价,很可能会改变双方的地位,可能会使要约方变成了承诺方,使承诺方变成了要约方,从而导致谈判主动权的转变。

第二节　合同谈判中应注意的问题

前面分析了合同谈判中应注意的相关法律概念及规定,而从谈判的角度来说,需关注合同谈判进程的管理、合同谈判内容的管理以及合同谈判人员的管理。以下分别进行分析。

一、合同谈判进程的管理

合同谈判进程的管理主要包括明确谈判目标、适时分析谈判风险、在谈判中为合同的履行创造良好的条件三个方面。

（一）明确谈判目标

永远不要将视线从自己的目标上移开。正如有学者总结的，目标是谈判者在谈判接近尾声的时候想要获得而尚未获得的东西。

研究表明，在能够为自己所做的事情当中，确立目标是其中最重要的一件。人们发现，仅仅靠确立目标这样一个举动，谈判者的表现可以提升25%以上。

谈判者要做的第一件事就是确定自己的谈判目标是什么，在谈判一开始就要做到对此心中有数，而且还要在谈判过程中不断提醒自己。

在确定谈判目标时，将目标确定得越具体越好。而具体的目标有利于帮助谈判者在谈判前达成内部的一致。

此外，谈判时谈判者不仅要考虑自己的目标，还要考虑对方的目标，或者说要让双方清楚交易的关键是什么。保证双方就交易的关键因素达成一致并不意味着双方希望实现的目标是一样的。

（二）适时分析谈判风险

很多谈判人员并没有与他们的谈判对手经常进行风险问题的谈判。就算有些人勉强参加风险问题的讨论，也似乎是迫于企业所面临的实际问题，例如，企业在之前与他人的合作中遇到的麻烦。在其他情况下，不愿意讨论风险更多的是一种个人行为，因为大多数人不愿意面对那些比较劳神的对话。

许多谈判人员担心在谈判过程中提及风险问题会破坏双方之间的信任，甚至激怒对方，因而将自己的疑虑压在心里，甚至许多合理的疑虑都没有及时提出来。一方面，不讨论风险不代表风险就不会出现。另一方面，这种疑虑在心里越积越多，以致还没将这些风险问题放到桌面来谈，就已经承受不住心里的压力，从而怀疑对方履行合同的能力，甚至干脆终止谈判。

实际上，提前确定风险问题并就其进行讨论，可以使双方提早开发预警系统，制订偶发因素应对计划，甚至对风险如何分担的问题进行有意义的探讨。

那谈判时应对哪些风险问题进行探讨呢？丹尼·厄特尔和马克·戈登教授提出了一个等式来确定什么情况下应提出疑虑，什么情况下不该。这个等式就是：期望值＝风险出现的概率×风险的主要程度。

如果风险的期望值很小，正如上面等式的其中一个因素，风险出现的概率很小，甚至几乎不可能出现，例如，飞机失事撞击工厂、对方公司高层管理人员的丑闻等等，这些风险就没有必要提出。另外，如果风险即使出现，但可能造成的损失非常小，或者跟提出风险所获得的利益相比，提出风险的成本过高，那谈判者也没必要提出这类风险。

但是，如果风险比较重要而且发生的概率比较大，那么谈判人员需要看一下应对这样的风险的两种不同的方法：自己独自应对风险或是和对方一起应对风险。相比较而言，如果自己一方应对风险比跟对方共同应对风险更有效率，或者说对方在这一风险上帮不上什么忙，那这类风险就没有必要提起。但是，如果风险需要对方的合作才能更好地应对，甚至缺少对方就无法应对，那谈判时就应该将这类风险列上议题。例如，一家大型企业与一家在某些方面具有优势的小企业合作开发新产品时，大企业的谈判人员意识到政府可能会对新开发的产品进行某些管制，与小企业相比，他们大企业在应对政府方面更有经验，而小企业可能根本帮不上什么忙，那这一风险就没有必要作为风险话题进行谈判，或者大企业一方的谈判人员应将应对政府管制作为谈判的优势条件加以利用，而不是要求对方应如何应对该风险。

另一个重要的问题，就是怎样合适地提出风险问题。丹尼·厄特尔和马克·戈登教授认为，探讨风险问题的一种做法就是将这种探讨当成谈判中再普通不过却非常必要的一部分就可以了，不要把它当作很大的、令人恐怖的问题，突然摆到谈判对手面前，也不要在他们说完了某些事情之后直接就探讨这个问题。如果有些事情你迟早要说，那么不如尽早将风险问题提到你的议事日程上来。

将探讨风险问题列到议事日程上来并不意味着谈判人员需要在交易的基本轮廓成形之前，或者还不确定有没有必要探讨之前，就对可能面临的所有风险进行详细的讨论。但是，作为谈判人员，你需要确保所有在场的人都希望你在某种场合来探讨可能存在的风险问题。这样，当你真的提出这些问题时，大家不会感到特别意外或者担心；别让他们认为你是因为突然发现了某问题而产生了一些顾虑或者对他们不再信任,才会来探讨这些问题。

(三) 在谈判中为合同的履行创造良好的条件

许多人认为合同谈判和合同履行是两个完全独立的阶段,事实上许多公司的合同谈判也确实是由专门的部门负责的。但如果认为谈判是谈判人员的事情,合同履行是实际履行人员的事情,那就大错特错了。因为缺少任何一部分,谈判的最终目标都无法实现,除非在谈判结束时合同履行就已经完成或接近完成。例如一次性的买断谈判。

正因为合同谈判和合同履行是两个密不可分的阶段,因此谈判人员在谈判过程中所形成的程序、给对方所留下的印象,都会成为合同履行中可以借鉴的内容。如果双方在谈判中相互尊重、相互信任,并形成了一些解决争议的方式或流程,这将会成为合同履行中解决争议的范式。相反,如果在谈判中一方利用优势咄咄逼人,使对方充满怨气,即使合同最终签订,但在合同履行阶段,难免对方会找机会报复或者不合作。有人可能会说,合同签订就好了啊,一切按合同做,没什么好担心的。他们觉得合同会对所有的细节都考虑到,对所有的风险,无论可预见的还是不可预见的都提出相应的解决方法。但实际情况却是事与愿违。很多时候谈判人员为了能在最后期限前达成协议,他们将一些无法达成明确协议的内容留给了履行人员,甚至一些合理风险的解决方式也没来得及涉及。这些谈判人员只是将谈判作为自己的工作,他们的目标是签订协议,至于协议的履行,以及通过履行合同实现最终目标,他们觉得那是履行人员的职责,那是另一个部门的职责。他们觉得合同履行人员可以自行梳理他们的谈判进程,可以明确领会他们所签的协议。想象一下在这种情况下,假设你是合同履行人员,你拿到的这份合同会是怎样的一份合同。

即使是一份详细的合同,在履行中也不可避免地会遇到问题。正如前面提到的,如果双方谈判时相互尊重、相互信任,那履行时遇到问题他们就会回想当时双方谈判时的真实意图,这种回想不是带着猜忌,而是带着信任,因为这种信任是他们在谈判时就已经建立起来的一种关系。甚至可以这样说,没有这种信任,双方根本就不应该合作。

正如戴蒙德教授指出的,在人际交往中,对你而言最重要的财富就是你的可信度。如果人们不相信你,你就很难说服他们相信你说的任何东西。在谈判中,与你的专业知识、人际关系、智慧、财富以及相貌相比,你的可信度要重要得多。

二、合同谈判内容的管理

(一) 信息共享

与谈判对手共享信息,这听起来似乎有违常理,因为大多数人认为在谈判时不应该被别人看透。许多谈判人员认为,他们泄露的信息越多,他们就会变得越不利;他们还认为应该由对方付出一定的努力,来探寻其所需要的信息。他们认为让对手因为信息不足而犯错误是明智的做法。然而,这样做会导致双方缺乏信任。因为即使谈判时对方没有发现,但当合同进入履行阶段时,这些问题仍然会给合同双方带来意外。信息共享并非意味着必须披露一切,而是适度披露谈判信息,披露的信息量要以能实现自己的最终目标为限。

信息共享的另一方面是内部的信息透明。许多公司为了尽快达成谈判协议,会限制知情人的数量,在公司内部将谈判信息控制在少数人手里,等到谈判人员与对方达成协议之后,再向一些合同履行人员宣布。这虽然可以让公司在谈判时少遇到一些内部的阻力,但合同毕竟是要履行的,除非签订的是一次性的买断合同。在合同的履行阶段,即使协议已经签订,但履行人员对合同的不同理解甚至反对,也会渗透到整个的合同履行过程当中的。合同履行人员的不合作或者无能为力(谈判时过度承诺造成,后面将会具体分析),最终会使双方的合同目的无法达到。

(二) 避免过度承诺

避免过度承诺,这里有两方面的内容,一方面是避免自己过度承诺,另一方面是避免让对方过度承诺。

己方的过度承诺很多时候是由于内部没有与合同实际履行人员事先做好充分的沟通造成的。解决这一问题最好的方式,是让必要的履行人员参与谈判。避免让对方过度承诺,是指在谈判时避免通过施加压力等方式让对方答应实际无法履行的承诺。正常情况下,谈判人员的目标就是争取更多的利益,让对手做出更多的承诺应该是毫无争议的。但如果这些承诺无法实际履行,它对获得承诺的一方是没有意义的。

要避免让对方过度承诺,以下两方面非常重要。一方面是要以合同的履行作为出发点思考问题。例如,在谈判过程中拿出新资料或在谈判结束前提出新问题,这也许会让对方仓促做出承诺,但却无法保证其能如期履行承诺。一个有效的谈判应该是经过双方仔细斟酌后做出的承诺。另一方面，为了防止对方做出过度承诺，应确保让对方将合同履行的相关利益人都包括到谈判中来，如果你遇见谈判的关键人物对交易本身持怀疑或者消极态度，或者对交易是否顺利履行表现出担忧，这也许就是谈判人员过度承诺的信号。

三、合同谈判人员的管理

（一）确定参与谈判的人员

确定参与谈判的人员，是指要确定哪些合同谈判的利益相关人参与谈判，或者无须出席谈判，但有必要向他们广泛咨询意见。

以下以某航空公司某航线的谈判作为例子来说明什么是谈判的利益相关人，在这一谈判中，利益相关人包括：

直接的利益相关人：航空公司的谈判人员、管理人员，政府部门的谈判人员，政府航空管理相关部门的官员。

间接利益相关人：飞行员及其他相关工作人员、相竞争的航空公司、股东、乘客、旅行社、机场工作人员等。

在这些人员当中，针对谈判的具体问题，还要确定关键人员，因为他们对整个合同的履行起到关键的作用。许多谈判人员甚至公司高层认为，参与谈判的人员越少越好，并将谈判的信息控制在小范围内。这样做确实可以让谈判过程顺利快捷一些，因为很多反对的声音会被拒之门外，甚至根本不知道谈判的进行。当谈判协议在某一天达成并公布的时候，这些被拒之门外的人员才知道谈判的结果。如果此时他们对协议达成的内容持有异议，而协议的履行又离不开他们，可以想象合同在履行过程中的艰巨甚至无法履行。

因此，在确定谈判人员时，无时无刻都要记住谈判的最终目标是什么，只有合同得到顺利履行，谈判的最终目标才算真正实现。

（二）将合同顺利移交给履行人员

如果没有一种好的运转机制让谈判人员将谈判的精神和交易的意图向合同的履行人员传达清楚，那合同履行人员就会产生不同的理解，而协议上所反映出来的交易代表的意图越不明确、拟定交易的方法越模糊，没有参与谈判的人自己发挥的空间就越多。

为了能够顺利地将协议移交给合同履行人员，在协议签订之后召开双方谈判人员与合同履行人员的交接会议是十分必要的。因为：

（1）这样的会议可以让谈判人员将谈判的精神、谈判的背景、谈判所得出的结论的过程，面对面地向合同履行人员说明。同时，由于对方的谈判人员也在，可以更好地理解协议的内容。也许在交接会议上由于履行人员的参与，双方谈判人员有可能发现他们实际上对协议的内容有不同的理解，这对谈判人员来说似乎很尴尬。但试想一下，你是希望在交接会上发现这些分歧，还是在合同实际履行过程中才发现这些问题？与我们的谈判最终目标比较起来，一时的尴尬或不便根本就不算什么，我们的最终目标是合同能够顺利履行，因此早发现问题总比晚发现问题要好。

（2）由于谈判人员在谈判时就知道随后要召开交接会议，因此这会促使他们将目光放在协议的履行上，而不是匆匆地完成谈判，然后移交给履行人员。

（3）交接会议还会促使谈判人员在谈判过程中不断设法保持双方的良好关系，坦诚相对，因为他们知道合作的终点不是谈判结束（除非他们不想合作而终止谈判），而是整个合同的顺利履行，这又进一步有利于将这种良好的关系带到了合同履行过程中来。

丹尼·厄特尔和马克·戈登教授将合同的移交过程总结为以下几步：

第一，解释交易的真正目的，而不仅仅是交易的条款。

第二，将双方的关键人员介绍给对方，并帮助双方充分了解所有重要的利益关系人。

第三，向合同履行人员传达关于对方的重要信息，包括他们的经营风格、沟通方式，以及他们如何维系关系，如何管理承诺。

第四，确保谈判人员努力树立起的示范作用能顺利传递给合同履行人员，以便他们可以从中获益。

第五，与合同履行人员一同作战，以便使谈判期间制订的计划可以得到充分的部署并付诸实践。

第七章 电子商务谈判

托马斯·弗里德曼在 2005 年推出了其著作《世界是平的》，他从独特的角度指出了 21 世纪人类社会变迁的重要趋势，即基于信息科技发展的全球化经济。特别是千禧年之后，互联网科技发展积极地推动了商务全球化的进程；国际化的商业发展大趋势令公司企业必须重新审视和调整商业模式、组织结构和业务流程。商务沟通谈判方式不再局限于谈判桌上面对面的形式，电子商务谈判应运而生，并且逐渐成为主流的沟通形式，例如电邮谈判、电话谈判和视频谈判。作为一个专业的商务谈判人员必须能够熟练应对不同情境的谈判，灵活地使用不同的沟通工具，如电子邮件、电话和基于智能设施的即时通信软件等，通过技巧完成预期设定目标。

第一节 电子商务谈判概述

一、电子商务的定义

电子商务就是通过包括互联网在内的计算机网络来实现商品、服务和信息的购买、销售和交换。这是一种可以广泛应用于企业与消费者之间（B2C）、企业与企业之间（B2B）、企业与政府之间（B2G）、个人与个人之间（C2C）和企业内部（Intra-business EC）等的全新业务模式。2016 年，全球互联网渗透率为 42%，全球互联网用户数高达 30 亿，比上年增长 9%。伴随着互联网业务高速发展的脚步，全球电子商务交易数据也在每年刷新纪录。1994 年全球电子商务交易总额仅为 12 亿美元，2016 年达到 1.9 万亿美元，预计 2020 年将突破 3.6 万亿美元。从 2010 年开始，我国电子商务进入高速发展阶段，2015 年全国电子商务零售交易额高达 3.8 万亿人民币，市场规模正式超越美国，成为全球第一大电商市场。我国政府从 2015 年开始积极倡导基于"互联网+"的大众创新与创业，互联网发展是未来国民经济发展的重要组成部分。

二、跨境电商的定义

中国从 2010 年开始成为第一出口大国，已经形成了基于"互联网+

产业"的新型商业模式趋势，即跨境电商。跨境电商是指分属不同关境的交易主体，在各种电子平台完成买卖、客户服务、内部合作和支付结算等交易环节，并且通过跨境物流完成交易的一种新型通关手段。跨境电商是新型的外贸商业模式，大部分环节或缩减或通过网络完成。例如，谈判方式、信息交流和税收等环节的执行和传统外贸业务操作手段存在明显差异。

三、电子商务谈判的定义

无论是跨国公司集团的商业交易，供应商和政府部门的采购合约，员工和公司的劳动合同续约，还是房东和租户之间围绕租约的讨价还价，商业活动都离不开谈判。和传统的谈判方式相比较，电子商务谈判更具有创新性、灵活性和全球性，实现了"互联网就是一间谈判会议室"。电子商务谈判是以信息系统作为媒介并且利用谈判理论进行的商业环节活动，其信息交流环节是基于网络等新型媒介完成。

第二节 电子商务谈判的主要特点

一、基于网络

电子商务谈判借助于网络媒介，建立良好的网络运行环境能够确保谈判的顺畅进行。搭建运行平稳的网络平台，将有助于谈判人员在各种终端渠道，如智能电话和平板电脑自如地延伸和后续业务。各种硬件、软件、应用程序和网络所引起的平台故障将会影响谈判过程的及时性、流畅性和信息准确度。换而言之，重视电子商务谈判的企业必须建立性能强大和稳定性强的网站框架，如更短的页面加载时间，支持更多的页面访问量，处理更高订单流量的能力和更高性能的产品目录，等等。企业相关网络平台如果能够在简易性、灵活性、安全性和稳定性达到水准，谈判人员能够更便捷地获取所需资料，并且能迅速和谈判对方共享内容，加快谈判进程。

二、多媒体化

从沟通方式的角度来看，电子商务谈判的形式五花八门。互联网科技发展一日千里，各种多媒体工具成了电子商务谈判交流的主要载体，例如电话、传真、电子邮件和即时通信工具等。即时通信工具（Instant Messager）是指两个或者多人之间，通过使用网络，即时传递图文信息或者进行语音视像的交流平台。根据用户类别可以把即时通信工具分为四个类型：①个人即时通信工具，为个人用户提供聊天、社交和娱乐等非营利服务，如腾讯QQ、微信、Skype、Snapchat和Whatsapp等；②商务即时通信工具，为企业及其客户提供促进买卖交易的客户服务，如淘宝的旺旺和IMO等；③企业即时通信工具，主要为企业内部员工提供一个开放而安全的交流平台，可以进行两人或者多人的实时交流，如网易云信、腾讯QQ、RTX和IMO等；④即时通信辅助软件产品，如视频会议和电话会议等软件，整合辅助即时通信的效果功能。

随着物联网的崛起，我们可以预见未来电子商务谈判的媒介将会呈现更多样化的趋势。一方面，谈判人员可以根据实际业务需要采用最适合、因地制宜的沟通方式；另一方面，为了提高谈判的效率，谈判人员必须熟练各种不同的多媒体载体的使用方法，以免谈判难以为继。

三、语言为主要沟通媒介

电子商务谈判主要通过词语符号等载体完成沟通环节任务，主要有口头沟通和书面沟通两种。常见的口头沟通式谈判方式有电话会谈、网络会议对话等；书面沟通的电子谈判指通过电子邮件或者短信或者及时通信工具用文字进行信息传递与交流。

第三节 电子商务谈判的准备流程

电子商务谈判的流程与一般商务谈判的流程基本相似，主要包括六个阶段：确定谈判主题、组成高效的电子商务谈判团队、谈判前期准备、确定谈判方案、确定谈判策略和准备谈判设施。

一、确定谈判主题

此阶段和常规商务谈判无异，可以由单一或者多个议题组成，即在本阶段确定好这次谈判类型是单一型谈判还是统筹型谈判。

二、组成高效的电子商务谈判团队

首先，选择合适的成员进行清晰的职务分工，包括主谈人员、专业人员、决策者和记录者等；其次，谈判成员要具备一定的专业知识，懂得熟练使用谈判沟通工具，例如网络视频会议系统，以确保谈判过程顺利畅通无阻；最后，谈判团队成员必须具备相当的语言表达能力，如熟练掌握某门外语，吐字清晰，语言组织逻辑性强，懂得交谈礼仪。

三、谈判前期准备

此阶段包括与谈判主题相关的市场调查、自身企业背景介绍、谈判对手背景分析和SWOT方案。

四、确定谈判方案

谈判中对于相关的一个或多个谈判议题罗列出对方可能提出的各种问题，给予分析准备答案；设立谈判目标，包括最理想目标、可接受目标、最低目标和底线。

五、确定谈判策略

首先，可以根据谈判形势采用不同的开局策略。谈判处于劣势的一方建议采用情感交流式引起共鸣，尝试把谈判气氛融洽化；谈判比较有优势的一方可以通过较为强硬的措辞或语气表明立场，暗示对方形成谈判心理劣势。其次，中期阶段可以根据实际情况运用如层层推进、让步或者红脸白脸（多方谈判或者视频会议）等策略；然后适当进入休局阶段，当电邮或电话谈判进入僵持阶段，可婉转告知对方将离开半小时进行午餐；或者网络视频阶段进入僵局，可以适当下线给予双方冷静期，根据实际情况对原有方案进行调整。最后是冲刺阶段的策略和分析。

六、准备谈判设施

提前调试和测试好网络、硬件、软件、应用程序，确保谈判过程的信息传递和共享的即时性、流畅性和安全性。

第四节 电子商务谈判的优势

一、先进的多方即时交互通信科技

中国已经成为国际互联网强国之一,网络连接速度和互联网覆盖率发展势头迅猛。国家重视互联网公共基础设施建设,2013年国务院发布了"宽带中国"的战略实施方案,明确部署了的宽带发展路径和目标。宽带支撑下的物联网和云计算等高新科技,大大提升了基于网络的多种媒介表现的稳定性、安全性和可用性。近年来,如电子邮件、网络视频会议、QQ、微信和RTX等丰富多样的多媒体工具被众多用户接受,并作为商务交流谈判工具广泛应用在政府、金融、运营商、教育、企业等领域。

处于不同地方的谈判成员可以利用多媒体进行电子商务谈判,双方的静态或者动态表情、语言、符号文字还有图片等不同形式的档案资料将同步化、可视化、交互化地显现在各谈判方的终端设备上。即使一方或者多方谈判成员无法共聚一堂,先进的电子商务谈判解决方案可以实现犹如"坐在同一张谈判桌上"亲临其境的感觉,尤其是视频会议谈判沟通过程中,彼此能同步看到对方清晰的肢体语言和面部表情,参与感不输面对面形式的谈判。

二、降低谈判交流成本

中国会议酒店联盟在2011年的《中国会议蓝皮书》指出,我国每年举办各种会议的经济产值达到万亿元的规模。数据显示,一家大型的500强跨国企业的年度差旅费高达亿元人民币,其中八成的消费用于机票交通、酒店住宿和业务餐费。对全球经济发展趋势审慎的大小企业,纷纷通过开源节流的方式来刺激业绩增长。不少企业的削减成本对策包括利用视频会议来削减差旅费支出。从2010年起,全球有近五成的商务差旅陆续被视频会议取替。除了节省费用,有研究指出,晤面商务会议有八成的时间是浪费在来回路途上。基于互联网的多媒体谈判会议能够有效地节约谈判双方的经费和时间,同时有效地减少了谈判人员的旅途奔波。

电子商务谈判突破了传统谈判的约束,节省了谈判场地和环境的安排布置,也不用刻意铺排各方谈判人员初次见面的接待仪式和礼节。总而言之，和传统谈判相比，电子商务谈判简化和减少了谈判准备环节，令整个谈判过程更紧凑，某种程度上有效地削减了人、物和时间资源的耗费。

面对面的谈判会晤免不了为谈判各方准备纸质的各类文件、目录、备忘录和阅读材料等。电子商务谈判的信息更多通过电子文档形式呈现，不但能够提高传阅效率，大幅降低办公用纸消耗，有效节约企业资源，同时践行了减少碳排放和保护生态环境的环保理念。

三、减少不公平待遇的负面影响

谈判的场地对谈判人员存在明显的影响因素。陌生的客场环境对客方有可能造成一定的负面影响，例如时差、气温、气压和天气等因素会影响谈判人员在谈判过程的表现。长时间的旅途颠簸，有可能令谈判人员无法得到充分的休息，影响谈判状态。基于互联网的虚拟空间谈判也避免了客场对客方的不利因素，如陌生感带来的压力甚至被刁难等不公平待遇。谈判双方能够在自己愿意的任何地方开展电子商务谈判，有助提高双方在谈判过程中精气神和潜力的发挥。

电子邮件和非视像类即时通信工具无法透露太多关于谈判对方的个人特征，因此双方更专注于谈判主题、内容和细节的讨论，而较少因为对方的年龄、性别、人种和宗教等因素而产生不友好或者不信任情绪，从而影响谈判效果。

四、随时随地，提高谈判效率

和传统谈判方式相比，电子商务谈判的显著好处是不需要刻意安排谈判时间；利用电子邮件和即时通信工具等可以将谈判过程碎片化，即断续地交流和传递信息。谈判方可以通过电子邮件或者即时通信工具向对方发送文字、字符、图像或者视频等信息；对方或者因为时差或者别的原因未能即时查看，但是只要时机适合，即可马上查阅信息并且给予回复，提高谈判效率。电子商务谈判具有多维度延伸性，只要有需要，谈判双方可以通过互联网交流和共享更多的补充信息，随时随地推进谈判进度。电子商务谈判支持多人多点谈判过程，只要有足够的技术支撑，随时可以灵活调派适合的人员参与到谈判中，在充满变数的谈判过程最大限度地运用群体智慧。

第五节 电子商务谈判的劣势

一、时间约束性低

面对面的传统谈判会有清晰的谈判流程,通常会有一个清晰的时间期限,即明确的开始时间和结束时间。谈判者在通过电子邮件或者以字符语音沟通的即时通信工具进行谈判交流时,时间观点较为淡薄,即没有规定在多少个交谈回合里讨论多少个问题。尤其是非熟练的电子商务谈判者未必能在限定的时间内做到依次完成各个谈判议题,无法按逻辑性逐步讨论议题。电子商务谈判的即时性比不上传统面对面谈判,一个问题可能对方数日后才给予回复,所以应对问题方面的灵敏度可能因为决策延迟而减低;被搁置的问题可能需要重新翻阅资料才能唤回忘记了的细节问题。交互式的电子商务谈判有可能令一系列问题解决缓慢,甚至要推倒重来。

二、难以建立信任,契约感弱

由于缺乏面对面的沟通接触,电子商务谈判各方难以在短时间内互相熟络起来,相对来说需要比较长的一段时间才能培养出信任度。遵守契约是商业交易行为的基础守则,谈判双方都有义务和责任确保履行谈判过程中约定的原则,从而保障谈判各方的利益。电子商务谈判和传统商务谈判相比,过程更趋于虚拟化和碎片化。谈判双方在即时通信工具里对话框的内容,往往是双方协商的产物,是就某些问题达成的初步协议,是某个谈判阶段取得的进展成果。尽管谈判各方在某个问题达成一致共识,但是也有可能谈判某方认为电子信息没有法律约束力,可以轻易推翻不认账。现在仍有普遍观念认为纸质的记录、备忘录、公告、文件和通知更具权威性,先比之下,以数字信息科技形式呈现的交易、支付和签名方式未必被认同具有同等效力,故容易被漠视或者不彻底贯彻执行。

作为互联网时代的谈判参与方应该意识到,电子商务谈判过程所衍生的内容同样是经过双方同意认可的商务协约性文书,尽管没有直接的法律约束力,可是双方都应该有义务道德去履行契约。在电子商务谈判的结束阶段,双方应该尽量保留原始的电子信息,整理谈判内容,得出一份完整的商务谈判纪要,内容清晰明确,谈判多方必须对内容细节没有争议,内容包括：①标题。②正文：时间、地点、双方企业名称、谈判代表列名、谈判取得主要成果。③主体：双方取得一致意见的目标和具体事项；双方的权利和义务；需要进一步达成的目标。④落款：签名和日期。

三、难以获取隐含信息

沟通学者研究显示，人对于信息的掌握准确度极少数来自文字本身（7%），主要是依靠声音（38%）和面部表情（55%）。非语言交流（nonverbal communication）即眼神、表情、动作、身体语言和空间距离能够帮助我们在谈判过程中获取隐含信息来辅助决策。然而，电子谈判方式如电子邮件和QQ等主要通过文字、符号、图案交换信息，无法更准确获取额外的判断情报，如对方是否对计划感兴趣？对方是否真正认同自己的观点？对方是否急于结束讨论？即使视频会议使谈判现场的交互性加强，由于屏幕分辨率的问题和无法提供多维度摄影，对方的细微动作或者微表情未必被精准察觉。

四、差异化导致沟通障碍

电子商务谈判的沟通手段以语言字符类为主，谈判对手有可能因为文化差异、教育程度差异、电子设备熟悉程度差异、风俗差异、年龄差异和性别差异等导致谈判双方出现沟通障碍。如年轻人比较喜欢在传递文本信息的时候夹杂表情符号，谈判对方有可能认为这种内容表现形式轻佻，甚至误解了表情的实际意思，恼怒地认为对方不尊重自己。同样，西方客户为了节省时间提高效率，会在电子邮件或者即时通信工具中用到英语缩写，如EXP（EXPORT）和MAX（MAXIMUM），这也要求尤其是参与跨境电子商务谈判人员的外语水平要达到某一个水平。

第八章 跨文化谈判

虽然纯粹的国内商务谈判和国际商务谈判有很多相似之处,但国际商务谈判与国内商务谈判也存在许多不同的地方,其中最明显的就是谈判双方的文化差异。在国际商务活动中,交易双方不仅跨越了国界,还跨越了文化。文化对人们的思想、行为、沟通方式都有很大的影响,对人们达成交易的方式和交易的种类也有同样的影响。双方高层的文化差异将对谈判的进程造成阻碍。本章讨论跨文化谈判,即文化差异对国际商务谈判的影响以及国际商务谈判中应对文化差异的策略。

第一节 文化的本质及文化的要素

文化的定义与谈判本身的定义一样繁多而模糊。在 19 世纪 70 年代,人类学家爱德华·泰勒(Edward Tylor)将文化定义为一种复合体,包括知识、信仰、艺术、道德、法律、习惯和其他作为社会成员所需要的能力。霍夫斯泰德(Hofstede),一位交叉文化差异和管理的专家,将文化定义为人类一群成员区别于另一群成员思想意识的集合体。在这个意义上,文化包括价值体系,而价值观是构建文化的基石。社会学家兹维·纳门华斯(Zvi Namenwidh)和罗伯特·韦伯(Robert Weber)将文化定义为一种观念的体系,认为这些观念构成对生存的一种设计。人类学者霍勒尔(E. Adamson Hoebel)把文化定义为与生物遗传无关的,而是由社会成员共同特征所形成的行为方式的综合系统。一些学者把文化的概念看成是观念、感觉和思想。如由两位谈判专家对文化所做的定义是:文化是一种以国籍、民族及其相应的行为来划分的共同的、长久的价值观和信念。

文化的核心是价值观,一种文化的价值观和准则不是突然形成的,而是在一个社会里由许多因素作用逐渐形成的产物。这些因素包括主流的政治和经济哲学,一个社会的社会结构,主要的宗教、语言和教育。这里从国际商务谈判的角度把文化定义为一个特定团体的社交行为、态度、准则和价值观。这个文化定义所包含的四个要素,即行为、态度、准则和价值观,从其相互关系来看,可以看成一系列的同心圆,就像层次性很强的洋葱头。理解对方文化的过程就像剥洋葱头一样。洋葱头的最外层是行为，是一个人的言行举止，它是在跨文化谈判中谈判者首先留意到的。第二层是人们对个别时间或现象的态度，如对开会的准时性和对介绍的格式化的态度。接下来是准则，在特殊情况下要遵守的规则。例如，你会意识到对方在时间观念上的严谨，不仅仅是他个人的癖性，而是他文化中一条牢固的规则。最里面的一层，也就是核心部分，是价值观。会议的管理、代表的筛选、奖励的人群等行为都是在这一层次上完成的。

作为体现文化核心的价值观，其差异通常是最难被谈判者所察觉和理解的。事实上，在国际商务谈判中双方往往会在签订合同以后一起工作的时候才发现他们价值观上的差异。这样的差异在国际商务合作中往往会导致冲突甚至使企业倒闭。文化可被视为一种语言，一种沉默的语言，如果双方真诚地沟通并互相理解这种沉默的语言，就会成为在特定环境中解决问题的工具。

第二节　文化差异对商务谈判的影响

文化从本质上说是一种社会现象，这种社会现象是一定的社会群体共同拥有的一套价值准则。因此，一个文化社会与一个民族国家可能一致，也可能不一致。因为各个民族国家是政治的产物，它们可能包含一种单一文化，也可能包含多种文化。比如，加拿大至少有三种文化——盎格鲁文化、说法语的魁北克文化和本土美洲文化。随着华人的增加，中华文化也将在加拿大占有一定地位。非洲国家部落群之间也存在重要的文化差异。印度也是由许多地区文化群构成的。伊拉克内有几个不同社会，每个社会都有自己的文化。文化也可以跨越几个国家。例如，我们可以说一个伊斯兰社会或文化是中东、亚洲、非洲许多不同国家的公民共同拥有的。总之，文化与国家之间的关系经常是模糊的，人们不能总是把一个国家视为只具有一种单一相同属性的文化，即使可以，人们也应认识到国家文化是由多姿多彩的子文化构成的。尽管文化有着不同的层次和不同类型，但这并不妨碍从国家文化的视角进行思考和比较。

文化差异在国际商务活动中时时刻刻都存在着，它们往往会把和谐的谈判和贸易关系变得紧张。一旦冲突出现，双方都坚持自己的文化，而中伤对方的文化，将使双方矛盾的解决变得十分困难。贸易商之间的文化差异妨碍谈判的主要表现是：首先，它们会产生沟通上的误解。"这个很困难"这句话对于日本人来说表示"不"，对于美国人来说则表示"可能"。其次，文化差异不仅在理解语言中会产生困难，在理解行为时也会产生困难。例如，美国人会对日本人的延迟反应感到困惑，同样地，也会对巴西人经常打断他们说话感到混乱。最后，文化会影响谈判风格，不同文化将引导人们在谈判中采取不同的方式，就是说谈判风格因文化差异而有明显的差异。事实上，文化可能影响到人们怎么看谈判的本质和作用。基于文化在国际商务谈判和国际关系中所担当的重要角色，因此，对于国际商务谈判者来说，在谈判中了解对方的文化，以及不要对对方的文化做负面的理解是非常重要的。

第三节　国际商务谈判文化差异：十大谈判要素视角

　　国际商务人员带着自身的文化进入谈判过程，从而形成商务谈判文化。然而，由于世界上繁多的文化背景，无论多么有技巧有经验的商务谈判者也不可能完全理解他们可能碰到的所有文化。那么，作为一个商务谈判者在谈判前应该怎样做准备呢？一种方法就是辨别哪方面的文化差异在谈判过程中最可能出现。文化差异方面的知识可以帮助国际商务谈判者理解对方可能的误解。在这方面，国际上许多学者已经取得了丰富的研究成果。在对文献的回顾和对谈判者访问的基础上，加拿大学者杰斯沃尔德·撒拉柯斯（Jeswald W. Salacuse）在既有研究成果中概括出 10 个最可能出现问题的要素，并把这 10 个要素都设定有两个极端。这 10 个要素是：①谈判目标：合同或关系；②谈判态度：赢/输或双赢；③个人风格：正式或不正式；④沟通方式：直接或间接；⑤时间敏感度：高或低；⑥感情主义：高或低；⑦合同格式：概括或具体；⑧谈判过程：从上到下或从下到上；⑨团队组织：个人决策或集体决策；⑩风险倾向性：高或低。列出以上 10 个因素，目的在于辨别由于文化差异而引起的不同谈判风格。有了这个知识，国际商务谈判者可以更好地理解对方。同样重要的是，它可以帮助商务谈判者知道他们自己的谈判风格在对方眼中是怎么样的。

　　为了测试这个方法是否有用，杰斯沃尔德·撒拉柯斯把上面的 10 个因素转换成问卷调查，访问了 310 位商业经理、律师和有实际经验的大学经济系的毕业生。他们分别来自美国、英国、法国、德国、西班牙、墨西哥、阿根廷、巴西、尼日利亚、印度、中国和日本12个国家。被调查的对象根据他们自己的态度对每个要素给出一个相对的比率。具体见表8.1。

从表8.1所显示的调查结果，我们可以大体看出国际商务谈判文化的差别。即使是在一个经济共同体内，比如欧盟这样的联合体，从国家文化层面来考察，欧盟内部的文化区别也是十分明显的。因此，从事国际商务谈判以及开展国际商务活动，应特别注意不同国家的不同文化区别。

一、从商务谈判目的来看

国际商务谈判的实质是跨文化商业行为。不同国家文化对商务谈判目的的看法是不同的。综观世界各国的商务行为，大体可以分为两大类型，即生意导向型和关系导向型。生意导向型国家主要分布在北欧、北美和澳洲等地区。关系导向型主要包括阿拉伯国家、日本、中国和印度等国家和地区。

表8.1调查显示，法国、西班牙、巴西和美国等国家是比较突出和典型的生意导向型国家。他们认为，商人谈判的目的首先是双方最终能签订一份合同。以美国为例，美国人认为，一份双方签字的合同是双方权利义务的严格体现，他们有一个根深蒂固的理念，即生意就是生意。中国、印度和其他亚洲国家，通常认为谈判首先是建立双方的关系。日本人在这问题上的看法分歧很大，只有刚过半数的人认为谈判的目的是合同。在欧盟，英国人占53%，比较相似，德国接近，占45%。虽然合同已经是关系的描述，但生意的本质就是关系。美国人认为签订了合同便是结束了一笔生意，但很多亚洲人认为签订合同意味着建立了一种关系。这种看法上的差异可以解释为什么亚洲人倾向于在谈判前花费更多的时间和努力，而美国人则希望直奔正题。谈判前的活动对于建立一种良好的贸易关系，加深对对方的理解是至关重要的。但当谈判的目的仅仅是一张合同的时候，它就没那么重要了。

二、从商务谈判态度来看

根据不同的文化特征，对于谈判的态度可以大致分为两种：一种是争取双方双赢的过程，另一种是一方赢另一方输的挣扎求存的过程。寻求双赢的谈判者把交易看成是一个合作和解决问题的过程；而总是想分出输赢的谈判者就会把谈判看成是一个对峙的过程。根据双方的反应，商务谈判

表 8.1 国际商务谈判文化的区别（部分国家）

国家	谈判目的：合同或关系（合同%）	谈判态度：赢/输或双赢（双赢%）	个人风格：不正式或正式（正式%）	沟通方式：直接或间接（间接%）	时间敏感度：高或低（低%）	感情主义：高或低（低%）	合同格式：概括或具体（概括%）	谈判过程：从上到下或从下到上（从上到下%）	团队组织：个人决策或集体决策（个人决策%）	风险倾向：高或低（低%）
中国	45.5	81.8	45.5	18.2	9.1	27.3	27.3	54.5	90.9	81.8
英国	47.1	58.8	35.3	11.8	5.9	52.9	11.8	58.8	64.7	88.2
法国	70	80	20	20	40	40	30	60	40	90
德国	54.5	54.5	27.3	9.1	36.4	63.6	45.4	54.5	54.5	72
西班牙	73.7	36.8	47.4	0	21.1	21.1	15.8	52.6	57.7	47.4
美国	53.7	70.7	17.1	4.9	14.6	36.6	22	53.7	63.4	78
墨西哥	41.7	50	41.4	0	33.3	16.7	16.7	33.3	90.9	50
阿根廷	46.2	80.8	34.6	3.8	15.4	15.4	26.9	61.8	57.7	73.1
巴西	66.7	44.4	22.2	11.1	0	11.1	22.2	33.3	100	55.6
尼日利亚	46.7	46.7	53	11.1	6.7	40	20	53.3	40	73.3
印度	33.3	77.8	22.2	11.1	44.4	44.4	44.4	66.7	44.4	88.9
日本	54.5	100	27.3	27.3	9.1	45.5	45.5	36.4	54.5	18.2

资料来源：Jeswald W. Salacuse, Intercultural Negoiation in International Business, The McGraw-Hill Companies, 2003.

过程呈现两种模式：①双方分别地讨价还价；②双方合作式地讨论和解决问题。在前一种情况下，他们会认为双方的目标是不相容的，而在后一种情况，双方会认为他们目标是一致的。不同文化背景的人在这个问题上有很大差异。调查报告显示，100%的日本人认为商业谈判是一个双赢的过程，只有36.8%的西班牙人这样认为。亚洲的其他两种代表文化，中国人和印度人同样认为谈判是双赢的过程，超过70%的人认为交易是双赢的国家还有法国、美国、阿根廷等国家。

有时候，一个国家对谈判的态度内外有别。例如，一些发展中国家与跨国公司谈判投资合同的时候，一开始会认为外国投资者的利润是国家的损失。因此，他们会想尽办法限制投资者的利润，寻找对国家有利的投资项目。有趣的是，当这些国家在本国的企业之间组织谈判的时候，他们就会寻求双赢的局面。

三、从商务谈判的个人风格来看

个人谈判风格包括了谈判者交谈的方式、所用的头衔、衣着、谈吐以及与其他人相处的方式。文化对谈判者的个人风格有很大的影响。一个具有正式风格的谈判者会坚持用对方的头衔来称呼对方，避免提及个人私事或者家庭生活等问题。而风格较随意的谈判者会试图称呼对方的名字来开始谈判，希望能很快地与对方建立友好的关系，他们兴奋起来也许会脱掉外套，卷起衣袖。每种文化都有它独有的礼节。谈判者必须尊重对方的礼节。一般来说，从正式的谈判风格向非正式谈判风格转变会比较安全。

双方在个人风格上的差异可能会导致冲突，以致妨碍谈判的进行。对于一个美国人或澳洲人来说，直呼其名是友谊的表现，是好事。但对于一个日本人或埃及人来说，在首次见面时就直呼其名是不尊重的表现，是坏事。一般说来，礼节上要求谈判双方应坚持正式的谈判风格，但调查显示，较多的人更倾向于非正式谈判风格。除了尼日利亚以外，12个国家的大部分受访者都声称他们谈判的个人风格是非正式的，但此观点的强度还是相差很远的。接近83%的美国人认为他们的风格是非正式的，只有54%的中国人、52%的西班牙人、58%的墨西哥人有相似的倾向。在欧洲4个国家中，法国是声称最不正式的一个。虽然德国人和日本人都被认为是很注重礼节的，但只有刚刚多于1/4的受访者认为他们的风格是正式的。不同文化对"正式"与"非正式"的理解不同，可能会影响调查的结果。

四、从商务谈判的沟通方式来看

不同的文化,其沟通方式也各异。有些地方强调用简单直接的方法沟通,其他的地方则更多地采用间接复杂的方法。据观察,德国人和美国人是比较直接的,法国人和日本人较为间接。沟通方式不直接的人,通常会假定对方的知识水平,常用婉转曲折的表达、模糊的暗示、比喻性的讲话和面部表情、手势等其他肢体语言。而文化氛围较直接的美国或以色列,你在提出问题和计划后肯定可以得到一个清楚明确的答复。相反,在文化氛围较间接的日本,他们对一个计划通常都是用含糊的评论、手势或其他标志来反馈的。

沟通方式上的对立也可能引起摩擦。例如,日本人的委婉拒绝通常会被外国商人误解为他们的计划仍在被考虑中。喜欢直接的以色列人和偏好间接的埃及人可能在沟通中加剧彼此的矛盾。埃及人会把以色列人的直接理解成盛气凌人,因此也被认为是对他们的一种侮辱。而以色列则会认为埃及人是急躁的、无诚意的、口不对心的。调查发现,很大部分受访者都表示他们的沟通方式是直接的。同样地,他们本身的企业文化和他们的国际经历都很可能影响他们的选择。

五、从商务谈判的时间敏感度来看

不同的商务谈判文化对时间的敏感度也有很大区别。时间敏感度强的谈判者认为时间就是金钱,所以他们会希望进程快一些。时间敏感度弱的谈判者则需要更多的时间用在谈判过程上,目的在于通过加深双方彼此了解,进而决定是否建立长久的关系。时间敏感度的强弱也会影响到谈判的效果。

各国的谈判风格离不开不同文化对时间的态度。比如说德国人是很准时的,拉丁美洲人经常迟到;日本人要花很长时间来谈判,美国人则能很爽快地做成生意。事实上,商务谈判者总是根据不同的谈判目的而花费不同的时间。对于美国人来说,交易就是签合同,所以他们会希望进程加快,尽量地减少礼节,直奔主题。日本和其他的亚洲国家,他们的谈判目的不是简单地签合同,而是建立一种关系,这就需要更多的时间用在谈判过程上。有时他们甚至会怀疑对方尝试缩短谈判时间的行为是为了隐瞒什么事情。

  一般来说，亚洲人比美国人愿意花更多的时间在准备谈判上。美国商人都希望免除准备阶段，直接进入谈判。但大部分亚洲人认为谈判的准备阶段是建立商业关系的重要基础，因此，他们会在进入实质性谈判之前引导准备工作。这一差异的其中一个后果是有时候美国人以为双方已经进入实质性谈判阶段了，但亚洲人并不这样认为。这种误解可能导致对对方信誉的怀疑，甚至导致最后谈判失败。因此，谈判者必须确定在谈判过程中与对方保持同步，比如要制定日程表、做好备忘录和记下不同的谈判阶段等。

  表8.1显示的调查结果并没有在时间方面发现很大的分歧。所有国家的大部分受访者都声称有较高的时间敏感度。但在印度、法国和德国都有相对较大比例的受访者表明对时间的敏感度较低。另外，调查的结果可能受到被调查对象所在的公司文化和他本身对时间敏感度的理解不同的影响。在谈判中，不同文化对时间的争论主要集中在两个方面：最后限期的精确性和花费在谈判上的时间量。比如，德国虽然在时间的准确性上很讲究，但却愿意花很多的时间在谈判上。因此，他们是准时的和高时间敏感度的，但谈判和做决策又显得比较慢和低时间敏感度。

六、从商务谈判的感情主义来看

  不同文化在商务谈判中对表达情感有着不同的方式，这些不同的表达情感的方式也同样被带到谈判桌上。商务谈判中不同的情感表达方式对谈判的结果有着很大的影响。一般来说，拉丁美洲人在谈判桌上情感表露程度是比较高的，日本人和其他亚洲人会隐藏他们的想法。在欧洲人中，德国人和英国人是最冷漠的；而在亚洲人中，日本人是最冷漠的，但也比前两个欧洲国家的人要好一些。

七、从商务谈判的合同格式来看

  文化因素还会影响到双方签订合同的格式。一些国家喜欢非常具体的合同，尽可能包括所有可能发生的情况，因为他们认为交易就是合同，万一将来发生什么新的状况都必须依据合同处理。一般来说，美国人喜欢非常具体的合同，尽可能包括所有可能发生的情况，无论多么不可能。另一些国家则喜欢概括的合同形式，因为他们认为交易的本质是双方的关系，如果遇到意想不到的情况发生，双方可根据彼此的关系处理，而非依据合同去解决问题。在国际上，中国一般被认为属于这类国家。

另外，合同形式上的差异可能不是由于文化的差异所导致，而是双方讨价还价能力引起的，应当说这种情况是存在的。比如，谈判双方中较强的一方希望有一份详尽的合同来锁死整个交易，而较弱的一方则希望一份概括式的合同，以便在发生不利事件时有空间摆脱。所以，作为较弱的一方在与跨国公司谈判时会寻求概括式的合同来保护自己对抗未知的将来。但这里我们讨论的是文化差异与合同形式的关系。

表8.1显示大部分受访者喜欢具体的合同。这一结果也许与受访者中有很大部分是律师有关，而且很多受访者都曾在美国和跨国公司工作过，他们都喜欢具体的合同。在这一点上，职业和组织文化比国家文化对结果的影响更大。不同国家在此问题上的差异很大。只有11%的英国人喜欢概括式的合同，而有45.5%的日本人和德国人表示喜欢概括式的合同。

八、从商务谈判的过程来看

与合同形式相关的一个问题是谈判的过程是归纳式的还是演绎式的。即谈判是从概括的条款谈到细节问题，还是从如价格、装运期、产品质量、数量等细节问题谈起。不同的文化有不同的选择。一些观察者相信法国人喜欢从概括式的条款谈起，而美国人喜欢从细节谈起。因为对美国人来说，谈判的过程是一系列项目的统一过程。但对法国人来说，基本的条款会引导和决定整个谈判过程。

另一种谈判风格上的差异是自上而下的方法和自下而上的方法。自上而下的方法是指谈判者一开始表明他希望达到的最优条件，然后再一步步后退。自下而上的方法是指先提出至少要具备的条件，然后再一步步增加。而法国、阿根廷和印度倾向于自上而下的方法，日本、墨西哥和巴西倾向于自下而上的方法。

九、从商务谈判的组织结构来看

在任何国际商务谈判中，了解对方的组织结构，知道谁最权威和谁做决定都是非常重要的。文化是影响怎样组织一场谈判的重要因素。有些文化强调个人决策，有些文化强调集体决策。这种价值差异将影响双方组织谈判的过程。当一个谈判团体是个人决策时，其队伍一般较小，许多美国人喜欢采用这种谈判方式。当一个谈判团体是集体决策时,其队伍一般较大,而且可能很难分清谁是领导,谁能决策,日本人一般强调集体决策。当然,个人决策的谈判组织做决定会比集体决策的谈判组织快,因此,集体式的谈判组织通常需要更多的谈判时间。欧洲的英国、德国、西班牙和南美洲的阿根廷等都基本倾向于个人决策的谈判风格。只有法国的大部分人倾向于集体决策的谈判风格,成为具有最强烈集体意识的国家。而对于法国的谈判风格还需要进一步分析。据观察,法国的个人主义在很多研究中都有提到,也许在法国人的眼中"一致同意"是对个人主义最好的维护方法。尽管日本有很好的集体主义名声,但只有45%的日本受访者声称他们喜欢集体式的谈判。毫无疑问,受访者因文化差异而有不同的谈判风格,这也会影响到调查的结果。

十、从商务谈判的风险倾向性来看

在国际商务活动和商务谈判中,某些文化确实比其他文化更有风险倾向性。在交易的过程中,谈判者的文化会影响到他们愿意承担风险的程度。在有些文化背景下,谈判者愿意泄露信息,尝试新的方法,进行有计划但不确定的行动,具有明显的风险倾向性。有的谈判者不喜欢风险,他们会按部就班机械式地工作,减少交易可能出现的风险。日本人对大量的信息要求和复杂的集体决策过程是不喜欢风险的。相对来说,美国人认为他们是喜欢风险的,但中国人、法国从、英国人和印度人喜欢风险的比率更高。

以上10个方面只是国际商务谈判中文化差异表现的一个概括,实际上世界各国的文化差异不仅仅表现在以上10个方面,还会表现在许多其他方面。这就需要在商务谈判的实践中不断了解和摸索,以实现跨文化商务谈判的顺利进行。

第四节 国际商务谈判文化差异的应对策略

随着国际经贸关系的发展,中国与国外商务谈判活动也不断增多。然而,各国文化差异的客观存在,对国际商务活动会产生重要影响。因此,应特别重视和处理国际商务活动和商务谈判活动中的文化差异。以下是应对国际商务谈判中文化差异的一些简单原则。

一、研究、学习和贴近对方的文化

在任何国际交易中,学习一些对方的文化对谈判者来说都是很重要的。理论上说,学习对方的文化需要较长(如几年)的时间,包括精通对方的语言,在对方国家长期居住和工作,学习的内容包括交易的性质和重要性、谈判者的经验和双方的文化差异程度等。然而,许多商务交易以及谈判活动都不可能完全具备这样的条件。因此,需要学习一些交易中可能出现的主要文化,了解对方国家的历史,咨询在对方经商的商人,咨询当地的律师和顾问,阅读有关人类学和民族学的知识,阅读有关现今政治形势的报告;如果可能的话,还应咨询谈判桌上的会计等。谈判者的文化知识程度将会影响谈判的策略。一个非常熟悉对方语言和文化的谈判者能够采用适合对方文化的谈判风格和方法,促进谈判的成功。而不熟悉对方文化的谈判风格和方法就只好聘请一个代理或中介来帮助谈判,其效果是可想而知的。

另外,谈判者也应努力贴近对方的文化,进而推动谈判的成功。贴近对方文化的方法是尝试假设自己与对方文化有密切关系。例如,当埃及总统萨达特(Sadat)与苏丹的官员谈判的时候,他总会说他的母亲是在苏丹诞生的。萨达特是在运用一种文化脉络来与对方建立关系。事实上,他表达出来的意思是:"和你们一样,我也是苏丹人,所以我们有共同的文化背景。我能理解你们,而且我也尊重你们的文化。因此你们可以相信我。"相似的情况是,一个美非混血儿在尼日利亚谈论合资的时候,强调他的非洲血统从而与对方建立关系。而一个美意混血儿在罗马谈论一份销售合同的时候强调他的意大利背景,也是他贴近对方文化、填补文化缺口的一种方法。

二、利用自身的文化优势

文化是商务谈判的重要力量,因此,在谈判中也不是一味地迁就对方的文化,只要自身的文化对双方交易和商务谈判有利,就应努力说服对方接受你的文化,比如己方拥有管理文化优势等。当然,要实现这种目标需要时间和教育。例如,为了让一间在中国的中法合资企业拥有共同的文化并发挥法方管理文化的优势,法方会投入很大的成本把中国员工送往法国培训,并安排他们在法国的一些部门实习等。

三、有效利用第三方文化

依靠一种不属于谈判双方任何一方的第三方文化,也能有效地弥补谈判双方的文化差异。例如,在一场艰难的中英贸易谈判中,双方代表发现他们都非常欣赏法国文化,因为他们年轻时都曾在法国学习过。于是,他们开始谈起法国,这种对法国的共同爱好使他们之间建立起了很好的个人关系。他们利用第三方文化填补了中英文化的差异缺口。相似的,两国谈判者也可以利用他们共同的职业文化,如双方代表都拥有共同的法律文化兴趣或工程文化兴趣,以此来弥补彼此谈判文化的差异缺口。

四、利用双方文化的结合建立文化桥梁

填补双方谈判文化缺口也可以利用双方的文化精髓,为双方建立一种长期而稳固的关系。这种方法的难点在于找出各自文化的精髓,并把它们结合起来形成一个和谐统一的整体,使交易能有效地进行。当然,有时一位第三方中介或顾问也可能会对谈判进程有所帮助。

五、破除文化的固定思维

在国际商务谈判中,一方面我们应重视文化的作用,但同时也不能过于依赖文化知识,不管是对方的文化或是己方的文化都是如此。简单来说,就是谈判者不能因陷入文化的固定思维而影响他们与对方的关系。不然的话,谈判者会认为对方把他当成一个文化奴隶而不是一个个人而感到不满。文化固定思维不仅会惹怒对方,还会造成误导。很多时候对方的表现并不像书本上、文章中和顾问口中所说的那样。原因当然是除了文化以外还有很多影响谈判行为的因素,比如谈判者的个性、他/她所代表的组织和具体的谈判内容等等。

总之,发展国际经贸关系和进行国际商务谈判,应十分重视双边文化的差异并积极寻找应对的方法。我们不应该把文化差异当作商务谈判的障碍、武器或堡垒,而应努力建立文化的桥梁,为顺利开展国际商贸活动铺平道路。

第九章 模拟谈判

为了取得好的谈判成果，在谈判准备工作的最后阶段，企业有必要为即将开始的谈判举行一次模拟谈判，以检验自己的谈判方案，而且也能使谈判者提早进入实战状态。

第一节 模拟谈判的必要性

模拟谈判的必要性表现在以下几个方面。

一、提高应对困难的能力

模拟谈判可以使谈判者获得实际性的经验，提高应对各种困难的能力。很多成功的谈判实例和心理学研究成果都表明，正确的练习不仅能够提高谈判者的独立分析能力，而且在心理准备、心理承受、临场发挥等方面都是有益的。在模拟谈判中，谈判者可以一次又一次地扮演自己，甚至扮演对手，从而熟悉实际谈判中的各个环节。这对初次参加谈判的人来说尤为重要。

二、检验谈判方案是否周密可行

谈判方案是在谈判小组负责人的主持下，由谈判小组成员具体制订的。它是对未来将要发生的正式谈判的预计，这本身就不可能完全反映出正式谈判中出现的一些意外事情。同时，谈判人员受到知识、经验、思维方式、考虑问题的立场、角度等因素的局限，谈判方案的制订就难免会有不足之处和漏洞。事实上，谈判方案是否完善，只有在正式谈判中方能得到真正检验，但这毕竟是一种事后检验，往往发现问题为时已晚。模拟谈判是对实际正式谈判的模拟，与正式谈判比较接近，因此能够较为全面严格地检验谈判方案是否切实可行，检查谈判方案存在的问题和不足，及时修正和调整。

三、训练和提高谈判能力

模拟谈判的对手是自己的人员，对自己的情况十分了解，这时站在对手的立场上提问题,有利于发现谈判方案中的错误,并且能预测对方可能从哪些方面提出问题,以便事先拟定出相应的对策。对于谈判者来说,能有机会站在对方的立场上进行换位思索,是大有好处的。正如美国著名企业家维克多·金姆说的那样:"任何成功的谈判,从一开始就必须站在对方的立场来看问题。"这样角色扮演的技术不但能使谈判者了解对方,也能使谈判者了解自己,因为它给谈判者提供了客观分析自我的机会,注意到一些容易忽视的失误。例如,在与外国人谈判时使用过多的本国俚语、缺乏涵养的面部表情、争辩的观点含糊不清等等。

第二节 拟定假设

进行正确的想象练习,首先要拟定正确的假设或臆测。拟定假设是根据某些既定的事实或常识将某些事物当作事实。如有钱总可以买到东西,可以假设去商店买东西,只要出钱,对方就会给货。因此,可把假设分为三类,一是对外界客观存在事物的假设,二是对对方的假设,二是对己方的假设。

对外界客观存在事物的假设包括对环境、时间和空间的假设。通过拟定假设,目的是要找出外在世界真实的东西。在商务谈判过程中,要通过对外界假设进一步摸清事实,知己知彼,找出相应的对策。如贸易洽谈中,若对方拿着材料进入谈判场所,我们需要准确地判断出对方的材料与今天的谈判是否有直接关系。这需要我们在谈判时采取一定的方式进行摸底。同时,我们要假设,如果对方通过调查已摸清我方底细,我方应该如何对付;没有摸清,又应该如何对付。

对对方准备的假设,常常是商务谈判的制胜法宝。对对方在谈判中的意愿,对商品价格、质量和运输方式等方面的要求,都需要我们根据事实加以假设。准确的假设能使我方在谈判中占据主动地位。

对己方的假设包括谈判者对自身心理素质、谈判能力的自测与自我评估,以及对己方经济实力、谈判实力、谈判策略、谈判准备等方面的评价。

无论是哪一种假设,通常都有可能是错误的,不能把假设等同于事实;要对假设产生的意外结果有充分的心理准备。对于假设的事实要小心求证。不能轻易以假设为根据采取武断的做法,否则,会使己方误入谈判歧途，给自己带来重大损失。例如，当我们假设只要出钱就可买到东西时，如果对方无货或者对方展示的是样品，或者对方的产品质量、规格不对路，那么上面的假设就不正确。因此，拟定假设的关键在于提高假设的精准度，使之准确地接近事实。

提高假设的精准度必须明确区分哪些是事实本身，哪些是自己主观臆测；同时要以事实为基准拟定假设。所根据的事实越多，假设的精准度就越高。

第三节 模拟内容及方式

模拟的内容就是谈判的内容。为了更多地发现问题，结合实际情况，可就谈判方案从两个方面进行详细的模拟。

一、组成代表对手的谈判小组

如果时间允许，可以将自己的谈判人员分成两组，一组作为己方的谈判代表，一组作为对方的谈判代表；也可以从企业内部的有关部门抽出一些职员，组成另一谈判小组。但是，无论用哪种办法，两个小组都应不断地互换角色。这是正规的模拟谈判，此方式可以全面检查谈判计划，并使谈判人员对每个环节和问题都有一个事先的了解。

二、让一位谈判成员扮演对手

如果时间、费用和人员等因素不允许安排一次较正式的模拟谈判，那么小组负责人也应坚持让一位人员来扮演对方，对企业的交易条件进行磋商、盘问。这样做也有可能使谈判小组负责人意识到是否需要修改某些条件或者增加某些论据等，而且也会使企业人员提前认识到谈判中可能出现的问题。

三、集体谈判

进行正确的想象练习，不仅是个人的苦思冥想，而且是整个谈判队伍的集体模拟。可采用"沙龙"式模拟谈判。

"沙龙"式模拟谈判是把谈判者聚集在一起，充分讨论，自由发表意见，共同想象谈判全过程。这种模拟谈判的优点是利用人们的竞争心理，使谈判者充分发表意见，互相启发，共同提高谈判水平。谈判者有了表现才干的机会，人人都会开动脑筋，积极进行创造性思维，在集体思考的强制性刺激及压力下，能产生高水平的策略、方法及谈判技巧。

第四节 总 结

模拟谈判的目的在于总结经验、发现问题、提出对策、完善谈判方案。所以，对模拟谈判进行总结是必不可少的。模拟谈判的总结应包括以下内容：

(1) 对方的观点、风格、精神。
(2) 对方的反对意见及解决办法。
(3) 自己的有利条件及运用状况。
(4) 自己的不足及改进措施。
(5) 谈判所需情报资料是否完善。
(6) 双方各自的妥协条件及可共同接受的条件。
(7) 谈判破裂与否的界限，等等。

可见，谈判总结涉及各方面的内容，只有通过总结，才能积累经验，吸取教训，完善谈判的准备工作。

第二编　国际商务谈判专论

第一章　当代商务谈判需求理论

"成功的谈判者必须把剑术大师的机警、速度和艺术大师的敏感和能力融为一体。他必须像剑术大师一样，以锐利的目光机警地注视谈判桌那一边的对手，随时准备抓住对方防线中的每一个微小的进攻机会。同时，他又必须是一个细腻敏感的艺术大师，善于体会辨察对方情绪或动机上最细腻的色彩变化。他必须抓紧灵感产生的那一刹那，从色彩缤纷的调色板上，选出最适合的颜色，画出构图与色彩完美和谐的佳作。谈判桌上的成功，不仅是来自充分的训练，而且更关键的是来自敏感和机智。"

——著名谈判大师杰德勒

商务谈判双方为了协调彼此的经济利益，需要对对方的意见进行反复的交流和磋商。需要是人类一切行动的原动力，成功谈判需要满足对方逻辑上的需求、情感上的需求和想要赢的需求。马斯洛的需求层次论（生理需要、安全需要、归属需要、尊重需要、自我实现需要）可以作为指导的基础理论。而在尼尔伦伯格的谈判需要理论中，人类的每一种有目的行为都是为了满足某种需要，但就"需要"本身而言，有些是潜意识的或隐藏的。不论谈判主体在表达需要时以什么方式描述，如果不存在某种未满足的需要和满足这种需要的可能性，人们就不会走到一起进行谈判了。谈判的需要理论认为，谈判的前提是，谈判各方都希望从谈判中得到些东西，所以各方才有必要进行谈判。

谈判的需求理论的重要性在于它能促进谈判者主动地去发现与谈判各方相联系的需要；引导谈判者对驱动着对方的需求加以重视，以便于选择不同的方法去顺势、改变或对抗对方的动机；在此基础上运用谈判策略或技巧，为谈判者在谈判中获得有利的局面和广阔的选择空间。

研究对手的谈判需求，在保证自己利益的前提下尽量满足对方的谈判需求，这才能获得更好的成功。

第一节　需要与谈判

马斯洛认为，人类的需要是分层次的，由低到高。生理上的需要是人们最原始、最基本的需要，如吃饭、穿衣、住宅、医疗等等，若得不到满足，则有生命危险。生理上的需要是最强烈的最基本的需要，也是推动人们行动的强大动力。安全的需要要求劳动安全、职业安全、生活稳定，希望免于灾难，希望未来有保障，等等。安全需要比生理需要较高一级，当生理需要得到满足以后就是安全需要。每一个在现实中生活的人，都会产生安全感的欲望、自由的欲望、防御的欲望。社交的需要也叫归属与爱的需要，是指个人渴望得到家庭、团体、朋友、同事的关怀、爱护、理解，是对友情、信任、温暖、爱情的需要。社交的需要比生理需要和安全需要更细微、更难以捉摸。它与个人性格、经历、生活区域、民族、生活习惯、宗教信仰等都有关系，这种需要是难以察觉、无法度量的。尊重的需要可分为自尊、他尊和权力欲三类，包括自我尊重、自我评价以及尊重别人。尊重的需要很少能够得到完全的满足，但基本上的满足就可产生推动力。自我实现的需要是最高等级的需要。满足这种需要就要求完成与自己能力相称的工作，最充分地发挥自己的潜在能力，成为所期望的人物。这是一种创造的需要。有自我实现需要的人，在竭尽所能，使自己趋于完美。马斯洛认为，人类价值体系存在两类不同的需要，一类是沿生物谱系上升方向逐渐变弱的本能或冲动，称为低级需要和生理需要，另一类是随生物进化而逐渐显现的潜能或需要，称为高级需要。

人都潜藏着这五种不同层次的需要，但在不同的时期表现出来的对各种需要的迫切程度是不同的。人最迫切的需要才是激励其行动的主要原因和动力。人的需要是从外部得来的满足逐渐向内在得到的满足转化。

马斯洛的需要层次理论，对我们分析双方谈判人员的需要是很有帮助的。

经济谈判的动力归根到底是为了满足人类的需要，经济谈判的直接目的多种多样，可以归纳为销售成果及其伴随的社会影响，如信誉。然而，商务谈判过程，容易让人忽视的是双方的生存需要、安全感需要、友谊需要、自我实现需要。比如，想通过谈判获得一定的经济利益；想通过谈判中自己的表现来获得上司、同事或对手对自己的人格、地位、能力、学识等方面的尊重；想通过谈判所取得的成绩来体现自己的价值；等等。谈判人员为了满足不同的需要，在谈判中所表现出来的态度和运用的策略也会有所不同。在多数情况下，商务谈判人员往往存在着多方面的需要，只不过是各种需要在其心目中所占的分量不同而已。这就要求我们不能只是简单地分析谈判者具有哪方面的需要，还要分析各种需要在谈判者心中的地位，即分析谈判者的需要结构。

一般而言，谈判者的需要结构受其社会地位、生活环境、文化水平、个人经历等因素的影响。研究表明，一个阅历丰富、有较高社会地位、生活环境较好、受过良好教育的人，更加渴望满足较高层次的需要，如获得尊重、自我实现等。在进行谈判前，可以通过各种途径，对谈判者的社会地位、生活环境、文化水平以及个人经历等方面的情况进行了解，并参考其性格、能力、气质、兴趣等方面的情况，对其需要结构进行分析。

第二节 谈判需要理论的运用

实践证明，注意以下几个方面并做好有关工作，能对满足谈判者的需要起着积极的作用。

一、最重要、最基本的是协调双方的物质利益关系

我们不可能在损害对方物质利益的前提下，让对方确信我们针对谈判的姿态是友好的、真诚善良的，只有充分照顾到对方的物质利益才能真正做到这一点。这里谈一点人们常犯的错误。

许多从事谈判的人喜欢在谈判桌前诉苦、哭穷，讲述自己在物质实力方面是如何的弱小，介绍自己的企业在物质基础上是如何艰辛，这实在是一种不明智的行为。民间有个对子，叫作"穷在闹市无人问，富在深山有远亲"，意思是：日子过得宽裕了，亲戚大多愿意走动。人家前来探望，并非都是为了占点便宜，但至少心里能放宽，不至于招来麻烦，如果穷苦人家度日艰辛，经常举债，要广交四方亲朋就困难得多了，甚至连左邻右舍也未必肯时常光顾，偶尔有人来大概也是来催还欠债的。明白了这个道理，那么我们在谈判中就一定要敢于展示自己经济实力的雄厚以及经济状

况的阔绰。

谈判中最基本的需求是对物质利益的追求，这一点一定要有十分清楚的认识。既要防止故弄玄虚、"玩唾沫沾人"的把戏，又要防止哭穷叫苦，寄希望于别人慷慨施舍的非分之想。而应本着互惠互利的精神去协调双方的物质利益关系。

二、安全需要是商务谈判中极为重要的一个问题

当今在市场营销中普遍存在着一种"销售恐惧症"的现象，这种现象也常见于商务谈判中。其担心有三：

（1）对对方实践合同的诚意和能力的担心。

（2）接货方对产品质量的担心。

（3）生产和经销方对市场的担心（即担心产品卖不出去而不敢进货或生产）。

因此，如何消除人们的戒备和疑虑成为推动谈判进程的一个十分重要的问题。双方应做到最基本的两点是多沟通、去狡诈。多沟通就是一个人要想方设法与对方接触，对于议案要反复做出解释。不要以为接触一两次人们就可以彼此了解了，更不要以为问题解释过一两遍对方就真的弄明白了。事实完全不是这样。人们的相互理解往往是个长期的过程。当一个人对于对方的谈判代表和议题缺乏了解的时候，他心中必然充满疑虑和戒备，而一旦理解了情况，疑虑和戒备也就随之消失了。去狡诈就是谈判者在谈判活动中要表现出厚道，有时甚至可以施展谋略，来一点韬晦之计。洞悉人类关于安全的需求，还有助于我们时时进行自我反思，在这场谈判中，我们是否有太多疑虑与戒备了呢？虽然说害人之心不可有，防人之心不可无，但防人之心太重也会使我们在谈判中显得过于保守、畏首畏尾、左顾右盼、错失良机。

三、要注意建立良好的人际关系

谈判人员并不是只讲物质利益的"经济动物"，而是一群有感情的人。他们一样追求友情，希望在友好的气氛中合作共事。而且，许多研究表明，谈判主体地位越高、名声越大，则在谈判中对于归属的需求越迫切。因为对这些人来说，一般的衣、食、住、行、生、老、病、死都不用伤脑筋了，生理和安全的需求也都已基本得到满足，剩下的大概就是对于孤独

的厌恶和恐惧。有人通过研究发现，在企业中最孤独的人是厂长和经理，一般的人都有属于自己的机构、团体或圈子，只有厂长、经理始终以"角色人"的面孔出现。有的人觉得他们高不可攀，同他们讨论问题很拘谨。而实际情况可能正好相反。尽管这些人表面上不苟言笑、一副威严的样子，但内心可能十分渴望听到几句"自己人的话"，因而，同这些人打交道、谈生意并不一定是件困难的事情。常听与名人显贵交往过的人讲起，这些人是如何的"平易近人""和蔼可亲"，这里面除了个人修养之外，也还有个心理需求的问题，因为这样满足了他们渴望得到归属的需求。这就要求谈判人员一方面要注意在谈判过程中应本着友好合作的态度，利用各种机会建立和发展双方的友情。比如：为对方举行宴会，邀请对方参加联欢活动，赠送礼品，回顾双方的愉快合作，等等。如果彼此之间建立起友情，相互信任感就会大大增强，让步和达成协议的可能性就会提高。

四、要注意尊重谈判对手

在与谈判对手交往中，要处处注意尊重对方的地位、人格、学识、宗教信仰等。例如，认真倾听对方的发言，适时地对对方所做的努力和工作成果表示赞赏，这是一种最高层次的尊重，也是人的高层需求的一种满足。商务谈判人员和平常人一样，都希望自己的工作富有成果，能得到别人的承认。在商务谈判中，适时地对对方的学识、见解表示佩服，对其主观上所做的努力和过人的能力表示赞赏，能使其心理上产生满足感和自豪感。尽管许多人都知道"良药苦口利于病，忠言逆耳利于行"，但在现实谈判活动中，人们还是更喜欢听到赞美、颂扬，而不喜欢听到坦率的批评，尤其是不希望别人当众揭自己的短处。一般来说，这种尊重有两个层次：一是言语上的赞美之词；二是在不得已的情况下，可以牺牲部分自尊需求去赢得谈判（但千万不能让对方觉得你是谦卑的）。

但同时也必须注意：①在保证自己获利的同时设法给予对方满足；②必须提高对方对我方让步项目的评价，降低对方对我方不能让步项目的评价。

当然，在多数情况下，谈判者各种需要是很难得到全部满足的。此时，我们就应该注意对谈判者的某些需要进行诱导，比如，多强调导致某种情况的客观因素，或改变其对某些需要的重要性的认识等，使之心理上得到平衡。

第三节　商务谈判的三层利益

　　任何谈判都至少涉及两个层次的利益,有时甚至涉及三个层次的利益,即个人利益、组织利益和国家利益。这三层利益如何融合、协调和平衡,对谈判结果常常起着决定性的作用。在谈判中,个人利益的代表是谈判者本人,谈判者同时还代表着组织和国家。当谈判者代表组织和国家参与谈判时,后者的利益就依赖于谈判代表来实现。组织在这里指的是各种不同所有制的企业,国家在这里指的所要主权国家。下面以个人、组织和国家的划分为基础,对这三个利益层次的相互关系加以详细分析。

一、谈判者的个人利益相对于组织利益

　　谈判者的个人利益和其物质需要与精神需要是紧密相连的。从人类的需求层次来看,尽管有些需求属于基本需求,有些需求属于高层次需求,但是无论哪一层次的需求,都与其所在工作的单位或组织以及所在的国家密切相连,特别是与其所工作单位的联系更为密切和直接。一个人为满足基本生活需求所需的货币收入取决于其在单位的工作表现和工作性质,其能力、地位和个人价值的实现也都与其在工作岗位上的努力和成就相联系。这种内在的联系会使其尽一切努力为实现组织的利益而奋斗,因为组织利益的实现同时也意味着个人需求的满足和利益的实现。鉴于此,谈判者在谈判中自然要把组织的利益放在首位并尽最大的努力实现组织利益;有时,即便个人利益与组织利益有一定冲突,谈判者还是愿意将组织利益放在首位。

　　然而,尽管个人利益和组织利益有如此密切的联系,个人利益也并非总是与组织利益保持一致,特别是当个人利益与组织利益发生尖锐对立的时候,个别谈判者往往会为了满足个人利益而牺牲组织利益。当个人利益占了上风时,谈判的结果可想而知,必然是谈判者为了获取个人的小利而牺牲组织的重大利益。

二、谈判者的个人利益相对于组织和国家的利益

　　个人利益和组织利益之间由于存在内在和直接的关联,因此比较容易取得一致,大多数情况下个人利益可以服从组织利益,但有时可能与国家

利益不能形成一致；从个人利益的角度看，国家利益有时显得很遥远，与个人利益的关系比较间接，因此国家利益常常被视为一个指导原则。

然而，当个人代表自己的国家，以国家的名义与另一个国家谈判时，其应坚决捍卫国家的利益，并尽一切努力实现国家的利益。因为在这种情况下，国家利益是如此重大，以至国家利益的损失不仅意味着组织利益的重大损失，同时也意味着个人利益的重大损失。中国"入世"谈判的首席代表龙永图曾经说过，当他代表中国与其他国家就中国的"入世"问题进行谈判时，他心中充满了强烈的爱国心和自豪感。在国家利益前，个人利益实在是微不足道。

组织利益和国家利益按理说应当是一致的，因为国家利益是全局利益的代表，但必须承认，组织也有自己相对独立的经济利益，具有使自身利益最大化的倾向。因而一些组织会趋利避害，为追求自己团体的利益而忽略甚至损害国家的利益。

然而，在双边谈判中，或者在企业对另一国政府的谈判中，企业就必须依赖政府或请求政府作为企业的代表与对方交涉。在涉及双边或多边国家关系时，由于涉及各方面的因素，其复杂性远远超出企业的能力和权力范围。一场经济纠纷可能要涉及国际政治、外交关系、国家安全等方面的问题，对于此类问题的谈判，只有政府出面才能协调各种关系，并且有权力做出有效的决定。当然，企业要求国家的支持并不意味着企业在政府的决策中不具有影响力。事实上，企业常常在国家的决策过程中发挥重要的作用，特别是当企业的利益与国家的利益完全一致时，政府在这种情况下无一例外全力以赴地为国家和企业的共同利益而努力。

第二章 商务谈判心理

谈判，作为人类最常见的社会活动之一，已贯穿于我们生活的方方面面，小至街头顾客和商贩的讨价还价，大至国家之间主权问题的交涉，都归属于谈判的范畴。谈判活动与商务活动的交叉，产生了商务谈判，而商务谈判心理学即是研究商务谈判过程中谈判者心理活动的学科。所谓"商场如战场"，自古打仗讲究"攻心为上，攻城为下""三军可夺气，将军可夺心"，同理，商务谈判过程中，心理学的应用也极其重要。精通商务谈判心理的谈判者，在谈判过程中往往能抢占先机，提前探知对方需要并制定出合适的谈判策略，可达到事半功倍的效果。

第一节 商务谈判心理学的本质

要理解商务谈判心理学的本质，需要先知道何谓"心理学"。心理学包括基础心理学与应用心理学两大领域，主要研究人类的知觉、认知、情感、意志、人格、意识、行为、人际关系、社会关系等的学科。其目的是通过对个体大脑及其神经系统运作的剖析，以描述、解释、预测和控制人类的行为。结合本书第一章对"谈判"的定义，可见商务谈判心理学，本质是一种在交换商务信息及达成商务协议的过程中，从人的需要出发，研究和影响对方心理，以谋求己方利益的活动。

第二节 商务谈判心理学应用的基础——人的需要

哲学家伯特兰·罗素有句名言："人类一切的活动都发生于两个来源——冲动与愿望。"从心理学的角度讲，"愿望"就是指人的需要，"冲动"是指人的动机。人类一切的活动，都源自于自身的需要，需要衍生出动机，当动机足够强烈就会触发行为。商务谈判作为一种社会活动，必然产生于人的需要，因而，商务谈判心理学应用的基础，也应从人的需要出发。

一、需要层次理论与优势需要

前文讲到,马斯洛需要层次理论将人们的需要分为五大层次,从低到高依次为生理需要、安全需要、社交需要、尊重需要以及自我实现需要。这五大层次需要的满足程度,决定了不同个体的人格发展境界,从根本上影响着其动机的形成,从而左右了特定情形下个体所做的选择。

从需要的满足难度和效用上看,较低层次的需要较容易满足,但获得的满足感也相对较少;而高层次需要则较难满足,但会提供更多的满足感。因此,人们会在先满足低层次需要的情况下,尽量追求更高层次需要的满足。从需要的强烈程度上看,目前尚未满足的最低层次的需要,往往会提供最为强烈的动机,我们称之为优势需要,而已经满足的需要,提供的动机较弱,我们称之为弱势需要。举个例子,当人们的安全需要已经获得满足时,社交需要就成为优势需要,而已经满足的生理需要和安全需要则转化为弱势需要,此时对归属感的追求会形成目前最强烈的动机。当社交需要获得满足时,其又转化为弱势需要,而尊重需要则成为优势需要,依次类推。

现实生活中,人们的各种需要是同时存在的,在不同的时间段,由于各种需要的满足程度不同,优势需要和弱势需要不断进行着转换,人们满足这些需要的动机强度也在不断产生改变。当动机的程度足够强烈以致超过意志力控制时,人们便会遵循动机形成不同的行为决策。因此,只要牢牢把握住对方的优势需要,就有可能在谈判中对对方的行为和抉择形成影响。

在商务谈判过程中,谈判各方所代表组织的立场及需要往往是提前设定的,保持着稳定性和一致性。而谈判者的优势需要却因自身需要的满足程度、时空的更迭和外部条件的改变而产生着转换,从而造成组织需要与谈判代表个人优势需要的差异性。当其个人优势需要足够强烈时,谈判对方代表就可能做出牺牲部分组织利益来满足自身优势需要的选择。因此,谈判者在谈判过程中,应时刻把握和诱导对方优势需要的变化,营造气氛环境,利用灵活恰当的沟通方式,使谈判朝自己有利的一方开展。

二、探知谈判对方的优势需要

在电视上,我们经常可以看到魔术师表演"读心术",在不看扑克牌的情况下,准确地"感知"观众抽取的花色数字。商务谈判过程实际上也类似一个"猜花色"的游戏,通常情况下,谈判对方会尽可能隐藏自己的底线。谈判者虽然可以提前获取部分信息,掌控部分形势,但大多数谈判结果依然是不可控的。精明的魔术师可以通过观察观众的神态动作等,准确地判断他们所取的牌式。谈判者一样可以利用观察和对话掌握对方心理,探知对方的优势需要,增加谈判的筹码。

根据心理学的研究,人的意识产生于大脑皮质,当人进行心理活动时,其所对应的大脑皮质区域会呈现活跃状态,从而在眼神、表情、肢体语言、语音语调和措辞上形成一定的表征。比如人在说谎或隐瞒时,眼睛会不自觉地向右上方看,眨眼频率加快,鼻子和脖子处会稍微发热,因而会有摸鼻子或抠领带之类的动作。另外,他们的声调会提高,笑容僵硬,谈话的内容也会刻意省略相关的话题及敏感词。在商务谈判过程中,对方所呈现的这些心理表征就成为重要的输入信息,谈判者可以据此探知对方的需要,及时进行谈判策略的修正。

探知对方的优势需要,第一步是营造轻松的谈判环境,给谈判对方适当的尊重。探知对方的需要,必须有与其需要相关的心理表征作为输入信息,而当谈判对方处在防御性心理状态下时,与其个人优势需要相关的心理活动往往被刻意地抑制或者覆盖,不能有效形成表征。因此,通过营造轻松气氛和适当尊重,消除对方的心理防御,取得对方的信任,是探知对方需要不可忽略的前提。

孙子兵法曰:"故迂其途,而诱之以利,后人发,先人至,此知迂直之计者也。"谈判新手往往错误地认为谈判即争论,在谈判场上横冲直撞,不留余地,结果闹得双方不欢而散。相比之下,谈判高手更懂得"迂直之计",他们深知进行商务谈判的目的是解决当前问题并达成对双方都有利的方案,给予对方足够的尊重,可以减少对方的抵抗情绪并互相建立信任关系,在保证谈判顺利的情况下,迅速有效地掌握对方的心理需要。

探知对方优势需要的第一步是聆听及观察。苏格拉底说:"上天赐给每个人两只耳朵,一双眼睛,而只有一张嘴巴,就是要人们多听多看,少说话。"尊重对方最好的方式就是聆听。聆听对方的发言,可以更深层次地了解谈判对方的需要,也可以从对方的言语细节、语音语调中发现隐藏的信息,从而制定相应的策略。比如对方突然转移话题、模糊应答、沉默、提高声调、颤抖、加快减慢语速或运用与平时不同的措辞,甚至夹杂攻击性词汇时，表明此时对方在刻意隐藏某些东西，谈判者应该提起注意并做下记录，以此揣测对方的目的。

观察一般指观察谈判对方的表情、神态和肢体语言。根据研究，人的脸部肌肉共有 43 块，可以做出超过一万种表情神态，而人的身体动作姿态更是无数。这些表情和动作细节，无不透露着某些心理信号。比如交谈时，对方手插口袋面无表情，眼睛看着另外的地方，而双脚朝向出口的方向，那么我们就可以解读出此时对方已对谈话内容失去兴趣，准备离开，也说明谈判提出的条件已无法满足对方的需要。

探知对方需要的第二步，是进行询问和诱导。商务谈判时，谈判双方都会隐藏自己的底线和目的，有时会泛泛而谈以迷惑对手，有时会反过来利用心理技巧进行欺骗和误导。因此，仅仅依靠聆听和观察还不能完全明确对方的需要。这时谈判者需要通过询问来获取更多的信息，并对之前已经解读出的信息进行验证。询问方式根据提问者对问题的可控程度分为普遍性提问、限定性提问和诱导性提问。普遍性询问答案是不可控的，诱导性较弱，比如"贵公司接下来准备采用什么策略解决这个问题"。限定性提问的答案在一定范围内是可控的，诱导性偏强，比如，"以下三种方案，您比较倾向接受哪一种呢？"诱导性提问则是完全可控的提问方式，问题的答案通常只有一个，其诱导性也极强，比如，"请问这是不是已经存在的事实？"谈判者可以通过一连串提问的设置，逐渐诱导对方向自己期望知道的答案出发，从而准确得知对方的需要。

三、寻找满足优势需要的可替换方案

前面提到，谈判者个人优势需要可能与组织需要产生偏离，谈判者需要依靠自身的意志抑制优势需要和对应的动机，以保证其决策符合组织需要。在商务谈判过程中，对方谈判代表可能会在某个问题上不肯让步，究其原因有二：一是目前的方案不能满足其组织需要，也不能满足对方谈判者的个人优势需要；二是目前的方案不能满足其组织需要，虽然能满足对方谈判者的个人优势需要，但不能产生足够的动机突破对方维护组织利益的意志。此时应通过寻找一些替代方案，以求增强对方谈判者的个人动机，促使其做出较有利于己方的决策。

替代方案的选择，应至少能满足对方谈判者目前的优势需要，并在总体利益得到保证的情况下，尽可能满足其更高层次的需要，直到对方谈判者产生足够强烈的动机以做出让步。比如，人们生理需要获得满足时，其安全需要会转化为优势需要，满足其安全需要会成为其个人目前最强烈的动机，然而该动机却可能不足以突破意志力来改变其目前的决策。如果要对其决策产生影响，就应该满足其安全需求，并考量归属需求能否产生足够的动机，以此类推。

在电影里，我们经常会看到审讯人对被审讯人进行威迫利诱让其供出背后组织秘密的场景，这就是利用替代方案的极端例子。审讯人会首先剥夺被审讯人的所有需要，让其所有的需要都得不到满足，比如食物、睡眠等，让其产生优势需要，观察其优势需要产生的动机强烈程度，并逐渐用满足更高层次需要的手段增强动机，直到被审讯人维护组织利益的意志被满足个人优势需要的动机胜出。比如，审讯人会在被审讯人饿得奄奄一息时供给食物和水，接着保护其安全，甚至赠予其金钱、官职和名声，大多数情形下，被审讯人最终都会屈服。

同样，在商务谈判里，替代方案的提出是谈判者维护己方利益最有力的武器，谈判者尽力探知对方谈判代表的优势需要也是为这个目的服务的，是谈判者攻陷对方心理的最关键环节。在出现谈判矛盾时如何快速地考量整体收益，制订优秀有效的替代方案，是对谈判者能力最好的考验。

第三节　动机的强化与抑制

人的动机是指其采取行动满足自身需要的倾向，需要越强烈，对应的动机越强，人就越有可能采取行动。然而，人也可以通过意志力对动机进行抑制，只有动机足够强烈，突破意志的限制，人才会选择行动来满足需要。

在商务谈判中，仅仅依靠替代方案，单纯地满足谈判对方个人优势需求可能会造成成本过高的情况，而对方谈判者如果意志力足够强，自始至终贯彻组织的需要，替代方案也可能失效。此时，谈判者可以通过外部方法，即心理学所提到的外部诱因，来强化对方的动机，增加方案成功的概率。

外部诱因可以是人为的，也可以是自然形成的，其作用是从外部强化人的动机，促使行为的形成。外部的诱因种类繁多，无法一一细述，在此仅提供其中的制造外部诱因的方法以供探讨。

一、通过"互惠原则"强化动机

假如你被邀请去参加一个生日宴会，相信你在赴宴时都会为主人精心准备一份生日礼物；假如某天某人帮了自己一个小忙，那么我们也会记挂着找个时间请他吃饭说声谢谢。在中国，大部分的父母从小就将"滴水之恩当涌泉相报"的观念灌输给孩子，而在外国，父母也常教育儿童"施比受更有福"。久而久之，受人恩惠必须回报的认识就深深扎根在每个人的脑海里。"互惠原则"利用的就是这种心理，提前给予对方一些小恩惠，从而让对方感觉"欠了人情"，产生"回报"的想法，以此强化其动机。在商务谈判过程中，谈判者可以事先主动为对方提供一些出乎意料的好处，为接下来争取重点利益做足准备。

二、通过"稀缺原则"强化动机

物以稀为贵，人们总是偏好珍惜的东西。展示"稀缺性"是商务谈判过程中运用非常广泛的一种心理策略。对于大部分参与谈判的人来说，他们当然希望谈判可以达成对双方都有利的协议，然而他们也同样期待可以为己方争取到尽可能多的利益。有时一个谈判方案虽然已经满足对方的需要，对方却仍然可能摆出一副不满意的姿态，这时通过"稀缺性"展示，就犹如临门一脚，可以及早促成方案的通过。

三、通过"权威原则"强化动机

人们在遇到问题和抉择的时候，总是习惯参考权威的意见：购买车子房子要咨询权威中介，选择投资工具要找权威经纪人，遇到技术问题要请教权威专家……权威为本是同质的产品和服务提供额外的可信度，使其获得附加值。"权威原则"也可运用于商务谈判，以强化谈判对方决策的倾向。谈判者可以适时于谈判过程中陈列由权威人士或机构出具的资料证明，描述与权威人士或机构合作的经历项目或干脆由权威人士作为谈判代表之一参与谈判，从而加强己方方案的可信度，强化谈判对方做出对己方有利决策的动机。

四、通过"惯性原则"强化动机

昆虫学家法布尔曾做过一个实验，他发现黄蜂在储存猎物之前总习惯先检查一遍自己的洞穴。在黄蜂丢下猎物爬进洞内的时候，法布尔悄悄把它的猎物往别处推移。黄蜂检查完出来后，把猎物拖近洞口，又再次回去检查自己的洞穴。法布尔把猎物推开了40次，黄蜂每次都要重新检查一遍自己的洞穴。人与黄蜂一样，会逐渐习惯于重复同一种思维模式或行为模式，即思维和行动的惯性。一旦形成惯性，人们就会更愿意接受与惯性相符合的事物。美国心理学家威廉·莫尔顿·马斯顿博士将人的行为模式区分为支配型、影响型、稳健型和服从型四种，每一种行为模式都有特定的激励形式。商务谈判中，谈判者应提前了解对方的行为模式和思维模式，把握谈判内容，对症下药。比如对影响型谈判者，可以多使用赞美与认可，争取他们的信任，而对于稳健型谈判者，则多用严谨的推理和充分的证据来进行说服。

五、通过"求同原则"强化动机

物以类聚，人以群分。人们总是比较喜欢与自己拥有许多共同话题，与自己拥有相似性格、经历和兴趣的人相处，因为这样会得到更多的理解及认同感。在进行抉择时，他们也会偏向听取与他们相似的人的意见。商务谈判过程中，谈判方要注意设身处地了解对方的想法，并通过一些小窍门给予对方认同感。谈判方可以提前搜集信息，并选择性格及背景与对方代表相似的谈判者。谈判者在谈判过程中应认真倾听对方发言，并适时通过表情、语言和肢体动作给予肯定。FBI肢体语言专家乔·纳瓦罗在他所著的巨作《FBI破解身体语言》中还提到了一种迅速获取认同感的方法——模仿。谈判过程中，谈判者也可以通过模仿对方的神态、手势动作、语音语调及措辞等进行沟通，给对方制造"这个人跟我很相似，我要相信他"的错觉。

六、通过"比较原则"强化动机

《论语·季氏篇第十六》记载了孔子论治国的一些思想，其中有孔子对国民特性的一个概括："不患寡而患不均"，意思是人们并不担心分得少，而是担心分配得不均匀。商务谈判实际上是双方争取利益进行的博弈，当一方觉得利益分配不公时，谈判很有可能陷入困境。反之，当一方觉得利益分配对自己有利时，他会尽力促成谈判。谈判者欲强化对方做出决策的动机，就要让对方感觉方案的分配对自己是公平的，让其产生一种优越感和被尊重感。制造这种感觉，可以运用"比较原则"。谈判者可以将自己从方案获得的显性利益陈列出来，让谈判对方进行对比，也可以陈列自己给予对方之外的商家的待遇，突出已经给予谈判对方的"特殊优惠"，从而让对方主动促成谈判。

第四节　心理锚定及谈判中心理锚的设定

一、锚定效应

人对事物的认知，首先来自于信息的接受。外界信息，通过感官系统如视觉系统、听觉系统等传递至大脑之中，形成短时记忆。这些短时记忆在经过编程、叠加、删除和系统化之后，就转化为长期记忆。长期记忆加上人自身的思考延伸，便构成了其对于事物的认知。由此可见，认知是一个逐渐积累的过程，而首次接收到的信息形成了积累的基础，加上没有其他存在信息的干扰，这些信息对大脑的刺激往往最为强烈，对认知的影响也最大。美国社会心理学家洛钦斯在20世纪50年代就发现并通过实验证明了这种"先入为主"式的认知模式，并将其称为"首因效应"。他认为，沟通双方对彼此形成的第一印象，对之后的交往有着显著而牢靠的影响，人们更容易根据第一印象采取对待对方的态度。

对"首因效应"的研究，衍生出了之后的"心理锚定"理论。"心理锚定"也称为"锚定效应"，由美国心理学家卡纳曼和特沃斯基于20世纪提出和证明。他们指出，那些先入为主的、显著的证据，总是能更多地左右人们的判断，甚至导致他们产生扭曲的认知，偏离客观的事实。这些先入为主的信息，就像一只沉入海底的船锚，让人之后的心理活动都围绕此展开。

锚定效应已经被广泛运用于各个领域，比如销售领域、谈判领域、教育领域、投资领域等。日常生活中，我们经常会见到一些应用锚定效应的例子。比如，有时我们会发现超市将大小罐包装的奶粉放在一起，大罐的奶粉为1kg装，售价300元，小罐的奶粉则为500g装，售价180元。相比之下，消费者会偏向于购买大罐的奶粉，从而增加了大罐奶粉的销售量，减少了超市大罐装奶粉的库存。实际上，小罐奶粉的重量和标价，就是超市设定的一个心理锚，消费者一旦被锚定，就会不自觉地想购买大罐奶粉，因为以小罐奶粉作为参照，大罐奶粉的价格更为便宜。又比如，在股票投资中，当市场处于"牛市"或"熊市"的时候，人们总是观察到他们手中持有的个股股价，与大盘指数总是呈现相同的波动趋势。久而久之，这个"证据"就形成了投资者的一个心理锚，当人们看到大盘指数下滑的时候，总是会认为自己持有的股票股价会下跌，虽然市面上并没有任何负面的消息，也没有证据显示有资金流出，但他们依旧会"错杀"这些股票。

二、心理锚的设定和应用

在商务谈判过程中，谈判者可以提前为对方设置心理锚，限制或诱导其心理活动。设置心理锚的第一步，是了解什么是对对方容易造成冲击的信息，比如对于价格敏感型的谈判者，就运用价格作为心理锚，对于愿景型的谈判者，就运用愿景作为心理锚。另外，谈判者也可以通过制造"光晕"增加心理锚的强度。"光晕效应"是指当个体对某一个人的某种特性留下好或坏的印象后，他会据此推论这个人的其他特性，认为其他特性也是好的或坏的。谈判者应提前营造"光晕"，通过各种途径博取对方谈判者的好印象。

设置心理锚的第二步，是对心理锚的信息进行设计。信息的设计应该具有两方面的特征：一是该信息可以成为对方注意的焦点，二是信息对对方心理具有限定性或诱导性。要唤起对方的注意，谈判者可以从信息的异常性、利益性以及重复频率下手。比如，他可以故意犯一个错误，把条件开得超乎常理，并且多次有意无意地提及这条信息，甚至运用语言和动作对信息进行强调和重复。对方对信息集中的注意力越多，就越容易被信息"锚定"，被信息所左右。信息设计需要有限定性或诱导性，以便于排除不期望的答复。比如，在销售产品时，谈判者应该运用"既然您很欣赏我们的产品，那以下三种产品您打算购买哪一种呢？"这样的语句，而不是问"您是不是想购买我们的产品呢？"，从而将对方的答案限制在产品的三选一中，排除掉对方不购买的可能性。

设置心理锚的第三步，是进行连续锚定。要达成组织谈判目标，不可能一蹴而就，商务谈判的心理策略应用，应该具有连续性和系统性，心理锚的设置也应如此，让每个阶段的效果环环相扣，互相呼应，如连环计一般巧妙。"登门槛效应"就是连续锚定最典型的例子。心理学家发现，人们并不愿意一开始就接受较高的要求。这时，如果将要求分割成容易达成的小要求，人们会很乐意接受，而且慢慢地他们会接受更高的要求。这是因为人们将前一个要求当成了"锚"，从而有了"这一次的要求并没有比上一次高很多，也会很容易达成的"这样的想法。商务谈判过程中，谈判者也可以利用这种效应，将要求和条件进行分割，逐渐达成谈判目标。

第五节　商务谈判中的心理防御

商务谈判中，如果仅仅擅长进攻而不注重防御，很容易被对方抓住弱点，反过来被诱导和利用，从而先机尽失。古语云："知己知彼，百战不殆。"谈判者不仅要掌握对手的资料，制定好进攻策略，同时要内省自身，锻炼心理素质，做好心理防御。

一、充分准备，填补短板

谈判之前的准备十分重要，谈判者不仅要尽量搜集对方信息，布置好谈判环境及与对方建立好关系，其自身的需要也要尽可能得到满足。商务谈判心理策略是以人的需要为基础的，自身的优势需要假如不能与谈判目标保持一致，便有可能成为对方重点进攻的弱点，因而谈判之前谈判者应进行自查，锻炼自身的意志力，填补可能被对方利用的心理空隙。

二、不卑不亢，沉着冷静

谈判者在谈判过程中，应时刻保持冷静、谨慎，做出适宜的姿态。聆听时要细心谦虚，守护立场要坚定果敢，且要尽量减少情绪的波动和语言、动作泄露的信息。谈判者不能忘记，对方也有可能是心理策略运用的高手，可能一个小小的纰漏就会被看出端倪，暴露自己的底线，反过来被对方所利用。

三、灵活多变，以守为攻

谈判方无法阻止信息流出的情况下，也可以采用灵活多变的手法迷惑对方，让其不明虚实，真假难辨。比如，临时更换谈判代表、频繁切换话题或姿态等。所谓兵不厌诈，当对方攻势强烈时，不如效法诸葛孔明"披鹤氅，戴纶巾，手摇羽扇，引二小童携琴一张，于城上敌楼前，凭栏而坐，焚香操琴，高声昂曲"。当对手迷惑迟疑之际，就有可能暴露弱点，己方可用之扭转局势。

四、总结经验，再接再厉

对于大部分谈判新手来说，难免遇到一两次的失利，从而产生挫折感。前期积累的挫折感若不能及时排除，会极大地影响之后的发挥，每次遇到相似境况就产生恐惧感，害怕自己会再次"滑铁卢"。因此，谈判者应该在每次谈判之后及时总结经验，找出自身的优势加以发挥，发现自身的不足加以修补，方能不断积累经验，不断成长，建立良好的自信心及心理素质。

第三章 谈判思维

谈判思维是指谈判者在谈判过程中理性地认识客观事物的行为与过程，是谈判者对谈判活动中的谈判标的、谈判环境、谈判对手及其行为间接的、概括的反映。

在商务谈判中，自始至终都是人的思维在起作用。思维是谈判的原动力，语言是表达人类思维的工具。谈判中双方策略的运用和调整，实际上就是双方思维能力的较量。对谈判的双方来说，在既定的客观条件下，如何正确地分析、判断对方的谈判实力、谈判策略、谈判心理以及在谈判中提出的每一项建议和要求，如何充分地调动有利因素，避开不利因素，争取谈判优势，这一切都有赖于谈判者科学正确的思维和逻辑。

第一节 什么是谈判思维

人类将自己对情感信息的处理过程称为思维。如同主机、键盘、鼠标、内存条、中央处理器、硬盘和显示器等是电脑的硬件，程序、程式等携带的信息资料是电脑的软件一样；人的感觉器官眼睛、耳朵、鼻子、舌头、皮肤以及内脏、大脑、小脑和生殖器官等是"硬件"，外在的信号以及感觉信号所携带的信息内容就是人的"软件"。人类将自己对自身"软件"的加工即信息内容的处理过程就叫思维。

思维分广义和狭义的概念，广义的思维是人脑对客观现实概括和间接的反映，它反映的是事物的本质和事物间规律性的联系，包括逻辑思维和形象思维。而狭义的心理学意义上的思维专指逻辑思维（logical thinking）。

逻辑思维，是指符合事物之间关系（合乎自然规律）的思维方式，是一种确定的、前后一贯的、有条理、有根据的思维。从逻辑思维形式上说，谈判思维过程就是运营概念进行判断、推理和论证的过程。概念、判断、推理和论证既是谈判思维过程的四个环节，也是谈判思维的四个基本要素。其中概念是谈判思维的出发点，判断是概念的拓展，推理和论证则是前者的联系和转化形式。

一、概念的运用

概念是反映对象的本质属性的思维形式。人类在认识过程中,从感性认识上升到理性认识,把所感知的事物的共同本质特点抽象出来,加以概括,就成为概念。表达概念的语言形式是词或词组。

概念具有两个基本特征,即概念的内涵和外延。概念的内涵就是指这个概念的含义,都有必要条件即客观事物(客观对象),其中必要条件唯独只有一个,充分条件有多个。条件越多,概念外延越小。条件都是带有作用性质的。比如,杯子要有空间,才能承载,而且是用来盛水、酒等液体,同时是器皿类(定义项中不能直接或间接地包含被定义项)。所以,杯子概念的含义是指用来盛水、酒等液体的器皿。如果知道充分条件就能大概反推出所属的事物或对象。因为它一定和客观存在的事物相联系。另外一种解释是该概念所反映的事物对象所特有的属性。例如,"商品是用来交换的劳动产品"。其中,"用来交换的劳动产品"就是概念"商品"的内涵。概念的外延就是指这个概念所反映的事物对象的范围,即具有概念所反映的属性的事物或对象。例如,"森林包括防护林、用材林、薪炭林、特殊用途林",这就是从外延角度说明"森林"的概念。概念的内涵和外延具有反比关系,即一个概念的内涵越多,外延就越小;反之亦然。

在谈判中,概念是抓住谈判议题本质及其内部联系的基础。很多谈判高手,常常利用概念内涵外延方面存在的模糊概念,从"概念"入手,利用诡辩误导谈判对方,使其失去判断方向,从而达到自己期望的条件或结果。

二、判断的作用

判断是肯定或否定某种事物的存在,或指明某一对象是否具有某种属性的思维过程。判断有以下四个逻辑特征:两极性、判定性、统一性和真假性。与普通思维的"是则是""否则否"的静态断定不同,辩证思维坚持"是中有否"的动态断定。这种动态判断的思维有四组对立统一的方面:同质性与差异性、肯定与否定、特殊与一般、现象与本质。在商务谈判中,这四组对立统一的判断思维无处不在。

(一)同质性与差异性

洛克(John Locke)在《人类理解论》中引入了"同一"概念,他说:"我们如果把一种事物在某个时间和地点存在的情形,同其在另一种时间和地点时的情形加以比较,则我们便形成同一性(identity)和差异性(diversity)的观念。"同一与差异在概念上告诉人们在共性现象中存在差异现象,即同类不等于毫无差异。差异是对同一事物客观认识的必然存在,否则无从谈及正确的判断,如"和而不同"。在谈判桌上,不一定总是紧张地讨价还价,还可以依对象差异、议题差异采取轻松的方式谈想法,想办法共同解决问题。

(二)肯定与否定

在商务谈判中,肯定和否定则充分表现在讨价还价的受盘和还盘过程中,基本是接受对方的部分条件,修改或拒绝部分条件,也就是肯定对方的部分立场,又否定对方的部分立场的过程。同时,双方也会据此判定谈判桌上的情形,调整谈判策略,推进谈判进程。

(三)特殊与一般

特殊指单个的、特殊的事物,一般指事物在现象上和本质上的共同之处。特殊与一般的对立统一思维,就是指人们常说的特殊性和普遍性的关系。特殊与一般在谈判中得到应用广泛,是谈判人员最常用的辩论武器。比如,在谈判中,经常碰到"标准报价不能改动"的说法。那么,标准报价到底能不能改动呢?这类报价的"不变性和可谈判性"值得思考:是全部产品还是单一产品,或者是同样数量还是不同数量的条件不可谈判?这样甄别后,恐怕答案就会多元化了。可见,在谈判中,没有不能谈判的价格。

(四)现象与本质

在实践中要注意把现象作为入门的向导,通过现象去认识事物的本质,实现现象与本质的统一。在谈判中,要从表面看到事情的内涵和本质。只有抓住本质、抓住实质问题的思维才是突破性的谈判思维,否则只会盲目而不得要领。

谈判中若对方向己方诉苦,或表现出激动、愤怒、委屈,甚至透露其内部矛盾时,要想想是否反映了问题的真正本质,要透过现象去找出原因。同时,也要注意防止经验主义和教条主义。经验主义否定感性认识到理性认识的转化,也就是否定现象到本质的转化。教条主义否定理性认识到感性认识的转化,也就是否定本质到现象的转化。

三、推理的应用

推理是在分析客观事物矛盾运动的基础上,从已有的知识中推出新知识的思维形式。无论是辩证思维还是形式思维,都是由前提和结论构成。也可以说,推理由概念和判断构成。从思维活动的角度看,商务谈判的过程就是一个复杂的推理过程,谈判决策与谈判策略的变换,是类比、归纳和演绎推理思维的最后环节。因此,在谈判过程中,存在着如何认识推理过程及如何运用推理方式的问题。

四、论证的形式

论证是运用辩证的矛盾分析方法,以一些已经被证实的判断来确定某个判断的真实性或虚假性的思维过程,也就是综合运用概念、判断、推理等各种思维形式及其规律和逻辑方法的过程。通过论证,达到认识矛盾、解决矛盾的目的。论证一般由论题、论据和论证方法三个因素构成,论证过程对谈判策略的实施和运用具有更为重要的意义。

第二节 商务谈判思维方法

"行成于思",强调了行为的成功取决于思维。把思维方法和艺术成功地运用到商务谈判中,就可以使谈判富有预见性,大大加大谈判成功的概率。思维方法通常包括辩证思维、权变思维、逆向思维和诡辩思维。

一、辩证思维

提高商务谈判思维能力,最重要的是学习辩证思维,精通各种谈判因素的正确关系,才能成功驾驭谈判中的各种复杂情况。下面列举几种比较常见的关系因素,略作分析。

(1)要求与妥协。谈判中既有要求,也有妥协才能最终达成共识。甲方的"要求"是为了得到乙方的"妥协",而乙方"妥协"就是为了"要求"甲方。在谈判准备阶段,需要准备足够充分的"要求"与"妥协"的条件,否则容易造成"所得少"或"吃亏大"的局面。

(2)放弃一口价。只要双方同意谈判,就等于否定了一口价;只要双方坐在谈判桌上,就等于否定了所谓的"标准价"。不论是一口价还是标准价,只能当作谈判的工具、价格的幌子,谁接受或承认它们,就等于作茧自缚。只要你不承认不接受,你就是自由的,就可以放手去谈判,就可以讨价还价,改变原来报价,争取谈判后的新报价。

(3) 丑话。俗话说"丑话说在前头",丑话就是申明规则和违规惩罚,讲明道理和要求,提前摆出那些利害相关的话。丑话在先,本身就是谈判的重要内容,就把谈判中可能存在的隐患提前除掉了,可以帮助谈判顺利完成。在实际的商务谈判中,讲丑话是谈判者的一大忌讳,尤其在熟人、朋友或特殊关系的谈判对手之间。不敢设想或顾虑未来的危机和可能发生的纠纷,怕说出来"伤感情""伤面子",那才是真的"丑恶"外露了。

二、权变思维

权变思维也叫应变思维,是实践活动中运用最为广泛,也是最重要的一种思维方法。圆若用智,唯圆善转,凡智慧和谋略都需要随机应变、圆满通达,如果思想僵化、固执己见,缺乏应变能力和通达能力,即使有很高的科学思维水平和价值思维水平,也很难得出创造性的结果。在商务谈判中尤其如此。商务谈判不能通过常规程序、常规路径、常规方法去解决,必须使用权变思维随机应变,根据谈判情境,不断变换策略应对各种复杂局面。

在随机应变各种谈判情境时,要注意遵循以下三大原则:假设性原则、对应性原则和变换性原则。

(1) 假设性原则。所谓"知己知彼,百战不殆""凡事预则立,不预则废",讲的就是假设预测的重要性。而"模拟谈判"就是对假设性原则的高度发挥。在谈判中,要注重"模拟谈判"对实质谈判的意义。

(2) 对应性原则。商务谈判策略使用要对应不同的对象、不同的内容、不同的时间和地点。对应是"道高一尺魔高一丈",一切尽在掌握中。

(3) 变换性原则。英语谚语:"A country does not have permanent friends, only permanent interests."(没有永远的朋友,仅有永远的利益),对一个国家是如此,在商场上也是如此。时间会改变一切,我们要坚持谈判策略的变换原则,不能"以不变应万变""一条道走到黑"。

三、逆向思维

逆向思维法是指为实现某一创新或解决某一因常规思路难以解决的问

题而采取反向思维寻求解决问题的方法，反其道而行之。在商务谈判中，为了实现谈判过程中的某项目标，通过逆向思维来实现。在传统的动物园内，无精打采的动物被关在笼子里让人参观。然而有人反过来想，把人关在活动的"笼子"里（汽车中），不是可以更真实地欣赏大自然中动物的面貌吗？于是野生动物园应运而生。司马光砸缸救人是大家熟悉的故事。在缸大、水深、人小、救人困难的情况下，司马光急中生智，不直接拉人出水，而是拿起石头砸破水缸，让水流出，使落水的孩子得救。这也是逆向思维的体现。

在谈判中，由于对方的诱导，谈判者往往更易采取顺向思维，逐渐进入对手设下的圈套，如顺其应答会发现自己十分被动，会受制于人和受审于人。此时，换个思维角度，采用逆向思维方式则是进攻和防卫的有效论战武器。

四、诡辩思维

亚里士多德曾经说过，诡辩表面看起来像是推理，但并不真是推理，而是真实与虚妄之间的一种相似。在商务谈判中，任何不违背法律和行为规范的做法都是允许的。在谈判中往往会运用到诡辩思维，迷惑对方，使对方上当。在运用诡辩思维时，要注意做到有节制，把握尺度。同时，碰到对方使用诡辩来迷惑自己的时候，要能识破这种诡计，防止陷入对方的圈套，丧失自己应得的利益。

常言道"无理狡三分"，说的就是那种明明没有道理，但还像有理一样、振振有词的情况。其实，许多老练的谈判者为了摆脱谈判中的困境，常常把诡辩思维当作防卫手段来运用。诡辩不同于狡辩，它让你觉得存在问题，但又不知道问题出在哪里，而且一个诡辩常常伴随着极富智慧的逻辑体系，在诡辩思维的攻击下，谈判对方往往阵脚大乱。

从诡辩思维的招数来看，有"平行论证""以现象代替本质、以相对为绝对""折中主义""攻其一点，不见其余"这几招。它们的共同特征是沾一点边，据一点理。因为总有点能说出的道理，就有可能借题发挥，争取即刻的效果，或平衡对己不利的气氛，或避开对手的攻击，或拖延摊牌的时间，等等。

（一）平行论证

平行论证也叫"双行道战术"，即当你论证对方的某个弱点时，对方虚晃一枪，另辟战场，抓住你的另一个弱点开战；或者故意提出新的论题，在谈判桌上同时论证，使谈判失去中心。著名的"价格—质量—服务—条件—价格"循环逻辑谈判法其实就是平行论证的具体表现。如果对方在价格上要挟你，那就不妨和他谈质量；如果在质量上苛求你，就和他谈服务；如果在服务上挑剔你，就和他谈条件；如果在条件上逼迫你，就和他谈价格。总之，避开对方的焦点，逃脱对方的批判，继续坚持自己的立场。

（二）虚张声势

这种诡辩思维就是强调问题的表现形式，虚张无关紧要的利害关系，把一个相对的判断与绝对的判断混合，并以此去压倒对方的做法。在谈判中，用相对判断方法迫使对方接受新立场，有时也很见效。

（三）折中主义

谈判中双方发生分歧，人们往往采用折中的方法以求双方都满意。而泛用折中则是对分歧不做具体分析，纯粹搬弄抽象概念，从而把双方的分歧混为一谈。

（四）攻其一点，不见其余

这是在谈判中抓住对方一点，以要挟或抨击，不做全面公开评价的做法。如在谈判中抓住对方某个零件报价不合理，进而推断整个报价都不合理，或抓住对方表述中不正确的部分纠缠不休。要注意的是，这种方法往往使谈判气氛相当紧张，如果使用不当，可能造成谈判僵局。所以，洽谈人员应尽量避免以此种方法对付一个怀有良好合作意愿的谈判对方。

五、创造性思维

创造性思维实际上是一种发散性思维。从广义上看，所谓创造性思维，是人们利用已掌握的知识和经验，从某些事物中寻找新关系或者新答案，创造新成果的高级的、综合的、复杂的思维活动；从狭义上看，所谓创造性思维，也可具体地指在思维角度或思维过程的某个或某些方面富有独创性，并由此而产生创造性成果的思维。创造性思维不像逻辑思维那样具有系统的理性，而更多地表现为思维的扩散、逆向、侧向、转向、想象、联想、直觉和灵感。

以扩散思维为例。扩散思维是指从一点出发，向各个不同方向辐射，产生大量不同设想的思维。扩散思维在商务谈判中的应用，是指同时对谈判议题各方面进行全方位扫描的思维形式。它的优点在于多路出击或消除死角，使论题各个部分暴露在谈判桌上，以便各个击破。

例如，在对一笔煤炭交易的价格谈判中，当作为卖方出现时，买方的发散性思维艺术可以这样来扫描：首先想到"煤质"，即发热量（其热值由是应用基、空干基还是干基计算而得，不同条件热值相差几百大卡）和全水分（即在空气中，外在水分及煤的内在水分直接影响煤炭的重量），作为动力煤还要求考虑含硫量、含氯量，作为家庭用块煤，还要求考虑燃烧后残渣量等。根据不同动力设备，有的还要求灰熔点。

其次是价格性质，是离岸价还是到岸价。由于煤炭是大宗商品，运输风险较大，多数用户要求报到岸价，而到岸涉及船及目的港，船大运费低、船小运费高。5万吨的船与10万吨的船平均吨运价可相差2～3美元。目的港涉及路线远近、运河费、保险类别、港口可停船的大小、卸率大小等。

最后是价格政策。针对地区市场的竞争情况，国家统一协调价格及对该笔交易的利润追求，价格可以调整多少。在这些因素中，通过全方位的扫描分析，把谈判的症结一一化解。总之，发散性思维能对某一论题进行多角度、全方位的思考与分析，能够开阔思路，打破僵局，得出客观的结论。

第三节　谈判思维的障碍与误区

在谈判中，由于知识结构和社会经历等方面的差异和原因，谈判者会存在不同的障碍和误区。

一、谈判中的主要障碍

谈判思维障碍不仅在低层次的谈判者身上容易发生，在高层次的谈判者身上同样可能产生。其表现形式主要有：违背逻辑思维。谈判者的思维方式不合乎逻辑，不能反映出谈判者看待事物发展的规律性。谈判者的谈判过程中概念不清或概念模糊，判断不准确或判断不全面，推理及论证方式犯有逻辑错误。在逻辑思维中，既有低级（即形式）逻辑思维，也有高级（即辩证）逻辑思维。依靠低级逻辑思维有其固定的、表面的、单纯的认识问题的缺点。

(一) 目标不明

谈判者对谈判的目的不明确，或目的混乱或主次不分，不知道自己所要追求的主要结果是什么，谈判的意图不清楚，最易导致思维不清晰、条理混乱。例如，谈判者因谈话的意图不清，很容易导致闲聊乃至瞎扯；又如，谈判者在追求利益与达成协议间发生矛盾时，不知道主要的目的是什么，抓不到重点，思维混乱，无的放矢。目标不明还易导致谈判的主线不清，对谈判所要达成目的的计划、步骤不清楚，经常从一个话题跳到另一个话题，或纠缠于细枝末节，结果越谈越混乱，越谈越迷茫，身陷其中而不能自拔。

(二) 思维定式

思维定式是指人们对事物的观念根深蒂固，形成某种一成不变的看法。思维定式主要来源于人们过去的经验，经验越多，其趋向就越强。在遇到新事物时，人们总是根据自己过去的经验去推断。如经验告诉人们，火会烧伤手，某人很讲信用，某厂家的产品质量差，等等，于是就会不去碰火（实际上戴上石棉手套，火是可以碰的），愿意跟某人合作（实际上对某人的了解并不是全面的），不愿买某厂家的产品（实际上质量是可以改善的）。由于人们认识事物的环境、时间、角度不同，得出的结论往往是不同的。个人的经验总是有局限的，只从自己的角度、自己的经验去理解事物，就容易产生思维的僵化乃至偏见，这是思维障碍的主要原因。所谓"成功是失败之母""唯一不变的是变化"，克服思维定式就必须以发展的眼光、换位的思维看问题。

(三) 晕轮效应

晕轮效应也称光环效应，是指人们形成对事物的局部看法而影响对事物整体的看法，就像太阳的"晕轮"使太阳看起来大了许多。例如，在谈判活动中，谈判者往往容易因对手某一个方面的品质和特征特别明显而产生深刻印象，这一印象对谈判者产生强大的干扰，使其看不清对手其他的品质和特征，进而对对手做出片面的判断。又如，认为"年轻"就缺乏经验，"教授"一定学识渊博，"穿着气派"一定有钱，"囚犯"一定很坏，等等，人们的头脑中就是存在这样那样的假设。而假设与事实毕竟是两码事。要克服晕轮效应，就必须学会辩证地、全面地看问题，以事实进行求证。

(四) 归因错误

人们通常愿意把自己的成功归因于自己的能力和主观努力，把自己的失败归因于客观原因，而把别人的成功归因于客观原因，把别人的失败归因于主观原因，从而影响对人、对事的正确判断。这种倾向心理学上称为基本性归因错误。

（五）首要印象

首要印象也称为"第一印象"效应，是指第一印象往往主导着人们对某人某事的看法。首要印象有积极的一面，即人的第一感觉常常有直觉的正确性，但因为第一印象是不全面的、是浅层次的，因此也容易产生错误的结论。因此在谈判中，既要利用和尊重第一印象，也要进一步了解和分析实际情况，不要以"第一印象"代替一切。

（六）先入为主

先入为主是指先进入人们头脑的观点、事物往往起着主导作用，左右着人们对以后事物的判断，在没有得出客观的结论前就轻易地下结论。如不等某人说完话就打断他，以为知道了对方的观点。先入为主有其积极的一面，如谈判中的先发制人，可以影响对方的思维；但也有消极的一面，先入为主因为忽视了情况是变化的，常常容易得出片面的或错误的结论，影响整个谈判。因此必须学会发展动态的、辩正的思维。

（七）自我中心

有的谈判者在谈判中以自我主义为中心。唯我独尊，只认为自己的观点是正确的，别人的观点是错误的，听不见不同的意见与声音；或者只关心自己的问题和利益，对于别人的问题和利益不关心，只想说而不愿听，从而造成思维的片面与狭隘。

（八）对手干扰

谈判思维障碍的另一个重要原因是谈判对手的有意干扰，如虚张声势、故布疑阵、情绪爆发、思维诡道等谈判战术。谈判者常常被假象所迷惑、所慑服，因而受到对手的摆布。这种手段尤其对具有羞怯心理、过分纠缠细节、贪于全面取胜的缺乏经验的谈判者非常奏效。

在大多数谈判中，对问题过早地进行判断而不愿从多角度去理解，过早地下结论而抨击不同的看法，把谈判看作是"固定金额"的、不可能产生对双方具有更大利益的比赛，只重眼前的自我利益而不考虑对方实现己方建议的可能性和方便性，都是阻碍谈判思维的重要原因。

二、谈判中的主要误区

（一）依本性行事

缺乏谈判思维最典型的表现是谈判者依照自己的个人喜好、行事习惯或工作方式去处理谈判事务，没有认识到谈判是一种特殊的心理、实力的博弈活动，它有其自身的游戏规则和行为规律。谈判者要胜任谈判，必须适应和运用这些游戏规则，否则在谈判中就会处于被动地位。要认识到，谈判是一个由虚到实的过程，不仅需要真诚，也需要策略；不仅需要实在，也需要技巧。如果看不到谈判活动的特殊性，只依个人的好恶或本性行事，没有博弈思维和策略思维，就会轻易暴露己方的谈判意图，削弱自身的谈判实力，从而丧失谈判的主动权，降低谈判的成效。

（二）拘泥于伦理

谈判活动离不开伦理道德的约束，谈判的结果也应符合法律和道德的要求。但谈判活动本身就是一场心理战和信息战，需要讲究策略，影响对方的心理；需要虚实结合，调动对方的行为。如果拘泥于伦理，一味强调"诚""实""真""善""信"等道德标准，不屑于、不习惯或不善于运用谈判的游戏规则，那么就等于放弃了谈判的主动权，听任对方左右。这就好比战争，如果把真相都告诉对方，那这个仗怎么打？如果过于仁慈，如何能战胜对手？谈判不是真正的战争，但也具有战争所特有的对抗性质，目的不是为了打倒对方，而是为了谋求双方的合理利益。

（三）混淆手段与实质

应该看到，谈判并不是不需要"诚"与"信"，恰恰相反，"诚"与"信"是做人、处世最基本的要求。但这种诚信主要应体现在谈判的结果和实质上，尤其是合同的履约上；而谈判的过程则是充满了战术与策略。在合法的前提下，谈判者可以运用多种手段、方法、技巧去达成己方的目的。这就是谈判活动特殊的游戏规则和国际惯例，在没有签订合同前，一切都有可能。一旦签字，除了法律允许的原因，就必须依约履行。我们强调谈判活动的博弈性、策略性，正是建立谈判思维的关键所在，其目的并不是强取豪夺，而是尽力实现己方的最佳利益。

（四）谈判与推销不分

一些人常常将推销与谈判混为一谈，认为谈判就是推销，推销就是谈判，用推销的原则来指导谈判，其结果在实践中达不到好的谈判效果。实际上,谈判与推销既有内在的联系,又有本质的区别。谈判的产生往往需要一定的时机和条件,即双方经过一定的认知和准备后,具有谈判的意愿和必要时才会真正展开谈判;而推销则不受此种限制。在谈判中,谈判的主动权既可以在买方,亦可以在卖方;而在推销中,主动权往往在买方手中。谈判的主要目标是实现己方利益的最大化,而推销的主要目标是卖掉商品,因此谈判的重心是促使对方接受己方的条件,而推销的重心则是激发对方的购买欲望。谈判是一场心理斗争,讲究的是力量对抗;而推销是一场鼓动活动,讲究的是激发需求。因此,体现在具体的方式方法上,两者亦有很大的不同,如推销者需要主动、热情,尽量接近对方,而谈判者则未必,有时甚至是相反。

虽然谈判与推销有区别,但两者亦有一定的内在联系。推销的实现常常需要谈判才能最终完成,当谈判者是推销者的时候,推销与谈判是密不可分的,推销构成了谈判的前奏。此外,无论是谈判还是推销,在手段上都依赖于说服艺术。

(五) 人与事不分

谈判活动中常常出现人与事不分的情况。因为谈判者都是有感情的人,难免带有情绪,但谈判是基于利益的合作,而非基于感情的合作。如果谈判者将人和事搅在一起,对人而不对事甚至以人取代事,不仅无助于问题的解决,而且会激化矛盾,轻则丢了生意,重则伤了和气。作为理智、高明的谈判者,要学会人与事分开,对事而不对人,对人友好,对事坚持原则,重利益而非立场。因为每个谈判者的经历和背景不同,价值观念和做人哲学也会有所不同,不能以自己的个人准则和情感去要求和评判对方。只有这样,才能开启谈判的成功之门。

第四章　谈判语言

一人之辩，重于九鼎之宝；三寸之舌，强于百万之师。商务谈判的过程就是语言沟通交流的过程，通过沟通实现合作获得利益。所以，语言在谈判中居于非常重要的地位。本章主要介绍商务谈判中语言使用的方法和技巧，包括如何巧叙、巧问、巧答、巧听和巧辩，同时要注意语言使用中的一些禁忌，避免犯错。

语言是人类用来进行信息交流的符号系统。语言就广义而言，是一套共同采用的沟通符号、表达方式与处理规则。符号会以视觉、声音或者触觉方式来传递，包括说话、写字、眼神、手势、表情和体态。狭义而言，语言是指由文字的形、音、义构成的人工符号系统。

商务谈判的过程就是谈判者语言交流的过程，通过语言表达自己的立场、观点与对方讨价还价，从而协调双方的目标和利益，保证谈判的成功。所以，语言在商务谈判中有如桥梁，占有重要的地位，在一定程度上决定谈判的成败。

第一节　商务谈判语言的分类

在商务谈判活动中，最常见的谈判语言可以按照其表达形式的特点进行分类，不同类型的谈判用语决定了其运用范围和运用要求。

一、口头谈判用语

口头谈判语言是在一定的环境背景下谈判者面对面直接对话的形式，具有直接、灵活的特点，是运用最普遍的谈判语言。口头对面谈判能及时、充分地表达谈判者的需求、愿望与意图。口头谈判语言传递的信息弹性较大，不容易形成具有约束力的契约条件。

二、电话谈判用语

电话谈判是一种特殊的口头谈判、一种间接的口头谈判。电话谈判语言运用的好坏直接关系到它能否反映所需要的信息。采用电话商谈时对于对手的表情、环境、周边人员情况、通信设备等因素无法观察或把握，因此，谈判者难以保证准确传递出自己的意图，也难以准确把握对方的真实意图，难以观察谈判现场环境的变化等情况。

三、书面谈判用语

以文件、规定、纪要、合同、说明、印刷品等形式表达谈判意图或条件的语言皆是书面谈判用语。书面谈判用语的特点是严谨、正式、灵活性差，对于决策性失误难以挽回，对书面谈判语言的运用需要更加谨慎。

四、网络谈判用语

网络谈判用语包括函电、各种应用电信和通信技术的聊天软件交流，是一种比较特殊的书面谈判语言，也是法律认可的一种语言，在国际商务谈判中的运用日益广泛。

第二节 商务谈判语言的特点

一、客观性

谈判语言的客观性，是指在商务谈判中，运用语言技巧表达思想、传递信息时，必须以客观事实为依据，运用恰当的语言向对方提供令人信服的依据。谈判语言的客观性决定着谈判各方的诚信度，只有尊重客观事实，才能赢得彼此的信任。对于卖方而言，客观性主要体现在对商品的性能、质量进行介绍或是做广告宣传时要实事求是，可以展出样品或现场演示，同时对于用户的评价也要如实反馈；对商品的报价要切实可行，不能抱着牟取暴利的目的"宰客"。对于买方来讲，谈判语言的客观性，主要表现在不要夸大自己的购买力；对商品的质量、性能的评价要中肯，不可信口雌黄、任意褒贬；还价要充满诚意，压价要有依据。

二、针对性

谈判语言的针对性，是指根据谈判对手、目的、阶段的不同而使用不同的表达，要做到有的放矢、对症下药。不同的谈判对象，其年龄、性别、性格、身份、观念等均有差别；不同的谈判主题、阶段，要求使用的表达也有所不同。谈判过程中必须善于透视这些差异，并能灵活地运用相应的谈判语言技巧，获得谈判优势。谈判初始，为营造轻松、愉悦的氛围，可以较多地运用文学、外交语言来增进感情交流。谈判的磋商（讨价还价）阶段，以专业语言和商务法律语言为主，辅之以文学和军事语言，适时地软硬兼施，掌控良机。

三、逻辑性

谈判语言的逻辑性，是指商务谈判过程中对语言的运用要概念明确，谈判合理，推理符合逻辑，证据确凿、说服有力。首先要求谈判人员具备一定的逻辑学知识，而且在谈判前必须做好充分的信息、资料准备工作，对有关信息进行科学的分类，整理有序，熟练掌握。只有武装好了自己的身心，才能在谈判桌上做到有理有据、有序有力地驳倒对手，使谈判向着有利于己方的方向发展。

四、准确性

谈判语言的准确性，是指谈判者在谈判时要正确地选词、准确地运用专业术语，能够清晰地表达谈判的目标和相关条款。例如，谈判中所涉及的时间、地点和商品的数量等不能含糊其词地用"大概""也许"等字眼。切忌用己方方言或俗语与对方交流，这种地区特色的习惯表达会让对方感到迷惑不解，有碍于谈判中的交流沟通。避免使用带有意识形态分歧的语言，不能使用粗鲁的语言。谈判语言的语音语调也很重要，它能影响倾听者的情绪和态度，进而影响谈判的效果。恰当地采用抑扬顿挫、轻重缓急的语调和幽默诙谐的口吻，在谈判中会取得意想不到的收获。

五、灵活性

谈判进程常常是风云变幻，复杂无常。尽管谈判双方在事先都尽最大努力做了充分的准备，但是，谈判者很难或者无法准确地预测谈判对手会在谈判的不同阶段说什么话，所以任何一方都不可能事先设计好洽谈中的每个语句。最切合实际的做法就是谈判者要密切注意信息的输出和反馈情况，仔细倾听并认真分析对方的话，善于察言观色，准确捕捉对方的眼神、表情、姿态等无声语言所传递的信息，能够随机应变，灵活机动地组织谈判语言。

第三节　谈判语言的运用技巧

一、巧叙

（一）先发制人，己方开场

坚持开诚布公、态度友好原则，采用"横向铺开"法，说明洽谈要解决的问题，希望通过洽谈取得的利益，明确己方的首要利益和立场。开场陈述应简明扼要，以诚挚和轻松的表达方式让对方明白。

（二）取长补短，对方先谈

在商务谈判中，当己方对市场态势和产品定价的情况不是很了解，或者当己方尚未确定购买何种产品，或者己方无权直接决定购买与否的时候，一定要坚持让对方首先说明可提供何种产品、产品的性能及价格等，然后再审慎地表达意见。

（三）斟酌用语，礼貌得体

谈判过程中所使用的语言，应当准确、丰富，富有弹性。对于不同类型的谈判对手，应使用有针对性的语言。如果对方谈吐优雅，很有修养，己方语言也应相对讲究，做到出语不凡；如果对方语言朴实无华，那么己方用语也简洁明了；如果对方语言爽快、直露，那么己方也不要迂回曲折、语言晦涩。谈判中要恰当地运用尊他性礼貌语；常使用表示赞美表扬、感谢等词语。此外，多用肯定性的语言，创造良好气氛，赢得对方的好感，善于使用委婉语。懂得在商务领域如何游刃有余地驾驭谈判语言的商务人士会获得经济利益和快乐心情的双丰收。

二、巧问

有个教徒在祈祷时烟瘾来了，他问在场的神甫："我祈祷时可不可以抽烟？"神甫回答："不行。"另一个教徒也想抽烟。他问神甫："在抽烟的时候我可以祈祷吗？"神甫回答："当然可以。"这就是问话的技巧。

（一）在合适的时机提问

常言道，话不投机半句多。不合时机的问话会招来不悦，甚至会严重影响对方的情绪，使其产生反感，不利于谈判的顺利进行。谈判高手通常在谈判之前就已经准备好了许多问题。在谈判初期，提出的问题应该是为了搜集以下各方面的信息：

（1）对方希望通过这次谈判达到什么目的？

（2）对方对谈判双方目标的估计。

（3）在关键问题上的态度。

（4）谈判双方的关系（是敌对的还是友好的）。

（5）对于发展或保持某种关系的兴趣。

（6）对方的目标。

（7）外部的主客观约束条件。

所以，谈判的初期阶段应该使用开放式提问。例如，"您觉得这样怎么样？""您希望今天达到什么目的？"随着谈判的进一步深入，条件问句将占据越来越重要的分量。比如，"如果我方按照你方的建议做，那对……意味着什么？"条件问句给双方都留了余地，不会使谈判陷入僵局。

当对方在陈述目标或发表意见时，不能中途打断其发言，不适合发问。有经验的谈判者会把想好的问题先清晰地记录在案，等到对方说"陈述完毕"或"发言完毕"方可提出自己的问题。

此外，在己方发言之前，就对方所陈述的内容和议题进行如下自问自答式的提问："就您刚才的发言关于……的问题，我谈几点看法。"在充分表达了自己的观点之后，为了使谈判顺着自己的思路发展，可以这样提问："我方的基本立场和观点就是这样，您对此有何看法呢？"

巧问还能促使对方更加积极地参与到讨论中去。对说服力的研究表明，如果人们参与了决策过程，那么他们更可能对做出的决定负责。通过巧妙的提问，一步步引导对方提出他的观点，最终水到渠成，达到预期目的。比如，"如果您处于我方的位置，您会采用这个方案吗？"就是属于所说的引导性问句，这样的引导可以试探出对方的意图。

（二）采用恰当的方式提问

商务谈判中提问的方式多种多样，有封闭式提问、开放式提问、婉转式提问、澄清式提问、探索式提问、引导式提问、协商式提问、强迫选择式提问等。不管采取哪种提问方式都要注意发问的语气，要委婉平和，字斟句酌，避免带有责问或审问的架势。对于要发问的问题应做好准备，提前列好详细提纲，贸然提问是对对方的不尊重。提问的内容和角度要慎重选择，既要有针对性又不要使对方为难。如果对方对所提出的问题面露难色或露出不悦的神情，就要及时变换话题。否则，很容易使谈判陷入冷场或僵局。

具体列举几种提问方式。

(1) 封闭式发问。这种提问方式指在特定的领域中能带出特定的答复的问句。例如,"您第一次发现商品含有瑕疵是在什么时候?"封闭式问句可以让发问者获取特定的信息,而答复这种问句的人不需要太多的思索就能给出答案。但是,这种问句有时候会有一定的威胁性。

(2) 澄清式发问。这种问话针对对方的答复,重新提出问题以使对方进一步澄清或补充其原先答复的一种问句。例如,"您刚才说对目前的这种买卖可以取舍,是不是说您拥有全权跟我们谈判?"其作用在于,可以确保谈判各方能在叙述"同一语言"的基础上进行沟通,而且还是针对对方的话语进行信息反馈的有效方法,是双方密切配合的理想方式。

(3) 探索式发问。同样是针对对方答复,要求引申或举例说明,以便探索新问题、找出新方法的一种发问方式。例如,"这样行得通吗?""假如我方运用这种方案会怎样?"探索式发问不但可以进一步发掘较为充分的信息,而且还可以显示发问者对对方答复的重视程度。

三、巧答

有问必有答,人们的语言交流就是这样进行的。问有艺术,答也有技巧。问得不当,不利于谈判;答得不好,同样也会使己方陷入被动。谈判人员对自己所说的每一句话都负有责任,都将被对方认为是一种承诺,这会给回答问题的人带来一定的精神负担和压力。因此,一个谈判者水平的高低,在很大程度上取决于其回答问题的水平。通常,在谈判中应当针对对方提出的问题实事求是地正面作答。但是,由于谈判中的提问往往千奇百怪、五花八门,多是对方处心积虑、精心设计之后才提出的,可能含有谋略、圈套、难测之心。如果对方所有的问题都给予正面回答,并不一定是最好的答复,所以答复也必须运用一定的技巧。

(一) 三思而后答

商务谈判中回答问题前,要留有思考的时间。对于一些问话,不一定要马上回答。特别是对一些可能会暴露己方意图、目的的话题,更要慎重。例如,对方问:"你方准备开价多少?"如果时机还不成熟,就不要马上回答,可以找一些其他借口谈别的,或是闪烁其词,答非所问,如市场行情、产品质量、交货期限等。待时机成熟再摊牌,效果会更佳。

（二）针对提问者的真实心理作答

谈判者在谈判桌上提问题的目的往往是多样的，动机也往往是复杂的，如果我们在没有深思熟虑，弄清对方的动机之前，就按照常规来做出回答，结果往往是效果不佳。如果我们经过周密思考，准确判断对方的用意，便可做出一个高水准的回答。下面的一个实例说明，建立在准确把握对方提问动机和目的基础上的回答是精彩而绝妙的。

艾伦·金斯伯格是美国著名的诗人，在一次宴会上，他向中国作家提出一个怪谜，并请中国作家回答。谜面是："把一只2.5千克重的鸡装进一个只能装0.5千克水的瓶子里，用什么办法把它拿出来？"中国作家回答道："您怎么放进去的，我就会怎么拿出来。您凭嘴一说就把鸡装进了瓶子，那么我就用语言这个工具再把鸡拿出来。"此可谓是绝妙回答的典范。如果谈判人员能在谈判桌上发挥出这种水平，再艰难的谈判也会游刃有余。

（三）模糊作答

灵活机动、模糊却带有无限诱惑力的回答方式也是"巧答"的方式之一。这种回答法有利于给自己留有回旋的余地。例如，买方问："贵公司在价格上能否再优惠一些？"你作为卖方，不妨这么回答："价格方面的优惠关键在于贵方所订购的商品的数量。"如此一来，既符合礼尚往来的待人接物之礼数，又没有把自己的老底和盘托出，没准还会获得比预期更大的订单。

（四）对于不知道的问题不要回答

参与谈判的所有人都非全能全知。谈判中尽管己方准备得很充分，也经常会遇到陌生难解的问题，这时，切不可为了维护自己的"面子"而强作答复。因为这样有可能损害自己的利益。有这样一个实例，我国某公司与美国外商谈判合资建厂事宜时，外商提出有关减免税收的请求。中方代表恰好对此不是很有研究，或者说是一知半解，可为了能够成功，就盲目地答复了，结果使我方陷入十分被动的局面。经验和教训一再告诉我们：谈判者对不懂的问题，应坦率地告诉对方不能回答，或暂不回答，以避免付出不应付出的代价。

（五）避实就虚式回答

简而言之，就是对于对方的问题，为了更多地维护自己的利益，不做针对性的、明确的回答；也就是说，所给的答案并非是对方所期望的。这种回答方式比较适用于对对方所提的问题,己方不宜马上作答或全部回答时。例如,对方问:"把刚才我方关于货物运输理赔的两个条件附在合同的条款里,您同意吗?"即使谈判前你的上司已经下放权限给你,你有权力决定,但是,考虑到这个问题事关重大,不能轻易回答,你不妨说:"对于您的问题,我方会慎重考虑,关于货物的包装,我觉得是不是该……"要善于引开对方的主题,分散其注意力,为己方争取主动权。

四、巧听

听君一席话,胜读十年书。自然赋予人类一张嘴、两只耳朵,也就是让我们多听少说。倾听,是一种平等而开放的交流。一句机智的妙语胜过一摞劣书,一句深刻的名言可以改变人的一生。美国通用公司前总裁卡耐基曾经说过这么一句话:"一双灵巧的耳朵胜过十张能说会道的嘴巴。"

成功沟通的秘诀:能言善道不如洗耳恭听。在交流中,学会约束自己,节制自己的言行,学会有效地倾听。

(一)积极主动地听

要心胸开阔,抛弃先入为主的观念。在对方说话时保持积极的态度,以便摸清对方的底细,获取更多的信息。

(二)有鉴别地听

要全神贯注、集中注意力倾听对方的谈话,同时做到去粗取精,去伪存真,由此及彼,由表及里。

(三)有领会地听

谈判者在谈判中要谨慎行事,关键性话语不能随意说出,要细心领会对方谈话的实质,才有可能找出摆脱难题的办法。

(四)及时做出反馈性表示

谈判是一种沟通,在倾听对方发言时,作为谈判的另一方必须做出反馈。比如欠身、点头、微笑或重复对方的一些重要句子,或提出几个能启发对方思路的问题,从而让对方产生被重视和尊重之感,有利于谈判气氛的融洽。

(五)注意察言观色并做必要的记录

倾听的时候主要观察对方的一言一行和举止,通过目光、脸色、体态、手势了解对方的本意,并做相关的记录。

五、巧辩

辩论在商务谈判中是经常发生的，辩论的目的是为了争取己方的利益。由于辩论具有辩者双方相互依赖、相互对抗的两重性，是人类思维艺术和语言艺术的综合运用，又具有较高的技巧性，因此，要在合作的基础上多角度、多层次地进行辩论。

（一）态度客观公正，措辞准确严密

谈判中，即使己方对对方的报盘、条件、观点等方面持有异议，无论谈判双方辩论得有多激烈，都应该注意态度和措辞。毕竟，谈判不是生气吵架，双方在极度生气的情境下，都试图通过最恶毒的语言来刺激和伤害彼此，结果两败俱伤。尤其要记住"没有调查就没有发言权"，如果觉得对方商品价格太高，你可以这么说："虽然商品的质量不错，但是您的报价超出了我所能接受的范围。"不能信口开河，诽谤人格，诋毁对方的商品质量，以此来要挟对方降价。

（二）观点明确，有理有据

辩论的过程不是煽动情绪，而是通过讲理由、提根据来立己方而驳对方。为了能更清晰地论证自己的观点，必须做好材料的选择、整理、加工工作，只有掌握了充足的证据，摆出充分的理由，才能增强自身辩论的力度和效果，才能让自己的观点拥有坚实的基础，最终驳倒对方，占据谈判的优势。例如，作为买方，你认为卖家报价过高，在讨价还价的过程中你必须提出迫使对方降价的依据和理由，提供如商品成本、质量、规格等方面的有利信息。

（三）思路敏捷，逻辑严密

商务谈判中的辩论，通常发生在磋商阶段双方遇到难解的问题时。辩论中应遵循的逻辑规律是同一律、矛盾律、排中律、充足理由律。如果违背了这四条基本规律，思维的确定性就会受到破坏，进而使辩论脱离正常轨道。任何成功的论辩都具有思路敏捷、逻辑性强的特点。

（四）主次分明，有的放矢，适可而止

有经验的谈判者在辩论的过程中，大都具有大家风范，运筹帷幄，前瞻性眼光极其敏锐，对主次问题的分析和把握格外准确，并且能够出色地运用谈判策略，切中对方的要害，驳倒对方的观点。在这一过程中，要把握好辩论的度，不可得理不饶人、穷追猛打，否则会吓跑对方。例如，中

方A公司和日方B公司就金属硅的贸易进行谈判。日方计划从中方进口一批金属硅,首先中方进行了报价,并向日方展示了A公司的发展规模及前景,而且说明了目前美方C公司也有意向与A公司洽谈业务。不料,B公司市场总监立即摆出了市场调研的数据和信息,反驳A公司报价偏高,同时指出,由于受金融风暴的影响,C公司已经申请了破产保护。在此情形下,中方A公司不得不降低了价格。案例中,日方B公司就是抓住主要问题,有的放矢,迫使中方A公司在价格方面做出让步。

(五)善于处理辩论中的优势与劣势

在商务谈判的辩论中,当双方处于优劣两种不同状态时,就必须处理好辩论中的优劣势,这是衡量谈判者是否合格的一个条件。

当我方处于优势状态时,谈判者要注意利用优势,借助语调和手势的配合,渲染己方的观点,以维护己方的立场,切忌表现出狂妄、放纵和得意忘形的姿态。须知,谈判中的优势和劣势是相对而言的,而且是可以转化的。相反,当我方处于劣势时,要记住这是暂时的,应沉着冷静,从容不迫,不可沮丧、泄气、慌乱不堪,因为这样对于挽救己方的劣势是毫无帮助的。

第五章　谈判道德

国际商务谈判中，双方总是根据各自的意愿，尝试着用各自都能够接受的做法来交易某些物品和服务。在这一过程中充满了道德规范。商务谈判中的道德规范为谈判者提供了客观准则，这是谈判双方需要认真遵守的。依靠伦理道德来调节和解决纠纷也是最根本的标准和最有效的办法。

第一节　国际商务谈判道德规范的一般性

谈判中的道德问题在商务职业道德中是存在争议的。特别是在国际商务谈判中，道德标准又受到不同文化的影响，因此对一些谈判行为在道德判断上更表现出明显差异。然而，国际贸易的发展在客观上形成了人们普遍接受和共同遵守的游戏规则，人类社会的发展也形成了一定的道德规范，除了道德的阶级性和地域性之外，客观存在着普适的或共识的道德标准。

道德是由一定社会的生产关系所决定的特殊意识形态，是以善恶为评价标准，依靠社会舆论、传统习惯和内心信念所维持的，是调整人们之间以及社会之间关系的行为规范的总和。正如恩格斯所说："人们自觉或不自觉地，归根到底总是从他们的阶级地位所依据的实际关系中——从他们进行生产和交换的经济关系中，吸取自己的道德观念。"因此，道德观念首先具有强烈的阶级性。同时，道德还具有鲜明的民族性和地域性特点。但无论道德范畴如何认定，道德的群体性特征是客观存在的。道德也是人类在发展过程中为了一定群体利益而形成一些束缚群体内各种个体行为的规则，这些约定俗成的规则慢慢变成思想和观念。

然而，无论什么群体，道德的存在是为了这个群体更好地生存和发展，人们之所以要遵循道德规范，是因为道德有一种崇高的正义性和正当性，这种正义性和正当性体现了道德的本质属性。不同群体之间因为道德的本质属性而找到共通点，能够相互沟通和影响。这是建立在普适道德基础上的相互交流的行为。所谓道德的普适性，是指在全世界范围内都适用的道德规范，它不是各群体道德的简单集合，而是对各群体道德相互融合的一个抽象，即道德一般。这种普适道德在本质上存在高度共识。全球伦理基金会创建者、瑞士学者孔汉思（Hans Küng）曾提出人类共同的伦理戒律理论，影响深远。他认为，任何一个人类共同的伦理，都以承认个体的多样性和差异性为前提，只有这样，我们才有可能在不同的民族和群体中倡导那些共同的伦理戒律。这些伦理戒律在各种道德和宗教的经典中也有着惊人一致的表述，那就是不可杀人、不可欺骗、不可偷窃、不可奸淫、尊老爱幼等。这些伦理戒律是群体道德本质的一致性鲜明的外在表现。

第二节 国际商务谈判的道德准则

国际商务活动中的道德准则，是指为谈判者的商务活动提供准则的行为规范。国际商务谈判的道德准则不仅遵循人类发展积累起来的一般道德规范，而且在商务谈判中直接表现为基本的商业职业道德。从谈判者自身讲，这种商业谈判中的职业道德就是要做到礼、诚、信。

礼是要做到礼貌待人，尊重对方，有修养、不傲慢、无偏见，处事有分寸。谈判的所有环节都存在礼节问题，从言谈举止、接待规格、日程安排、会谈程序、谈判者的身份、起居条件等均充满"礼"意。

诚是指要诚心诚意，光明正大，不坑蒙拐骗，不损人利己，不嫁祸于人，不转嫁危机，等等。关于诚的问题，各国及国际组织的商业法律和守则中都有明确规定。谈判中的诚意表现在谈判的进程中始终以坦诚对待谈判对手，既注意对手的各种意见，也从行动上响应其合理的意见和要求。主动了解事实，放弃或纠正自己无理和过分的要求，使谈判顺利进行。

信指做出的承诺要言而有信。在反复商谈中，前后说话要一致，出口要有凭据，言必行，行必果。对于谈判中不小心说出的过分的话，消除影响和维护信誉的最好办法就是承认错误，这也是谈判策略的一个部分，要学会运用。但在一场谈判中，这种承认错误的策略不可使用太多，不然也会影响信誉度，进而影响自身的谈判效力。

谈判中要努力争取自身的利益，但也要充分尊重职业道德，多交流沟通，实现互惠互利，争取双赢的局面。比如，符合道德的谈判不仅仅是应该做正确的事，而且这种做法能够使公司在获得利润的同时还得到同业的支持；不做任何违反商业规范的交易，因为行业中长期建立起来的成功的商业规范是甚于金钱的,而那些成功的商业人士也往往是遵守这个原则而走向成功的;在谈判过后能够让你的商业对手不屈尊地、满意高兴地离开;等等。

从商业道德准则来看,当前国际上被广泛接受的商业道德准则有四种,分别是黄金法则、一般法则、功利法则和分配公平法则。

一、黄金法则

黄金法则秉持"己所不欲,勿施于人"的原则。这是孔子在《论语》中所说的,意思是指怎样的方式是你不能采取的。当然,这是从不做的角度看问题,可以说这是黄金法则的消极表达形式。另外还有一个长期被西方叫作道德黄金法则的伦理要求,即无论何事,你期望别人怎样待你,你也要怎样待别人,这是《圣经》中所说的。通俗讲就是,像你期望别人对待你的方式对待别人。这是从做人的角度看问题,可以说这是黄金法则的积极表达形式。总之,这个原则要求决策者用平等和合理的标准来对待其他人。

二、一般法则

一般法则指的是行动的对错是在行动进行前,由一定的优先标准所决定的。哲学家英曼·坎特(Immaneul Kant)所建立的个人权利和义务理论认为,人类是无法预测其行为和决定后果的,这就要求我们要在道德允许的前提下行事。而要符合这样的要求,必须遵循以下几个准则:首先是尊重他人的价值观和尊严。人不是为了让人利用来达到某种目的工具。其次是要平等对待他人。最后是要了解和遵循其他一般的道德标准。一般法则主张预先告知对方是符合道德标准的行为。

三、功利法则

与一般法则相比,功利法则是通过行动的结果来判断是非对错的。毫无疑问,人们都会选择那些能够带来最大利益和好处的方式。然而,当我们在追求最大利润的时候,我们应该全面考虑每一种做法将给其他人带来的正反面影响。功利法则主张为实现更多人的利益而为之是符合道德标准的。

四、分配公平法则

分配公平法则是指每个人都有合理获得利益的权利，所有的人都有权利拥有和其他人一样的自由，适当的做法将会使所有的人受益。公平就是人们可以得到他们应得的东西，反之就是不公平的。但问题是，是不是每个人都可以得到所应得的，以及是不是每个人得到了应得的后就必定会与其他人交换利益。分配公平法则主张使每个人都能获得的利益是符合道德标准的。

以上这些标准的运用都是为了得到同样的结果，或是通过不同的方式得到同样的答案，而不是为了得到不同的结果。至于实践中选择哪个标准，这取决于个人的偏好和具体的情况。功利主义在相关的当事人名气不是很大、经营规模不是很大，以及结果是可以预期的情况下是非常有用的。但如果情况与此相反时，使用其他的标准则更为有效。当牵涉到不熟悉的情况、不熟悉的当事人和复杂问题的时候，诸如一般原则标准比功利主义标准更有效。

第三节 国际商务谈判的非道德行为

国际商务谈判中，双方总是根据自己的意愿，尝试用他们都能够接受的做法来交易某些物品和服务，在这一过程中充满了道德规范。从道德角度看，谈判者的行为可以分为道德行为和不道德行为。广义的道德行为是指在经济活动中，谈判主体合理的利己和利他行为，这就是道德一般。道德一般是国际商务活动中存在的道德规范方面的共识，这些道德共识是国际商务谈判人士普遍接受的，违背了这些规范即被认为是不道德的。然而经验表明，在国际商务活动中，这些具有共识的道德规范则经常遭到违反，出现不当的谈判策略和不道德的谈判行为。商务谈判中的不道德行为主要是指那些合法的不道德行为。它不违犯法律但也超出了通常意义上的道德界限。这些不当的或不道德的谈判行为表现在许多方面，据约瑟夫·芮茨（Joseph Reitz）、詹姆斯·沃和玛丽·苏拉芙（James Wall, Jr. Mary Sue Love）的分析，不道德的（或者不当的而且备受争议的）谈判行为主要表现在以下10个方面。让我们来罗列一下这些不当的谈判策略和行为，并用四项常用的道德标准对它们进行评估。这样可以更清楚地让我们看到道德和不道德的谈判给我们带来的得与失。以下是多年来常用的 10 项备受争议的谈判策略。

一、谎言

谎言是在谈判中使用的与实际材料和情况不符的说明。与之相关的内容主要包括限制、选择、谈判者的意图、议价的能力、其他承诺、对对方要约的接受能力、时间压力和可用资源。在谈判的过程中，谎言通常是为了在价值、标的物、选择、信任等方面欺骗对手。实践中，一些人认为一定情况下谈判中的谎言是被允许的。但运用以上四种法则去评判，可以证明在谈判中使用谎言都是不适当的。尽管谎言可能给某一方带来好处，但这也仅限于为了避免更大的伤害时使用，而这种状况在实际运用中是非常少见的。

二、吹捧

吹捧是夸大成本、价值或状况的做法。谈判者通常会在放弃和准备放弃的时候来夸大一些重要的事物及其价值，是一种夸大谈判中的相关事实的做法。例如，"我和其他公司有一个价值 10 万美元的合同"，但实际上并没有这样的合同。再如，"每升汽油可以开上 33 公里"，但实际上任何车都不可能做到。还如，"我们有足够的证据来证明我们领先你的客户至少 20 年"，但实际上却不是那样。可能被吹捧的内容包括交易的价值、谈判者自己的选择、机会成本、问题的重要性、产品和服务的属性。可见，吹捧实际上是撒谎的另一种形式。因为它是通过夸大事实来实现的，而不是以事实为依据的。就像谎言一样，吹捧是以对方付出额外的代价来实现的。

三、欺骗

欺骗是为了让自己在谈判中取得更大的优势而采取的有意误导他人的做法。比如，"如果你和我们签约，我们可以在 30 天内备货装船"，实际上根本不可能做到。再如，"如果我们现在不确定下来的话，我们就不谈了，反正我们已经找到其他的合作者了"，但实际上谈判者并不想失去这笔交易。还如，"为了接受董事局的职位，我放弃了 2 万股的股票、豪华的商务旅行机会和公司的高层职位"，但实际上你只有 1 万股的股票和一个人事部的职位。"我们需要至少 5 万美金的支持，因为如果对方胜利的话，你们将失去原有的医疗补助"，但实际上对手只打算将原有的医疗补助减少一半。

可能的欺骗行为和做法包括不当承诺、威胁、过多的初次要求、对事实的有意忽视或者要求不合理的让步、无根据的说明和索取不需要的东西等。这些欺骗的做法可以明显地归纳到撒谎的行列里。不当的和空头的承诺是对谈判者信任的抵触。由于欺骗是为了自身的利益而通过不当的做法来增加他人的损失，所以说撒谎是不道德的，也是违背所有四大道德行为准则的。

四、打击对手

打击对手是为了在谈判中取得优势而采用的通过直接破坏对方的优势而使自己相对具有优势的做法。这里，谈判者常用的做法是消除和减少对手的选择、谴责对手的行为、利用个人的语言和陈述来弱化对手的内部合作。打击对手的方法也包括欺骗、撒谎和夸大事实；甚至可以毫无根据或故意为某些完全没有的损失来指责对方，这些都是不道德的行为。

五、加强自己的地位

这种做法是为了在谈判中取得优势而不采用通过破坏对方优势的方法而使自己相对具有优势的做法。它采取的是用能力、智慧和努力来取代欺骗、谎言和夸大事实的做法，因而被广泛用于谈判过程中。常用的做法有：营造和强化自己的资源，包括专业知识、融资能力和联盟力量，也包括向对方或者第三方进行合理的陈述，或者向对方表述已经得到某个方面的委托权利。如果这种做法是尊重事实而为之则是正常的谈判行为，但如果是无中生有强化自己则是不道德的，这里尽管没有以直接的方式来损害对方，但相对来说，对方已经处于弱势地位了。

六、信息封锁

信息封锁是对可能有利于对方的信息进行保密，包括对现实信息的部分和完全封锁以及造成对方对现状环境的误解。在商务谈判中有没有必要说出全部事实呢？或者谈判者是否可以保留部分对对手有利的情况呢？这都取决于事实的性质。比如，不向你所怀疑的对手透露标的物的实际价值则是被允许的,因为你是在为自己的利益谈判。如果隐瞒事实对谈判对手是有害的,那这种做法就是不道德的;如果你作为中间人,就不应该对双方有所隐瞒,否则就是不道德的。

七、信息挖掘

信息挖掘是通过从对方或其他方获得的信息来削弱对方的谈判优势。可以通过谈判对手所提供的信息来发现他的弱势,从而减少其选择,产生对他不利的需求和削弱联盟。有效率的谈判者善于发现在谈判过程中包括自身、对手和标的物的一切有用信息,而且是合法和符合道德标准的信息。只要信息对双方都是合法和可收集的,你就可以利用它来增强你的优势,这在谈判上是被允许的。但是,如果你是非法或者是通过给对手直接造成伤害的做法获得信息,那就是不道德的。

八、改变做法

改变做法是做出同之前的行为有所抵触的行为,包括接受本不打算接受的要约、改变需求的数量、撤销原来提出的要约和其他威胁对方的做法。在谈判过程中,突发事件的发生会分散谈判双方的注意力,从而造成需求和其他商业选择的减少,或是一方支付能力的减弱。在这样的情况下,你会唐突地改变你在谈判过程中的地位吗?只要你没有违反事先的约定和承诺,你的做法是被允许的,从而接受你之前并没有打算接受的合约和价格。但如果你是有意地使用谎言,那你这种做法就是错误和不道德的。当然,你也可以请求对方取消对你要约的接受或是发表你对商业环境变化的请求说明。但是,如果对方不愿意撤销他的接受说明的话,你只有履行和约了。

九、转移对方注意力

转移对方注意力是引诱对方忽视对其有利的信息的做法。可以向对方提供过多的无用信息,提问很多无关紧要的问题以及隐瞒一些事实,或者使问题变得非常复杂,以此来分散对方的注意力。然而,用谈判的四个道德准则来评判转移对方注意力的问题,则会得出不同的结论。黄金法则和一般准则是不支持这种行为的。而公平法则和功利法则认为没有损害对方的利益。

十、利益最大化

利益最大化是通过使对方成本最大化而使自己实现利益最大化的做法，包括要对方在利润上做出退让，以此将"双赢"改变为一赢一输的局面。

非道德行为的成因主要在于以下三个方面：首先，谈判的基本特征决定谈判中必然存在不道德行为。基本特征分为谈判目标的互含性、对抗性和互动性。其次，经济人的人性假设都是利己的和自私自利的，个人利益促使不道德行为的增加。最后，不公平的感知导致不道德行为的发生。当谈判中感觉不平衡时会采取不道德的做法来恢复和调节自己的不平衡感。

第四节 国际商务谈判非道德行为的后果

不当的谈判策略在涉及道德标准的时候人们的观点是不尽相同的。比如，有人认为说谎是错的，诚实是对的，就这么简单。也有人认为，当需要的时候，谎言就不是谎言了，事情和做法的对与错取决于具体情况。再比如，有人认为道德地进行讨价还价会导致利益的损失。的确，道德地讨价还价有可能带来危险并使谈判者处于不利的位置。但是，这样做还是非常有必要的。经济交易是建立在互相信任基础上的，违背相互信任原则，欺骗个人或团体，就会阻碍发展更长远的贸易，因为他们害怕再次被骗。不道德谈判行为导致的结果主要表现在以下四个方面。

一、僵化谈判

一方面，对于谈判者来说，不道德的行为将是他巨大的个人成本。一旦他认识到欺骗、谎言和吹嘘可以暂时带来高回报的协议，他将会在今后的谈判中不断地采用这些做法，这样一来，他将最终失去其个人思想的开放性、灵活性和创造性，使得自己在以后的谈判中越来越僵化。

另一方面，不道德的谈判手段并不能像我们想象的那样好。一个人也许会撒谎说"我已经找到了更好的买家"，但是他不能做到让对方相信他的说法。

二、破坏关系

不道德的谈判手段同样也会破坏谈判双方原有的良好关系，导致情绪愤怒和其他运营成本的提高。当谈判是一次性合作的时候（比如一笔建筑材料的生意），谈判中的受害者就不会在履行合同时尽职尽责，或是不将全部的货物发出。他还有可能在履行合同的过程中有意不合作和引起问题的出现，最终导致合同不能得到完全履行。如果谈判是关于多次合作的话，这将造成更大的成本损失。因为今天的谈判对手将会成为明天的敌人而不是顾客，这将导致商业报复和其他问题的出现。

三、毁坏声誉

不道德谈判中的受害者不会三缄其口，他们往往会向其他人大诉苦水。这样一来，不道德的谈判者会在商业圈里变得声名狼藉。同样，其他将要和他们谈判的人也许会使用同样不道德的手段来对付他。一旦对手经历了不道德的谈判，他今后也将对此有所抵触，不再有任何的信任感。

四、失去机会

谈判最具决定性的效果来自于谈判本身。富有成效的谈判的关键是以低成本的投入来交换到高成本的收入。大多数的谈判在名义上都是为了解决这一问题。对于谈判者而言，最重要的就是尽可能地找出问题所在并尽快安排交换。在交换的过程中，第一步就是要发现双方有分歧的问题。为了确定这些分歧点，谈判双方就必须交换有价值的信息。如果有任何一方欺骗、撒谎或是夸大事实的话，就很难实现双赢的局面，因为另一方是没有得到正确的信息来指导其决策的。还有，不道德的行为一旦被发现，对方也可能对其掌握的有价值的信息进行保留。

不道德的行为还将影响交易的第二步，即新问题的发现。富有成效的谈判就是一个不断发现新问题的过程。例如，一个两年期的合同，尽管谈判是在一年期合同的框架下进行的，但如果发现一方拥有可以利用的某项专长，双方在开放和信任的谈判中，通过创造性的讨论，将新发现的问题转化成技术贸易或者拓展每个技术转让的价格。

不道德的谈判的危害，不仅会阻碍谈判双方实现双赢的局面，而且会破坏本来可以带来新的有利可图的机会的谈判。约翰·路特奇说过，"符合道德规范的谈判不仅是道义上的，而且更能带来利润"。商人在谈判时通常会感觉到自己是进入了一个大家都有着共同的行为准则的环境。

第五节　国际商务谈判中施展策略与法律、信誉和道德的关系

国际商务谈判是人与人之间就某项交易达成协议的语言和思想的交流过程，自然都会为获得更多的利益发挥各自的智慧和才能，各种说话的技巧和思维的策略技巧都会尽力展现，它们必然涉及各种策略技巧与法律、信誉以及道德之间的关系。那么，如何处理这些关系，从而顺利开展商务谈判，是谈判者需要认真把握的问题。

一、谈判中施展策略与法律的关系

根据我国的法律规定，经济贸易合同的内容不得违背国家的法律政策，谈判者应遵循平等互利、等价有偿、协商一致的原则，而不能采取欺诈、胁迫等手段签合同，也不能违反社会公共利益。国外的法律也有相应的规定。大陆法系国家在民法典中几乎都规定，凡是违法、违反公共秩序和商业风俗的合同无效。在英美法系中，也有对伦理的典型表述，比如对以下因素可以构成起诉，包括对重要事实的错误陈述，进行错误陈述时已经知道其虚假性，有欺骗的意图，给另一方造成损失，等等。然而，这并不意味着谈判中施展策略与法律相矛盾，谈判者仍然可以在法律和道德之间找到回旋的余地。这是因为：

（1）我们施展策略始终贯彻尊重对手、友好互利的态度。

（2）谈判策略也是外商常用的。研究这些策略既是为了知己知彼，也是属于防卫性质。

（3）作为卖方，不会货价不实；作为买方，是为了审议卖方价。所以不搞欺诈、胁迫等手段，只是为了说理和提高竞争能力。

（4）买卖双方如不尽力谈判，才真正违背国家和企业利益。而策略的使用正是为了实现法律的规定和要求。谈判的过程就是不断实现这些法律原则的过程。

二、谈判中施展策略与信誉的关系

谈判中的不道德行为会损害谈判者和企业的信誉。但在尊重法律、尊重事实的前提下，努力发挥谈判者的才干和能力，运用谈判者的语言和思

维技巧促成双赢,这种谈判不会损害双方的信誉关系。因为:

(1) 谈判中各自都有自己的目标,策略只是实现自己目标的手段和方法。

(2) 信誉在谈判中是很实用主义的。当双方乐意接受某个条件时,对于他来讲,他就有所得。而你使用的策略未伤其根本,只是去掉了原本他就不真实的掩护物。从这一点来说,施展策略是为了更好地维护双方的信誉关系。

(3) 交易中的等价原则弹性很大,运用一定的谈判策略能够促使弹性的变化,而弹性的大小不是作为欺诈的根据。

(4) 商业谈判中施展策略有时也是交易中必不可少的手段和步骤。按照西方一些国家的习惯,做买卖不进行讨价还价会被人瞧不起,赚了钱也不高兴,也谈不上信誉。美国人遇到谈判对手施展策略会感到很敬佩。相反,谈判双方一交手,你就像刘姥姥进了大观园出尽洋相,哪来信誉可言。因此,一旦走上谈判桌,你的信誉高低就取决于能否全力施展你的才干、策略和技巧,从而在谈判桌上占上风。

三、谈判中施展策略与道德的关系

(一) 互惠互利的双赢谈判与谈判道德规范的差别性和共存性

双赢谈判与谈判道德是两个层面的东西。实现共赢需要高度的智慧和正确的策略技巧,但这些策略技巧无论在理论或实践中与以欺诈为核心的非道德行为都是不同的。谈判中应坚持道德规范,这是很重要的,但不排除在双赢谈判中实施一定的谈判策略。我们首先需要分清道德规范和双赢谈判的区别,同时也要注意两者共存于一场谈判过程中。

(二) 坚持以道德规范作为谈判的基础

商务谈判中的道德规范为谈判手提供了客观准则,这是谈判双方需要认真遵守的。正如比赛一样,参赛者首先要知道比赛规则,比赛过程中可以在规则允许之内施展自己的技巧。谈判也一样,谈判者一方面要遵守伦理规范,同时,也要在规则的许可之内施展策略,也要运用规则保护自己。对于犯规的谈判者(即违反伦理规则者)往往不易察觉,但若处理不好就会受到惩罚。其最终结果或者谈判无效果,或者重新建立新的谈判条件。国际商务谈判是以道德规范作为谈判基础的,无数的实践证明,一个缺乏道德和信誉的商人是很难最终取得成功的。

(三) 不在禁区内犯规

既然将谈判伦理喻作"规则",谈判手就要在伦理规则上找到禁区,这样就可以在禁区外"合理犯规",去追求自己的目标。谈判伦理的禁区一般包括：能使谈判无效的犯规,使合同无效或撤销并起诉追索损害赔偿的犯规。

商业谈判伦理犯规与体育竞赛犯规的不同之处在于：谈判伦理犯规是事后罚,而体育竞赛犯规是当时罚。因此,商业谈判犯规又给谈判者提供了一个时间差的优越性。就是说,在谈判过程中,可以违反谈判伦理规范,乃至在伦理禁区犯规,但在谈判终结前,不能停留在伦理禁区。如在谈判期间把旧产品说成新产品（交易标的特性陈述有伪,在禁区内犯规）,但在谈判进入尾声时,对标的特性予以纠正,同时对其他条件做出纠正。这样,总体上对本方的交易还是有利的。但一般说来,不要在禁区内犯规。所以,谈判伦理规则既可以用于约束对手,又可以用于保护自己。

国际商务谈判中,由于双方各自为了自身利益,可能就会出现矛盾和冲突,这就需要寻找一些不受双方意志所支配的客观标准,并依据这些客观标准统一双方的利益。这些客观标准一定是客观的,比如国际贸易惯例、国际行业惯例、国际贸易法律法规以及合同契约中的条款等。但是,在双方利益发生冲突时,乙方为了实现自己的利益而不顾对方的利益甚至损害对方的利益,这种行为是不可避免的。而且由于国际法规的不健全,使得一些商人善于规避国际法去谋取私利。法律法规属于外在的强制约束,期待谈判者自觉遵守法律法规是不可能的。所以,依靠伦理道德来调节和解决纠纷是最根本的标准和最有效的办法。

第六章 谈判风格

谈判是人们用于化解对抗、达成谅解以及将理想与现实相结合的重要途径。国际商务谈判不仅是经济活动，同时也是文化活动。由于中西方文化差异是沿着各自不同的地区、历史轨迹所发展形成的，因此，不同的国家有着不同的谈判风格。某一种谈判风格的形成，有可能是多种因素所导致的，文化也是其中的一个重要方面，并且会在实际的谈判过程中通过谈判者的具体行为体现出来。本章节将会详述不同的国家、民族之间的文化特点对谈判风格的影响，以及各种谈判风格所带来的不同反应在谈判过程中所发挥的作用。关于不同国家和民族谈判风格的差异，在上编第八章跨文化谈判中已有涉及，本章将做进一步阐述。

第一节 商务谈判风格的特点与作用

一、对谈判风格的理解

在商务谈判活动中，"谈判风格"是一个使用频率很高的词，但其至今仍然缺乏一个相对准确的定义。通常来说，谈判风格是指参与谈判的商务人员在谈判过程中，通过言行举止表现出来的建立在其文化基础上的与对方谈判人员明显不同的谈判思想、策略和行为方式等特点。这一概念包括以下几层含义：第一，谈判风格是在谈判过程中表现出来的关于谈判的言行举止；第二，谈判风格是谈判人员文化积淀的折射和反映；第三，谈判风格有其自身的特点，与不同国家或地区的风格存在明显差异；第四，谈判风格在经过反复的实践和总结之后，被某一国家或地区或民族的谈判人员所认同。

二、谈判风格的特点

谈判风格所包含的内容太多、太广，所以很难用简短的语言来加以概括，但还是可以总结出一些特点。

（一）对内的共同性

对内的共同性，是指同一个民族或有着相同文化背景的谈判人员，在商务谈判中会体现出相同的谈判风格,从这个意义上讲,世界上才存在不同国家或地区商人的不同特点。

(二) 对外的独特性

对外的独特性,是指特定群体及其个人在判断中体现出来的独特气质和风格。任何集团的人的集合都是一个群体,也都会体现出群体与群体之间的差异。在同一个群体内,个体与个体之间也存在着差异。谈判风格的独特性决定了个体表现形式的多样化。所以,不同国家、不同民族或同一个国家、同一个民族,由于文化背景、生活方式、风俗习惯等的影响,会表现出不同的风格。

(三) 成因的一致性

无论哪种谈判风格,其形成原因都大体一致,即它主要受文化背景、个人性格及文化素养等方面的影响。

任何一个民族都深深植根于自己的文化土壤中。无论该民族是否意识到,是否承认,都会受到本民族风俗习惯、价值观念和思维方式等潜移默化的影响,形成自己的世界观,并由此指导自己的行为和处事方式,并以此表现出该民族在特定的文化背景下所形成的共同气度和作风。如果忽视这一点,很难对其表现出来的谈判风格做出合理而深刻的理解,也很难适应其风格,当然也难以获得谈判的成功。

人的性格与文化背景有着源远流长的关系。根据社会心理学的研究,在先天因素的基础上,人的性格和后天环境影响有着密切的联系,这同时也是社会化的结果。社会化的内容之一,就是社会文化的内化。

一个国家和一个民族的价值观、文化传统以及思维方式造就出体现自己风格的优秀谈判人员,并不等同于其国家和民族所有的人都具有这种优秀的素质。同时,不同性格的人,同样都可以成为优秀的谈判人员。这就要归功于后天因素的影响。后天因素是指个体所受的教育程度,表现为知识、修养、能力的提高等。谈判人员的风格不仅与其性格、民族有一致性,更与其文化素养一致。为此,要形成和培养自己良好的谈判风格,还需要努力学习,从提高自己的文化素养入手。

第二节 学习谈判风格的作用

谈判风格对谈判有着不容忽视的作用,甚至关系到谈判的成败。学习和研究谈判风格，对我们具有重要的意义和作用。

一、营造良好的谈判气氛

良好的谈判气氛是保证谈判顺利进行的首要条件。如果我们对谈判对手的谈判风格十分熟悉，我们的言行举止就会十分得体，就能比较快地赢得对方的好感，使其从感情和态度上接纳我们。在这样的氛围下展开谈判，深入探讨问题，自然也就会容易得多。谈判风格是一种看不见、摸不着的东西，但它会在谈判中反复地被表现出来，并成为始终起重要作用的因素。我们可以通过了解对方的民族、宗教、习惯、习俗、文化背景、思维方式、价值取向等来掌握某些共同的风格。

二、为谈判策略提供依据

学习和研究谈判风格不仅仅是为了创造良好的谈判气氛，更重要的是为谈判策略的运筹提供依据。如果我们不研究对方的谈判风格，不了解对方谈判风格的形成、表现形式及其作用，或缺乏这方面的知识，就会在遇到需要策略的时候束手无策，更谈不上主动地根据对方的谈判风格设谋用略。谈判风格所涉及的知识领域非常广阔，既有天文的、地理的、社会的、宗教的、民俗的、文化的，又有心理的、行为的、政治的、经济的等等，这些知识本身就会为谈判设谋提供依据和帮助。

三、有助于提高谈判水平

商务谈判往往是很理性的行为，但理性往往受到非理性或感性的东西引导或驱使。谈判风格在认识上有可能是理性的，但其表现形式多为感性的。我们研究谈判风格的过程本身，就是一种学习和提高的过程。我们要汲取不同国家、不同民族和不同地区优秀的谈判经验与艺术，减少失误或避免损失，进而形成自己的谈判风格，或使自己的谈判风格更加完善。

四、考察商务谈判风格的方法

不同国家的商人在长期谈判实践中形成的谈判风格，零散地表现在他们的日常言谈举止中。要想用比较少的文字来描述或总结这些风格显得非常困难。因此，需要我们先确立考察商务谈判风格的方法。

到底从哪些角度来考察不同国家、不同地区商人的谈判风格呢？主要有两种：一是从谈判者的性格特征来总结或描述。由于个人的性格特征千差万别，所以很难取舍。二是从地理分布或不同国家的商人表现的大体特点来总结。我们主要选取这个角度做介绍。为了便于比较，我们选取了一些特定的角度来观察一些非常重要的国家。这些角度包括：①商人如何建立谈判关系；②在谈判中，他们的决策程序是怎样的；③时间观念有没有差别；④沟通如何进行；⑤对待合同或协议是什么样的态度；等等。

第三节 部分国家商人的谈判风格

一、美国商人的谈判风格

（一）谈判关系的建立

在经商过程中，美国人通常会表现得比较直接，不太重视谈判前个人之间关系的建立。如果在业务关系建立之前竭力与美国对手建立私人关系，反而可能引起他们的猜疑。他们可能会认为或许你因为产品的质量、技术水平存在问题才拉拢他们，反而使他们在谈判过程中特别警惕和挑剔，结果使过分"热情"的谈判者备感委屈，甚至蒙受损失。他们喜欢公事公办，个人交往和商业交往是明确分开的。他们认为，良好的商业关系带来彼此的友谊，而非个人之间的关系带来良好的商业关系。不过，美国人强调个人主义和自由平等，生活态度积极、开放，还是很愿意交朋友而且容易结交的。

（二）决策程序

受美国文化的深层影响，美国人对角色的等级和协调的要求比较低，往往尊重个人的作用和个人在实际工作中的表现。在企业的决策上，常常是以个人或少数人为特点，自上而下地进行，在决策中强调个人责任。他们的自我表现欲望很强，乐意扮演"牛仔硬汉"或"英雄"的形象，在谈判中表现出大权在握的自信模样。在美国人的谈判队伍中，代表团的人数一般不会超过7人，很少见到大规模的代表团。即使是有小组成员在场，谈判的关键决策者通常也只有一两个人，遇到问题，他们往往有权做出决定，"先斩后奏"之事时时发生。但他们在谈判前往往会非常认真、充分、详细而规范地做资料准备，以便在谈判过程中能干脆、灵活地做决策。

(三) 时间观念

美国人的时间观念很强。办事要预约,并且准时。约会迟到的人会感到内疚、羞耻。一旦不能如期赴约,一定要致电通知对方,并为此道歉,否则将被视为无诚意和不可信赖。

美国谈判者总是努力节约时间,不喜欢繁文缛节,希望省去礼节、闲聊,直接切入正题。他们喜欢谈判紧凑,强调尽可能有效率地进行,迅速决策,不拖沓。在美国人的价值观念中,时间是线性的而且是有限的,必须珍惜和有效地利用。

对整个谈判过程,他们总有个进度安排,精打细算地规划谈判时间和利用时间,希望每一阶段逐项进行,并完成阶段性的谈判任务。他们这种一件事接一件事、一个问题接一个问题地讨论,直至最后完成整个协定的逐项议价方式被称为"美式谈判"。他们重视时间成本和谈判效率,常用最后期限策略来增加对方的压力,迫使对手让步。

(四) 沟通方式

根据文化人类学家霍尔对文化的分类,美国文化属于低内涵文化。在低内涵文化模式中,沟通比较容易和直接。美国商人坦诚直率、真挚热情、健谈,不断发表自己的意见和看法。他们注重实际,对是与非有着明确、理性的定义。当他们无法接受对方提出的条件时,就会明白地告诉对方自己不能接受,而且从不含糊其词,不使对方心存希望。无论进行介绍还是提出建议,美国谈判者都乐于简明扼要,尽量提供准确数据。对手任何非直接、模棱两可的回答都会被美国谈判者视为缺乏能力与自信、不真诚甚至虚伪的表现。美国人推崇人人平等,交往中不强调等级差别。对谈判,他们认为是双方公平自由的协商,应该有"双赢"的结果,所以希望彼此尽量坦诚地陈述观点和意见。理由充分的争论都会受到他们的欢迎。美国人十分欣赏能积极反应、立足事实、大方地讨价还价、为取得经济利益而精于施展策略的人;相反,过分谦虚、立场不鲜明的人,在与美国人谈判时只会把事情弄糟。

(五) 对合同的态度

美国人重视契约。由于美国人口的高度流动性,使他们彼此之间无法建立稳固持久的关系,因而只能将不以人际关系为转移的契约作为保障生存和利益的有效手段。他们认为,双方谈判的结果一定要达成书面的法律文件,以明确彼此的权利和义务,并将达成书面协议作为谈判成功的关键一步。美国人总是认真仔细地订立合同，力求完美。合同的条款从产品特色、运送环节、质量标准、支付计划、责任分配到违约处罚、法律适用等无不细致精确，以至显得冗长而烦琐。但他们认为正是包含了各方面的标准，合同才提供了约束力，带来安全感。合同一旦签订，他们会认真履约，不会轻易变更或放弃。

二、加拿大人的谈判风格

（一）谈判关系的建立

加拿大是个移民国家，民族众多，各民族相互影响，文化彼此渗透。大多数人性格开朗，强调自由，注重实际利益，发挥个性，讲究生活舒适。受多元文化的影响，加拿大商人一般懂英法两种语言。

（二）决策程序

加拿大居民大多是法国人和英国人的后裔，在谈判决策上，他们有非常浓厚的法国人和英国人的风格（可参考后面有关法国人和英国人的谈判风格）。加拿大各省对自己的社会建设、经济活动、科技开发等有较大的独立决策权。

（三）时间观念

拜访加拿大政府官员和各类商人应注意取得秘书和助手的协助，事先约定，并准时前往。

（四）沟通方式

加拿大是冰雪运动大国，人们讨论的话题多与滑雪、滑冰、冰雕、冰球等有关。他们忌讳"13"这个数字，宴请活动不宜安排在13日。他们喜欢蓝色，应邀做客时，可带上一束较高价值的鲜花或蓝色包装的礼品。谈判时不喜欢在商品价格上讨价还价，不喜欢变来变去，不愿意做薄利多销的生意。

三、英国商人的谈判风格

（一）谈判关系的建立

言行慎重的英国人不轻易与对方建立个人关系；即使本国人，个人之间的交往也比较谨慎，很难一见如故。他们特别计较尊重"个人天地"，一般不在公共场合外露个人感情，也绝不随意打听别人的事，未经介绍不轻易与陌生人交往，不轻易相信别人或依靠别人。

英国人有很强的民族自豪感和排外心理，总带着一种强国之民悠游自得的样子。初与英国商人交往，开始总感觉有一段距离，让人感到他们高傲、保守。但慢慢地接近，建立起友谊之后，他们会十分珍惜，与你建立长期的信任关系。与美国人相似，他们习惯于将商业活动和自己的个人生活严格分开，有一套关于商业活动交往行为礼仪的明确准则。个人关系往往以完成某项工作、达成某个谈判为前提，是滞后于商业关系的。

（二）决策程序

英国商人比较看重秩序、纪律和责任，组织中的权力自上而下流动，等级性很强，决策多来自于上层。比较重视个人能力，不喜欢分权和集体负责。在对外商务交往中，英国人的等级观念使他们比较注重对方的身份、经历、业绩、背景，而不像美国人那样看中对手在谈判中的表现。所以，在必要的情况下，派较有身份地位的人参加与英国人的谈判，会有一定的积极作用。

（三）时间观念

英国人对时间的看法非常严谨，崇尚准时和守时，有按日程或计划办事的习惯和传统，在商务活动中讲究效率，谈判大多进行得比较紧凑、不拖拉。

（四）沟通方式

英国人以绅士风度闻名世界，常常处变不惊，谈话轻描淡写。对他人和他物，英国人所能给的赞赏是"英国式的"。他们喜欢以他们的文化遗产、宠物等作为谈论的话题，尽量避免讨论政治、宗教、皇家是非等。初识英国人，最佳、最安全的话题当然是天气。

英国人谈判稳健，善于简明扼要地阐述立场、陈述观点，之后便是更多的沉默，表现出平静、自信而谨慎。在谈判中，英国人讨价还价的余地不大。有时他们采取非此即彼的态度。在谈判关键时刻，他们往往表现得既固执又不肯花大力气争取，使对手颇为头痛。英国人认为，追求生活的秩序与舒适是最重要的，勤奋与努力是其次的。所以，他们愿意做风险小、利润少的买卖。在谈判中如果遇到纠纷，英国商人会毫不留情地争辩。

（五）对合同的态度

英国人很重视合同的签订，喜欢仔细推敲合同的所有细节。一旦认为某个细节不妥，便拒绝签字，除非耐心说服，并提供有力的证明材料。英国商人一般比较守信用，履约率比较高，注意维护合同的严肃性。但英国商人有不大关心交货日期的习惯，出口产品经常不能按期交货。所以，在与英国人签订的协议中万万不可忘记写进延迟发货的惩罚条款并加以约束。

四、法国商人的谈判风格

（一）谈判关系的建立

法国人乐观、开朗、热情、幽默，注重生活情趣，富有浓郁的人情味、爱国热情和浪漫情怀，非常重视相互信任的朋友关系，并以此影响生意。在商务交往上，法国人往往凭借着信赖和人际关系去进行，在未成为朋友之前，他们不会同你进行大宗交易，而且习惯于先用小生意进行试探，建立信誉和友谊之后，大生意便接踵而至。热情的法国人将家庭宴会作为最隆重的款待，但绝不能将家庭聚会上的交往视为交易谈判的延伸。一旦将谈判桌上的话题带到餐桌上来，法国人会极为不满。

（二）决策程序

法国人的家族企业多，讲究产品特色，不轻易做出超越自己财力范围的投资。一般情况下，法国公司的组织结构单纯，自上而下的层次不多，比较重视个人力量，很少集体决策。从事谈判也大多由个人承担责任，决策迅速。法国商人大多专业性强，熟悉产品，知识面广，即使是专业性很强的谈判，他们也能一人独当几面。

（三）时间观念

对别人要求严格、对自己比较随便是法国人时间观的一大特点。法国人工作时认真投入，讲究效率，休闲时痛快玩耍。他们十分珍惜假期，十分喜爱休闲度假。每年 8 月通常是法国人的假期。

（四）沟通方式

法国人大多十分健谈，富有感情，话题广泛，而且口若悬河，出口成章。在谈判开始时，他们喜欢聊一些社会新闻及文化方面的话题，以创造一种轻松友好的气氛，否则，将被视为"枯燥无味的谈判者"。法国商人在边聊边谈中慢慢转入正题，在最后做决定阶段才一丝不苟地谈生意。法国人非常尊重自己的传统文化和语言，在商务谈判中多用法语。如果我方谈判者能讲法语，将有助于形成良好的谈判气氛。

（五）对合同的态度

法国人比较注重信用，一旦签约，会比较好地执行协议。在合同条款中,他们非常重视交货日期和质量条款。在合同的文字方面,法国人往往坚持使用法语,以表现其爱国热情。为此,与法国商人签订协议不得不使用两种文字,并且要商定两种文字的合同具有同等的效力。

在谈判方式的选择上,他们偏爱横向谈判,谈判的重点在于整个交易是否可行,不太重视细节部分。法国商人不喜欢为谈判制定严格的日程安排,但喜欢看到成果,所以在各个谈判阶段都有"备忘录""协议书"之类的文件为后面的正式签约奠定基础。

五、德国商人的谈判风格

(一)谈判关系的建立

德国人沉稳、自信、好强、勤奋、严谨,对发展个人关系和商业关系都很严肃,不大重视在建立商务往来之前先融洽个人关系。他们十分注重礼节、穿戴、称呼等。要想得到德国商人的尊重和信任,着装必须严肃得体。在交谈中,应避免提及个人隐私及政治(尤其是第二次世界大战)等话题。在与德国人的最初几次会面中,他们显得拘谨、含蓄甚至生疏。一旦彼此熟悉,建立商务关系且赢得他们的信任后,便希望长期保持。德国人不喜欢"一锤子"买卖,求稳心理较强。

(二)决策程序

在商务谈判中,德国人强调个人才能。个人意见和个人行动对商业活动有重大影响。各公司或企业纪律严明,秩序性强。决策大多自上而下做出,不习惯分权或集体负责。

(三)时间观念

无论公事还是私事,德国人都非常守时。在商业谈判和交往中忌讳迟到。对迟到者,德国人会毫不掩饰他们的不信任和厌恶之情。勤奋、敬业是德国企业主的美德。

(四)沟通方式

尽管德国人比较保守,但他们办事雷厉风行,考虑事情周到细致,注重细枝末节,力争人和事都完美无缺。在谈判前,他们详细收集资料,准备十分周密,从不打没有准备的仗。充分的准备使他们在谈判一开始便占据主动地位,谈判思维极有系统性、逻辑性。他们谈判果断,极其注重计划性和节奏紧凑,一开始就一本正经地进入主题。谈判中,德国人语气严肃,陈述和报价清楚明白;谈判建议具体、切实,以一种清晰、有序和权威的方式加以表述。德国人在谈判中常常固执己见，缺乏灵活性。

（五）对合同的态度

德国人有"契约之民"的雅称，非常重视和尊重契约。在签订合同之前，他们将每个细节都谈判到，明确双方权利、义务后才签字。这种谈判作风使德国商人的履约率在欧洲最高。他们会一丝不苟地按合同办事，诚实可信。同时，他们也严格要求对方，除非有特殊情况，决不理会其贸易伙伴在交货和支付方式等方面提出的宽限请求或事后解释。他们重视商权。在德国的法律条文中有严格而明确的商权规定。

六、俄罗斯商人的谈判风格

（一）谈判关系的建立

俄罗斯是礼仪之邦。俄罗斯人热情好客，注重个人之间的关系，愿意与熟人做生意。他们的商业关系是建立在个人关系基础之上的。一般只有建立了个人关系，相互信任和忠诚，才会发展成商业关系。没有个人关系，即使是一家优秀的外国公司进入俄罗斯市场也很难维持发展。俄罗斯人主要通过参加各种社会活动来建立关系，增进彼此友谊。这些活动包括拜访、参观、聊天等。在与俄罗斯人交往时，必须注重礼节，尊重民族习惯，对当地的风土民情表现出兴趣，等等。只有这样，在谈判中才会赢得他们的好感、诚意与信任。

（二）决策程序

长期以来，俄罗斯是以计划经济为主的国家，中央集权的历史比较悠久。这使得俄罗斯社会生活的各个方面都带有比较浓厚的集权特征。他们往往以谈判小组的形式出现，等级地位观念重，责任常常不太明确具体。他们推崇集体成员的一致决策和决策过程的等级化。他们喜欢按计划办事，一旦对方的让步与其原定目标有差距，则难以达成协议。由于俄罗斯人在谈判中经常要向领导汇报情况，因而谈判中决策与反馈的时间较长。俄罗斯正处于从计划经济向市场经济转变的过渡时期，正经历剧烈的政治、经济和社会变革。与他们谈判要注意这个变化，搜集相关资料，做好应付复杂性和动荡性的准备。

（三）时间观念

俄罗斯有一句古老的谚语："如果你打算出门旅行一天，最好带上一周的面包。"因为在俄罗斯难以预料和不确定的因素太多，包括谈判中的时间和决策、行政部门的干预、交通和通信的落后。他们认为，时间是非线性的，没有必要把它分成一段一段地加以规划。谈判时俄罗斯人不爱提出讨论提纲和详细的过程安排，谈判节奏松弛、缓慢。不过，俄罗斯人比较守时，在商务交往中，需事先预约。

（四）沟通方式

俄罗斯人喜欢非公开的交往，喜欢私人关系早于商业关系的沟通方式。一旦彼此熟悉，建立起友谊，俄罗斯人表现得非常豪爽、质朴、热情，他们健谈、灵活，乐于谈论艺术、建筑、文学、戏剧、芭蕾等。他们非常大方、豪迈，长时间不停地敬酒，见面和离开都要握手。俄罗斯人是讨价还价的行家里手，善于运用各种技巧。常用的技巧有制造竞争、有的放矢等。他们缺乏外汇，比较欢迎易货交易。

（五）对合同的态度

俄罗斯人重视合同。一旦达成谈判协议，他们会按照协议严格执行，同时，他们也很少接受对手变更合同条款的要求。在谈判中，他们对每个条款，尤其是技术细节十分重视，并在合同中精确标识各条款。

七、日本商人的谈判风格

（一）谈判关系的建立

日本人的谈判方式独特，被认为是"很难对付的谈判对象"或"圆桌武士"。日本人相信良好的人际关系会促进业务的往来和发展。他们十分重视人际关系。人际关系的建立及其信任程度，决定了与日本人建立商务关系的状况。日本人相信一定形式的介绍有助于双方尽快建立业务关系。因此，谈判开始之初，日本商人会想方设法找一位与他们共事的人或有业务往来的公司作为谈判初始的介绍人。日本人往往通过私人接触建立关系，或通过政府部门、文化机构以及有关的组织安排活动来建立联系。为了进一步了解谈判对手，日本商人常常邀请谈判对方去饭店或其他场所。

（二）决策程序

日本商人的决策程序或步骤往往令谈判小组的每个成员都感觉到自身参与的重要作用及其决策程序。表现为两大特点：

一是自下而上，上司批准。即先由下级或部属对某个方案进行讨论认同，然后再由上级领导决定。这一特点由于建立在充分讨论的基础上，因而容易执行,但决策时间过长,效率不高。

二是认同在先,集体决策。谈判过程中,日本商人总是分成几个小组,任何个人都不能对谈判的全过程负责,决策必须征求全组人员的意见;任何决策只有在全组人员均认可后才能付诸实施。

(三) 时间观念

认同在先,集体决策,使日本商人的决策过程较慢,因此而受到许多外国谈判人员的批评。因此,在与日本商人的谈判过程中,想急于求成是不太现实的。日本商人对截止日期、时间有限等不理不睬。在对方的各种压力之下,他们仍然心平气和、沉着冷静。另外,要让日本商人在谈判中畅所欲言,必须花大量的时间来发展与他们的私人关系。

(四) 沟通方式

日本商人注重"面子",不喜欢在公共场合发生冲突,往往采用委婉、间接的交谈风格。虽然他们的表达方式大都清晰明了,但某些听似肯定的答复,实际为否定的回答。这种间接的沟通方式容易误导对方。

日本商人一旦同意了一项提议,做出某种决定,往往坚持自己的主张,很难改变他们的决定,因为改变决定需要参与谈判的全体成员的同意。

日本人注重礼仪,对对方的感激之情往往借助于馈赠礼品或热情款待对方等方式来表达。

(五) 对合同的态度

日本商人有一套自己的标准和原则。他们认为,相互之间的信任在业务往来中最重要,不必明白无误地签订详细的合同。这种观念正在发生变化。不过,即使有书面形式的合同,合同的内容也非常简短,他们大量依赖于口头协议。书面协议仅仅在纠纷产生时作为处理的参考文件。

八、阿拉伯商人的谈判风格

(一) 谈判关系的建立

阿拉伯地区由于受地理、宗教、民族等不同因素的影响,他们多以宗教进行派别划分,不同部族之间聚成群。因此,阿拉伯人的家庭观念比较强,虽然性情固执、保守、脾气倔强,不会轻信他人,但另一方面又热情好客,很重视朋友义气。阿拉伯人很重视信誉,若要与其谈生意,必须先赢得他们的信任。因此,建立生意关系首先要成为他们的朋友,或者通过亲友引荐，以便双方熟悉起来，再进行后续的谈判等工作。

（二）决策程序

阿拉伯人认为信誉至上，在跟他们谈论合作之前要首先获得他们的好感与信任；且阿拉伯人十分好客，对远道而来的客人会表现得十分尊重；此外，阿拉伯人崇尚兄弟情义，在谈判过程中若其亲友突然到访，阿拉伯人为了不冷落自己的兄弟亲友，会先跟亲友进行商谈聊天，待到亲友离开之后再重新回到谈判桌上。阿拉伯人对于这一类情况习以为常，并不觉得失礼，其他文化背景的人只能对此表示宽容和理解。

（三）时间观念

阿拉伯人不喜欢通过电话谈论生意，谈判的节奏十分缓慢。每一次的谈判过程对于阿拉伯人来说只是谈判决策的一部分，他们通常需要很长的时间、经过多个回合的谈判才能最终做出决策，且在谈判之后双方也保持定期的联络、拜访等，对于巩固双方的良好合作有很多的帮助，增加日后合作的机会。定期的回访有时甚至还会有令人意想不到的效果。

（四）沟通方式

阿拉伯人最重视的莫过于谈判的早期阶段。在谈判早期，阿拉伯人会投入很多的精力打破僵局，努力营造友好的气氛。经过长期的友好会谈，他们会通过不断地试探来摸清想要了解的问题，并通过间接的方式来探讨不同的方案，获得他们想要掌握的信息。

（五）对合同的态度

谈判时，阿拉伯人注重通过谈判所获得的经济利益，也很看重通过他们不断地努力而争取到的利益。因此，在签订合同环节要注意对阿拉伯人预先考虑好适当的让步，但是要通过谨慎的谈判之后才让对方获取这些让步。在签订合同之时，阿拉伯人采取的是保守原则，不会轻易信任他人，并且喜欢谨慎行事，在经过多次协商之后，会由口头协议转变成书面协议的形式，最终确定合同的内容。

第四节　世界各地商人谈判风格的基本分类

国际商务谈判的实质是跨文化的商业行为。综观世界各国的商务行为，大体可以分为两大类型，即生意导向型和关系导向型。

一、生意导向型和关系导向型的特点和地区分布

生意导向型的人们主要以业务为导向，而关系导向型的人们则以人为导向。当然，无论在哪里做生意，关系都是重要的，只是程度上的差别而已。

（一）生意导向型

北欧、北美、澳大利亚和新西兰，这些地区的人们相对比较开放，愿意和陌生人做生意，属于典型的生意导向型文化。

生意导向型的人与陌生人做生意时相对开放，在这样的市场，海外商人通常能够与批发商或者顾客直接签订合同。以美国为例，这是一个高度移民的国度，大多数美国人都愿意与素不相识的人洽谈生意。企业之间电话推销的成功说明了这种开放度的优势。每年，美国都要从全球的陌生者那里购买价值数十亿美元的商品和服务。毫无疑问，美国是电话推销之乡！总的来说，在美国，只要你能够提供正常的商品和服务，并能够进行正确的市场研究，相对来说，做生意是迅速、便捷的，因为美国是典型的生意导向型市场。

（二）关系导向型

在阿拉伯国家和非洲大部分、拉丁美洲和亚太地区（日本、中国、韩国、印度等），人们尽量不与陌生人做生意，属于典型的关系导向型文化。

关系导向型的人们往往是通过错综复杂的个人关系网获得生意。他们更愿意与家族、朋友和熟悉的个人或者组织打交道，他们认为这些人可以信赖。他们和陌生人做生意会很不舒服，尤其是与外国人做生意，会没有安全感，不容易信赖对方。

与生意导向型相比，上例中的电话推销在关系导向型市场就不那么奏效。例如，在日本，电话推销就是指给现有客户打电话，通常是关系导向型企业给关系客户打电话，给陌生人打电话被认为是种奇怪的行为。在中国也是一样的情况，陌生的电话拜访往往不容易获得对方的认可。

二、如何接近关系导向型客户

（1）先交朋友，再做生意。

（2）被引见。可通过以下方式进行：①通过双方都熟悉的权威人士；②通过国家驻该目标市场国的大使馆的商务职能部门；③千方百计"拉

关系"。

（3）参加国际性展会，在展会上寻找合作伙伴，这样容易建立信任和合作关系。

（4）加入官方贸易代表团。

（5）借助信誉良好的中介组织。

三、如何与生意导向型企业打交道

（1）把问题摊开来谈。生意导向型文化的商人通常比较率直，只要能够清晰介绍自己公司和产品的优势，将问题摊开来谈，沟通就相对比较容易。

（2）被引见可以加分，但并不是必不可少的。

（3）生意导向型的买卖也要进行社交活动。生意导向型的进出口商也想在签订分销协议时能够对彼此有更多的了解。但是，这些可以放在以后进行。他们先谈论生意，在谈判过程中进行相互了解。

（4）生意导向型的买卖双方也会通过喝酒、吃饭和打高尔夫来进行社交活动。

第七章 谈判中的权力与时间

在谈判中,尽管每一次谈判的议题和谈判者都不一样,但是谈判制胜的要素往往一样,包括谈判的权力、谈判的时间,当然还有信息。本章主要讨论谈判中的权力和时间。

"权力"是个中性词,权力无所谓好坏。所谓权力,是指把事情做好的才干或能力以及如何运用它来控制人、事、物及自己的力量。谈判中的权力,是指谈判者可以聚集用来获得优势或者提高达到自己目标的能力。所有的谈判者都希望拥有权力,他们想知道如何给对方施加压力,如何说服对手从同样的角度看到问题,如何从对方获取他们想要的东西,如何赢得对方并改变对方的看法。

时间就是金钱,时间也是力量。在谈判中,如果能巧妙地利用时间,就能增加己方控制谈判局面的能力和力量,取得谈判优势。

第一节 权 力

谈判中的权力,是指谈判者所拥有的把事情做好的才干和能力,以及运用它来控制、支配谈判局面的人、事、力量或权威。当人们拥有"达成所期望的结果或能力"或"按他们的方式完成事情的能力"时,他们就拥有了权力。此定义更多地强调"强权",即主导和控制对方的权力,这也是目前大多数学者对权力的定义。但在实际运用中,权力往往还有另外一层意义,即"与对方合作的权力",权力共享,拥有权力的一方会与对方共同开发和分享权力。

一、权力的重要性

大多数人都相信权力在谈判中非常重要,它能够给谈判者带来优势,并获得最大的收益,或者达成所偏好的解决方案。通常来说,谈判者寻求谈判中的权力,通常是基于以下两种原因。

(1) 谈判者认为自己目前的权力不如对方,认为对方具有既有的可利用的优势,因此会寻求权力以消除或抵消对方的优势。

（2）谈判者认为自己需要比对方更大的权力以提高获取期望结果的可能性，认为增加的权力对于其获取或保持谈判中的优势非常必要。

多数情况下，谈判者运用策略创造权力均衡的局面，其目的是尽量避免任何一方控制谈判的局面，这就为达成妥协的、合作的整合式协议奠定了基础。相反，谈判者也可以运用策略创造权力差距作为获取优势或阻挡对方行动的一种方式。这些策略增强了权力较大一方的主导谈判的关系，为采取竞争性的、优势策略和达成分配式的协议铺平了道路。

在实际谈判中，强制权力会招致对方的反抗，从而导致冲突，使谈判格局恶化，陷入僵局，或达成糟糕的协议。所以在谈判中运用权力的时候要注意以下三点。

首先，如果你的威胁是可信的，那么在谈判之初，你就可以展示自己的权力来强迫对方，这样可以迫使协议尽快达成。然而，如果对方发现你是虚张声势，你的威胁就无法实践甚至有失颜面。

其次，当对方拒绝谈判，或者谈判失利需要重新启动新一轮谈判时，权力策略会更加奏效。在这种情况下，运用权力或者权力策略做出威胁不会有太大的风险。但是威胁本身可能会帮助对方看清情况的严重性。

最后，权力策略的成功与否取决于你如何运用它。要发挥权力的效用，威胁必须具体且可信，直击对方最关注的利益；否则，对方就不会去遵从。同时，要确保给对方留后路，以使他们避开威胁，保留面子，重新开启基于利益的谈判。

一般而言，不注重权力或权力相当的谈判者会发现，他们达成双方都满意的协议的过程很简单也很顺利；相反，注重权力或者相比对方拥有同等甚至更多权力的谈判者，他们更有可能寻求一种解决方案，要么做到不输，要么做到只赢。

二、权力的来源

约翰·科特（John Kotter）在《权力与影响力》中提出了他的权力来源理论。关于权力，有很多经典研究。其中，社会学家French和Raven提出五种权力的来源（基础），一直被广泛地应用（French和Raven，1959）。①奖酬性权力（reward power）。这种权力来自掌权者拥有给别人奖酬的资源和能力，其中的奖酬既包含给予正面有利结果，也包含去除负面不利结果。②强制性权力（coercive power）。这种权力是指对违背掌权者意愿的人进行惩戒的力量。常用的强制性权力是以训斥、纪律、给予惩戒或威慑。③合法性权力（legitimate power）。这种权力是指通过选举或任命而担当一定职位所得到的行为力量。合法性权力不取决于掌权者与别人的关系或影响他人的方式，而是取决于他所拥有的头衔或地位。这是由组织明文规定授予的权力。④参照性权力（referent power）。这种权力来源于人们对某些具有特殊品质、吸引力与魅力的人的敬慕与认同，因而自愿接受其影响、追随其所指引的方向，而不管他是否具有奖酬权与合法性。⑤专家性权力（expert power）。这种权力以在某一特定专业领域中的专长（知识、技术和经验）为基础，是由于成为别人学习参照的榜样所拥有的力量。

美国经济学家加尔布雷思（Galbraith）在《权力的分析》一书中对权力的来源进行了分析。他把权力分为应得权、报偿权、制约权三种。权力的来源也有三种。

首先是人格。他认为人格同应得权之间有着原始且持久的联系，在古代，有些人就是凭其体格上的强悍而赢得他人的服从。也就是说，这些人具有对那些不顺从者和越轨者进行肉体惩罚的能力。人格与应得权之间的这种传统的联系在当今世界仍有一定程度的存在。在现代社会，人格同权力的应用手段之间最重要的联系已变成同制约权之间的联系。实际人格通过劝说——树立信仰、运用领导能力而赢得他人的服从。一些人能够非常有效地把自己所具有的某种神奇力量和指导才能传递给别人，而这种力量和才能是一般人不可企及的。

其次是财产。占有财富使得对权力的最平常的运用成为可能，在以往的世纪里，特别是在20世纪末，显赫的财产是如此重要，以致没有任何必要进行实际的奖赏，财富的拥有者就能获得他人有条件的信仰。富翁们的名望是他们既拥有报偿权又拥有制约权的自动通道。但是，权力愈来愈少地产生于拥有财产，正如权力愈来愈少地产生于人格一样。其首要原因是组织的兴起。也就是说，组织是权力的第三个来源。在现代社会，任何群体、阶级、阶层离开了组织这个因素，都不可能有效地掌握和运用权力。有的学者认为，组织，包括政府组织，是权力的最终来源。

三、权力运用的规则

（一）建立可信度

人的注意力广度有限，因而我们只会倾听那些认为值得听的话，所以，可信度是谈判者说服力中一个很重要的方面，是权力的重要来源之一。

这条规则很容易被曲解为应该在对方面前抬高自己的身价。事实是，当人们试图抬高自己的身价时，其他人往往很想挫其锐气，所以，要想抬高自己的身价，一个有效的办法是让其他人为你说好话，或者让对手未见其人已闻其名。如果跟谈判对方已经熟悉，那么就可以尽量使自己表现得井井有条，准备充分，这些特质都能表现你的能力，是提高可信度的机会。

可信度在国际商务谈判中是不可缺少的。然而，尽管所有文化中都重视信任，但却没有一个评价标准。比如，美国人通常把责任理解为信任，日本人不乐意与傲慢无礼、公开侮辱人的对手谈判，拉丁美洲人喜欢和谈判者建立私人亲密关系，等等。总之，在进行谈判之前，充分了解对方倾向于把哪些因素当作可信度指标，然后再从容地向他们展示你具有的这些特点。

（二）充分搜集信息

在权力的诸多来源中，信息来源是最常见的。谈判者可能运用信息权力去阻碍对方的立场和期望的结果，或者质疑对方观点的有效性。谈判中的信息交换也是做出让步过程的核心因素。随着各方陈述了各自的信息，谈判的蓝图也就大致清晰了。

源于专业的权力是信息权力的一种特殊形式。任何人只要搜集了事实和数据以支撑其观点，就获得了信息权力，而专业权力只有那些对某个信息体系的使用和掌握达到了一定级别的人才会得到。专家由于他们的经验、研究和成就而得到尊重、敬仰和信任。相比于非专家而言，谈判中的一方或双方将会更加信任本行业的专家。所以，在谈判中表现得专业并像个行家。

谈判的输赢每每取决于对背景知识的掌握，尽可能获取更多的可用于谈判的信息，而这些信息可能是对方不太熟悉的。然后建设性地组织信息，怀着帮助的心态，而不是断章取义地堆积资料或者傲慢地炫耀自己的见识，这样，对方极有可能被打动，你将得到尊重，获得权力。

另外，成为行家的另一好处是能给自己带来自信。信息和说服力对观点的认同非常重要，尤其当对方对资源的见解不同时。信息搜集全面、准备充分的谈判者在谈判时会高度自信，会让竞争对手觉得他们这样做很有道理、无可辩驳。

(三) 尊重对方

拥有权力不是让对方觉得自己绝对正确，或让对方觉得他们肯定是错的。不管与对手在什么问题上有分歧，也不管这场唇枪舌剑会升温到什么程度，一个好的谈判者都会尊重对手，尊重对方的成就和立场，甚至努力帮助对方保持自信。在有的谈判中，对方可能在某种程度上需要依靠你的友好，如果你让对方觉得你根本不尊重他们，这对谈判本身无疑是有弊无利的。

尊重对方，除非形势逼迫你不得已做出其他的选择。但即使如此，也要保持高姿态，向对方表明你不会任人宰割。权力来自于对局势的控制，而控制又来自能让对方心甘情愿地与你谈判。技巧高超的谈判者，拥有越多可供选择的语言使对方恢复受到尊重的感觉，或者叫"恢复尊重"的话语。以防对方似乎对你之前的某些言行感到不悦时，可以试试这个方法。"如果你不介意的话，让我们回头看看我是否有点词不达意。"接下来，你可以重新架构或给之前的话语附加一个更好的架构。例如，"我知道我们双方都很想达成共识，如果刚才我显得蛮横无理，请相信我真的是由于急切的心情所致。"这就能对之前的话进行补救。

(四) 建立依存度

让对方对你有依存度会给你带来权力，一种向心力。建立依存度的一个方法就是让别人喜欢和你在一起，跟你在一起很舒服，来增加自己的优势，使权力的天平倾向自己。职场新人会发现，有些看上去更能胜任的人与工作失之交臂，而另一些看上去不那么胜任的求职者却得到了工作。这是为什么呢？这可能是因为安全感，可能是觉得地位或重要性得到了提高，也可能没有理由，就是高兴和喜欢。如果感觉对方的面子由于某个错误或者不幸收到了威胁的时候，可以用以下这样的一些话安慰对方，获取对方对你的依存度。

(1) 不久前我也碰到了一模一样的事情。

(2) 我们不要再想这件事了，集中精力看看已经取得的成就，这些成就可都是归功于你的领导。

(3) 这个问题的确是一个障碍，但是如果没有你的话，我们不可能成功解决那么多问题，我相信这回你也一定能再次带我们走出困境。

当然，我们要把握好尺度。安慰对方是我们的目的，要达到这个目的，既不需要一味迎合，也不需要假意恭维，谈判高手要仔细考虑创造依存度的方法。在谈判前我们应该问自己：我有什么是对方可能想要的？在谈判初期，主要是认真倾听，探讨解题线索，寻找可依赖的范围，并且考虑用什么方法突出他们对这种依赖性的应付能力。通过这种方法，给自己的立场增加优势，使权力的天平向自己倾斜。

（五）同一权力手腕不要使用两次

在谈判中，同一策略通常只使用一次。如果在一次谈判中，同一战术不止使用一次的话，一定要清楚你自己在做什么。对于高效谈判者来说，拥有大量可供选择的策略和战术是他的标志，他绝不希望重复战术或策略的使用被解释为黔驴技穷，让别人对他的举止可以预测，因此也更容易被击败。

另外，有些人在谈判中喜欢故意创造神秘感。这种方法适合那些威望高及受尊重的人，尤其是那些惊为"神人"的人。如果你没有如雷贯耳的声望，不要过度使用神秘感。任何让你容易被理解或你的行为容易被预测的事情都会降低你的权力，重复使用同一策略正是这样的一种标志。

（六）不到万不得已不要使用威胁手段

权力的最佳运用是用于无形之中，不是表现蛮横霸道。谈判者使用合作策略越多，能获得的共同利益也就越多。而经常使用威胁、要求等竞争性策略的谈判者，往往不能取得最理想的结果。威胁是极端谈判者采取的行为，而"极端"则绝不是应该给对方造成的印象。

一旦使用威胁，你就不再是在谈判，而是在威压强制，谈判的目的是为了相互让步，使双方获得双赢的结果。而强制是单方面的、目光短浅的做法。因为一旦使用威胁强制的手段，双方很容易陷入僵局，目标就无法达成。

当然，有时候争论的一方只肯臣服于强力。

当理性不起作用或对方明显习惯于强迫他人服从自己的意愿时，含糊威胁可能是个必需策略。含糊威胁既微妙又可以否认，有时候只需要简单地提及某个对方不想招惹的有权力的盟友或熟人。"前几天我跟某某也谈起这个问题，他告诉我说你也一定会这么想。"当然，实际的掌握一如既往的重要。如果过早地做出含糊威胁，对方也许会认为整场谈判都会这样进行下去。如果太晚，对方可能已经固执地决定采取某个行动。通常，应该在对方还在试探还在试图做决定，或者在谈判有进入僵局的迹象而又走投无路的时候使用含糊威胁。

（七）找到弱点

任何谈判者不可能完全没有忧虑或不安全感，好的谈判者只是能很好地隐藏这种情绪罢了。谈判高手鼓励对方敞开心扉，和对方"推心置腹"。他们会主动透露一些看似是自身隐私的事情，这种信任的表示往往会引发对方的互惠性信息交换。当双方分享了一些个人信息后，你们之间就建立了某种联合，这通常是通往更多共享事务的大门。需要注意的是，过早地"敞开心扉"是不可取的。

你的目的是弄清楚，对方声称最重要的问题真是其首要利益还是别有用心。这里的别有用心可能仅仅是争取让你做出足够大的让步，让他们带着胜利的满足离开谈判桌。不管其目的如何，千万要记得，不要把自身的利益当作对方的利益，而是要探求他们的心理，满足对方极度渴望又秘而不宣的需要。

四、权力对谈判的影响

谈判中至关重要的一点是，要尽早判定你的谈判对手拥有多少权力，找到能做决定的人。所以谈判之初，最好开门见山就提出"你有权做这个决定吗？"这个问题。如果得到的是肯定的答复，就可以开始与对方讨价还价了。反过来，如果得到的是否定的答案，就应该委婉地请求与真正有权力的人谈判。

权力对谈判的影响主要有两个方面的结果：一是在个体水平上，提高权力可以提高个体的谈判成绩，权力大的谈判者在谈判中更多地使用敌对策略，做较少的让步。此外，权力小的谈判者在谈判中信息搜索的特点反映了正确理解对手和给对手留下好印象两种动机。二是在群体水平上，一般来说，权力平等的谈判比权力不平等的谈判产生更高水平的整合性结果，但是在"权力劣势一方具有较高的抱负水平"以及"权力优势一方具有积极的情感状态"两种条件下，权力不平等的谈判也能够取得较高水平的整合性结果。

第二节 时　间

不论做什么事情，对每个人来说，时间都是一样的。因为无法控制时间的快慢，我们就必须分析时间的变化对国际商务谈判过程的影响。我们知道，时间是谈判中的重要因素，与时间相关的各种因素作为谈判中的重要情境变量对谈判者的认知、行为和谈判结果起着至关重要的作用。

一、时间限制和时间压力对谈判的影响

作为一种社会互动形式，谈判不可能无止境地持续下去，它要求谈判方必须在一个有限的时间内达成协议，这就会对参与谈判的各方形成时间压力。

任何谈判都有时间限制。"你想何时完成谈判呢"是一个随意且常常能为你提供宝贵信息的问题，几乎在任何谈判中都能使用。信息会转化成筹码，而筹码又会转化成更好的谈判结果，而且提醒你的谈判对手，他在谈判中所面临的压力。

谈判之初是提出"你想何时完成谈判"的好时机，对方的答复有助于你判断怎么继续下面的谈判。典型回答可以归纳如下：

一种是非应答或回避："我没有想过这个问题，你想什么时候完成？"这说明对方很可能是一位老练的谈判对手，这种对手一般不会轻易透露信息。

一种是快人快语或防御型回答："这和你没什么关系。"这类回答基本可以判断对方的谈判诚意不够。

还有一种是诚实而直截了当的回答："我想在年底前完成合同谈判。"这类回答对你很有价值，说明谈判对手急于求成，时间紧迫。

时间压力会提高人们在决策时的认知闭合需要。认知闭合需要（need for cognitive closure）是个体应对模糊性时表现出的动机和愿望，按照个体所具有的这种认知特征的强烈程度，可以将人们分为高认知闭合需要者和低认知闭合需要者。高认知闭合需要者一般在认知上表现得非常没有耐心，即使没有充分的证据也会立刻做出决策和确定行动方向，并有意无意地排斥新信息；而低认知闭合需要者对模糊性的容忍程度较高，更喜欢在判断之前广泛地搜集信息，对信息进行深入分析和思考，从而对已知事实

做多种解释。早在1983年，Kruglanski等人就发现，时间压力会增强人的认知封闭需要，使人们只是肤浅地加工信息，不会去考虑多种可能的解释，在判断和决策时更容易受认知启发式的影响，比如首因效应和刻板印象。

时间压力促使谈判者更加依赖认知启发式。高认知闭合需要者比低认知闭合需要者更容易受刻板印象的影响，启发式的运用受到认知闭合需要的调节。谈判者对认知启发式的依赖主要表现在对谈判对手刻板印象和固定资源知觉的依赖。谈判者在高时间压力下，系统加工信息的动机会降低，在做出让步时会更加依赖对谈判对手的刻板印象作为认知启发式的线索。比如，谈判者认为商科学生更具有竞争性，因而做出的让步更小，提出的要价更高；而认为宗教系学生更具有合作性，因而做出的让步更大，提出的要价普遍较低。在不同时间压力下，谈判者对固定资源知觉的依赖主要表现在：在低时间压力下，谈判者最初的固定资源知觉强，但到谈判后期会明显减弱；在高时间压力下谈判者的固定资源知觉程度始终是一样的，高时间压力下的谈判者更加依赖固定资源知觉进行决策和判断。

时间压力造成谈判者的认知偏差。由于时间压力会降低谈判者认知动机，这就常常会使谈判者判断失误，忽略一些重要信息，反而对一些无根据的、自我臆想的信息过分看重，从而对谈判带来不利影响。比如，高时间压力下的谈判者会忽视谈判对手的情绪，团队谈判代表在高时间压力下会过分注重给团队成员造成的印象，这些都会使谈判者错失达成整合协议的机会。对手愤怒的情绪会使谈判者让步更大，要求更低；而对手高兴的情绪会使谈判者要求更高，让步更小。这说明谈判者是根据对手的情绪来判断对手所能承受的底线，在决策时会将这些信息综合起来考虑。

我们可以看出，谈判的成功在很大程度上取决于谈判者加工谈判相关信息的动机和能力，而时间压力往往造成了谈判者的思维封闭，降低了他们系统加工信息的动机，因而是谈判成功的一个重要障碍。

二、暂时僵局可能会改变谈判者行为，扭转谈判局势

为了避免时间压力给谈判带来的不利影响，应该在谈判中赢取时间或拖延时间以提高谈判质量。使用"暂停谈判"的方法从谈判中解脱出来，为自己的思考争取"中场休息"的时间，以第三方的身份重新评价谈判。

暂时僵局有利于谈判者向合作行为的转变。暂时僵局是指谈判双方僵

持不下，都不让步，从而使谈判暂时停止的一个过程。谈判中的个体总是以竞争性的行为开始谈判的，当他们都拒不让步的时候谈判就会陷入僵局，这时他们才反省竞争的谈判方式是错误的，为了避免出现不能达成协议的局面，他们会转而采取合作的整合谈判方式。暂时僵局对于谈判者采取整合行为是必要的，但并不会带来必然的结果，因为谈判者行为的转变还取决于他们思考和采取整合行为的意愿。

三、如何应对压力

在谈判过程中，谈判双方在最终达成协议之前，总会进行一番相互考验，不论是考验对方的诚信、实力还是谈判技巧，谈判者在其中都倍感压力存在。这种压力既有谈判者提出的交易条件以及个人行为或者期限等引发的压力，也有谈判对手施加的压力。

应对压力的方式很多，下面介绍几种常用的方式。

（一）保持理性，不贸然出击

找到突破口十分重要，它可以成为你摆脱压力甚至反过来利用压力的转折点。为了找到突破口，谈判者必须清楚自己的势力范围，保证在自己的势力范围内控制好谈判局势，不可贸然超出势力范围出击。就如驾驶员在超车的时候，势必对周围环境以及自己的位置有清楚的了解，在十足的把握下才会超车，否则结果可能致命。

（二）姿态灵活并留有余地

应对压力，谈判者既要坚定自己的观点，同时又要灵活应对对方的反应。有时候在分析总结的基础上可以故意做出一些错误的预测，会很容易促使对方做出反应来更正你的说法。而在这个过程中，对方必定会再次解释他们的态度，而且会更具体，于是对方自己的压力加大，而你的余地便腾出来了。

（三）缓和气氛，避免仓促决策

在谈判中，特别要注意缓和谈判气氛，不随对方引导而动。可以采取适当拖延措施，避免仓促行事而受制于人，也为赢得反击或解套的时间。多听少说，不给对方进一步施压的机会，严格控制自己所透露的信息。

四、最后期限的攻防

（一）不要被期限捉弄

说到"最后期限"，这是谁设定的？说到底还是自己定下的。尽管你的上级主管、顾客或者家人对此稍有影响,但期限主要还是谈判者自己设定的。既然如此,就不需要盲目遵从最后期限,让自己的时间变得更有弹性,你才能从容面对谈判桌上的各种情况。

(二) 应对"谈判期限"的原则

谈判者要有耐心。大多数让步行为和决定都在最后期限甚至超过最后期限才发生,所以谈判一定要有耐心,能够忍受紧张,不逃避,控制自己的不安,保持镇定和维持警觉,等待最有利的时机再行动。

不泄露最后期限。在一个竞争性很强的谈判中,最佳策略就是坚决不泄露真正的最后期限。要评估遵循或超过期限的利弊,不要盲目遵从谈判期限,只有在保证利益的前提下才采取紧急行动。

第三编 国际商务谈判案例

一、国际商务谈判概述案例

案例一 中国"入世"谈判——谈判原则

1. 案例介绍

2001年11月10日,世界贸易组织(WTO)第四届部长级会议在卡塔尔首都多哈以全体协商一致的方式,审议并通过了中国加入世界贸易组织的决定。这一天,距1986年7月中国正式申请恢复关贸总协定缔约方地位,已经过去了15年。15年间,中国"复关"和"入世"谈判跌宕起伏、艰苦卓绝。如此艰难漫长的谈判,在关贸总协定和世界贸易组织的历史上,绝无仅有。

1994年底成为次年成立的WTO创始成员失败

1994年下半年在日内瓦待了五六十天,国内不同部门的人员随着议题的不同,不断地走马灯似的换。大家只有一个目标——争取成为在1995年成立的WTO的创始成员。但当时美国使得我们谈判受阻。最后一次非正式会议开到晚上十一二点也没有结果,个个都很疲倦。龙永图部长与欧美代表唇枪舌剑,几度谈判气氛不断升温,冲突一触即发。这时主席杰拉德赶紧提议大家"休息片刻"。

美国代表说:"主席,我们这个问题还没得到满意的答复。"也就是说,这个问题通过不了。美国配有一票否决权。这种剑拔弩张的时候,谈判谈到最后时双方都忘记了是代表国家在谈,个人都进入了角色,忘掉了自己的身份,都在说按照这个事件本身的是非曲直怎么可以这样呢?最后非正式会议没有结果。

次日,正式会议中国工作组主席杰拉德首先说:"连日来大家工作非常辛苦,经过这些天紧张的工作,我们取得了一定的进展,中国代表团表现了极大的诚意,但是工作还要继续。"然后大家都不说话,这种气氛很少见。

不久,欧盟代表举了一下牌子说:"我们同意主席的说法,中国代表团谈了很多次,取得了一定的进展,但我们认为还要进一步工作,我们愿意继续和中国代表团合作。"意思是说,中国今天想当创始成员国是不可能了。美国代表团的发言很简单:"要继续工作。"

巴基斯坦的代表支持我们说:"我们非常失望。中国代表团非常努力地工作,还是没能通过。"其实谁都明白,原因很简单,是由于西方个别国家没有诚意解决问题导致中国受挫。最后,龙部长用英文一字一句地说:"首先感谢各代表团和我们一起工作了这么长时间,大家都很辛苦,我们一直在努力,希望中国成为WTO的创始缔约国,我们跟大多数的缔约方合作得都很好,也得到了他们的支持,但是个别缔约方,我们认为他们没有诚意来解决问题,尽管我们中方这么努力,但由于他们缺乏诚意,致使我们不能成为创始缔约国。我们中国的代表团非常失望。我们的失望在于关贸总协定,世贸组织是一个多边组织,就让个别缔约方主宰多边的进程,我们对这个缔约方表示不满,对多边体制的前景也非常担忧。"

龙部长最后以"谢谢大家"结束了中国代表团的发言。

中美双边谈判最困难时刻,朱总理力挽狂澜

1999年11月14日下午,中美谈判基本上破裂了,且双方都伤了感情。那天晚上,中方谈判代表团规定,谁也不许主动给美方打电话,因为在这种时候"不能示弱"。龙永图曾向《香港文汇报》记者透露,在中美就中国加入WTO双边谈判最困难的时刻,朱镕基总理亲自出马,在7个棘手问题上力挽狂澜,一举促成中美最终达成协议。

龙永图回忆说,当中美"入世"谈判几乎再次破裂时,朱总理把最棘手的7个问题找了出来,要亲自与美方谈。当时,石广生部长担心总理出面谈,一旦谈不好就没有回旋余地,不赞成总理出面。总理说:"你们谈了这么些年,都没有谈下来,还不同意我出面谈吗?"最后,我方决定,由朱镕基总理、钱其琛副总理、吴仪国务委员、石广生部长和龙永图部长5位代表,与美方3位代表谈判。

龙永图还回忆道,谈判刚开始,朱总理就在第一个问题上做出了让步。"当时,我有些担心,悄悄地给总理写条子。朱总理没有看条子,又把7个问题中的第2个问题拿出来,又作了让步。我又担心了,又给朱总理写了条子。朱总理回过头来,对我说:'不要再写条子了!'然后,总理对美方谈判代表说,'涉及的 7 个问题我已经有两个做出让步了,这是我们最大的让步!'美国代表对总理亲自出面参与谈判感到愕然,他们经过商量,终于同意与中方达成'入世'谈判协议。"

2. 案例分析

机会是事物在运行之间偶然凑成的一个有利的空隙,这个空隙稍纵即逝,所以要把握机会确实需要"捕捉",而不能坐在那里等待或者因循拖延。在中美这场经典的谈判中,中美双方的首席谈判代表都没有因循拖延,都有"捕捉"机会的意外表演。

在谈判中,适当的让步也是促成谈判成功的重要因素。当然,在谈判中,我们需要遵守谈判的基本原则,特别是在涉外谈判中,更是如此。

3. 讨论与思考

(1) 此项谈判历时 13 年,一波三折,主要原因是什么?

(2) 结合此项谈判进行总结,谈判适用的原则有哪些?

案例二 怎么分橙子?——谈判原则

1. 案例介绍

有一个妈妈把一个橙子给了邻居的两个孩子。这两个孩子便讨论起来如何分这个橙子。两个人吵来吵去,最终达成了一致意见,由一个孩子负责切橙子,而另一个孩子选橙子。结果,这两个孩子按照商定的办法各自取得了一半橙子,高高兴兴地拿回家去了。第一个孩子把半个橙子拿到家,把皮剥掉,扔进了垃圾桶,把果肉放到果汁机上榨果汁喝。另一个孩子回到家把果肉挖掉,扔进了垃圾桶,把橙子皮留下来磨碎了,混在面粉里烤蛋糕吃。从上面的情形,我们可以看出,虽然两个孩子各自拿到了看似公平的一半,然而,他们各自得到的东西没有物尽其用。这说明,他们在事先并未做好沟通,也就是两个孩子并没有申明各自利益所在。没有事先申明价值导致了双方盲目追求形式和立场上的公平,结果,双方各自的利益并未在谈判中达到最大化。试想,两个孩子如果充分交流各自所需,或许会有多个方案和情况出现。可能的一种情况,就是遵循上述情形,两个孩子想办法将皮和果肉分开,一个拿到果肉去喝汁,另一个拿果皮去做烤蛋糕。然而,也可能经过沟通后是另外的情况,恰恰有一个孩子既想要果皮做蛋糕,又想喝橙子汁。这时,如何能创造价值就非常重要了。想要整个橙子的孩子提议可以将其他的问题提出来一起谈。他说:"如果把这个橙子全给我,你上次欠我的棒棒糖就不用还了。"其实,他的牙齿被蛀得一塌糊涂,父母上星期就不让他吃糖了。另一个孩子想了一想,很快就答应了。因为他刚刚从父母那儿要了五块钱,准备买糖还债。这次他可以用这五块钱去打游戏,才不在乎这酸溜溜的橙子汁呢。

2. 案例分析

两个孩子的谈判思考过程实际上就是不断沟通、创造价值的过程。双方都在寻求对自己最大利益的方案的同时,也满足对方的最大利益的需要。商务谈判的过程实际上也是一样。好的谈判者并不是一味固守立场,追求寸步不让,而是要与对方充分交流,从双方的最大利益出发,创造各种解决方案,用相对较小的让步来换得最大的利益,而对方也是遵循相同的原则来取得交换条件。在满足双方最大利益的基础上,如果还存在达成协议的障碍,那么就不妨站在对方的立场上,替对方着想,帮助扫清达成协议的一切障碍。这样,最终的协议是不难达成的。

3. 讨论与思考

(1) 商务谈判的基本原则是什么?

(2) 谈判真的不是"零和游戏"吗?

案例三 多哈回合谈判——谈判特点

1. 案例介绍

多哈回合谈判是到目前为止目标最为宏伟、参与方最多的一轮多边贸易谈判。它事关55亿人口的切身利益和全球年贸易总额的97%,其意义可谓重大。但自2001年11月启动以来,由于发达国家和发展中国家就削减农业补贴和农产品进口关税、工业品和服务业市场准入等问题分歧太大,参与谈判各方为了各自的利益各不相让,如同马拉松一般的多哈回合谈判进程可谓步履维艰。

为了推动多哈回合谈判取得突破,欧盟表示有意将农产品关税削减幅度由54%上调为60%,美国也宣称准备将农业补贴最高限额从每年480亿美元降至150亿美元。作为交换条件,美欧要求印度和巴西等新兴经济体在工业品和服务业市场准入问题上做出让步。但是印度、巴西等发展中国家认为这一削减幅度远远不够,而且这些国家担心本国产业因开放而受到巨大冲击，所以在谈判中立场坚定。

在谈判陷入僵局的情况下，世界贸易组织总干事拉米在2008年7月25日亲自推出了一套新的妥协方案。按此方案，美国须将农业补贴限额进一步降到145亿美元；欧盟也须大幅降低农产品进口关税，但被允许指定4%的农产品为敏感产品，可以享受关税减免或减少的待遇。发展中国家工业品关税的上限可在20%~25%之间选择，上限越低则享受关税减免或减少的产品数量就越多。此外，方案还允许发展中国家的某些农业和工业部门受到关税保护。这套方案得到了各方的暂时认同，谈判似乎已经峰回路转。如果相关各国能够切实履行承诺，使得关键的农产品贸易谈判取得突破，则发展中国家和发达国家都将受益。

但是，这一愿景的实现还取决于谈判各方能否拿出足够的勇气和智慧，抛却私心，寻求共赢。如果大家都能够向前跨出一步，则整个世界经济也将因此而向前跨出一步；但如果大家都缺乏诚意和信任，其结果也只能是画地为牢，各做各的"天朝上国梦"。

2. **案例分析**

谈判不是单纯追求自身利益需要的过程，而是双方通过不断地调整各自的需要，最终达成一致意见的过程。谈判是提出要求，做出让步，最终达成协议的一系列过程。在本案例中，谈判陷入僵局的时候，总干事拉米根据各自要求，提出各自的让步，这样才使谈判有峰回路转的可能。谈判者要保障自己的利益，就要在可能的范围内追求更多的利益，而不是无限制地满足自己的利益。谈判者不能只盯着自己的利益，尤其当对方利益接近"临界点"的时候，必须适可而止，避免过犹不及。

3. **讨论与思考**

（1）商务谈判有哪些基本特点？

（2）如果你是主谈判手，你会怎么说服美国将农业补贴限额进一步降低？

案例四　可口可乐落户温州的幕后故事——谈判过程

1. **案例介绍**

"铃、铃、铃……"2003年10月的一个上午，温州经济技术开发区招商局办公室里电话响起。电话是可口可乐驻温州办事处的一个工作人员打来的。他在电话里称，可口可乐公司有意在经济技术开发区投资建立生产基地，想先了解一下开发区的总体环境和投资政策。

"可口可乐！想在温州建立生产基地！"虽然温州经济技术开发区是浙江南部唯一的国家级开发区，当前开发区已初步形成了以服装、皮鞋、眼镜、制笔为主导的温州传统产业和以机电一体化、生物医药等高新技术产业配套的格局，而且招商成绩在国家级开发区中名列前茅。一直以来经济技术开发区招商局都在有意识地搜罗世界500强企业中的制造业大客商资料，希望能吸引一些国际制造业大户在经济技术开发区落户，促成一段高质量的"跨国姻缘"。然而，要让国际知名企业在温州落户谈何容易。现在，国际上大名鼎鼎的可口可乐的下属机构居然自动找上门来，这个消息到底可不可靠？

为了证实"可口可乐要在温州建立生产基地"线索的可靠性，招商局的工作人员马上行动起来：上网搜索到了可口可乐的背景资料、在中国的投资概况。另外，还通过各种途径了解到可口可乐在温州确有这么一个办事处。各种资料和线索迅速集中到开发区招商局的有关领导手里。他们对掌握到的信息线索做了初步判断，这极有可能是一个潜在的大客商，并下了"命令"——千万不能把他漏掉！

事不宜迟，当天下午招商局有关人员立即带着相关资料送"货"上门。不过，那天可口可乐温州办事处的人不在，于是招商局局长决定第二天再次亲自登门拜访。

第二天，局长一行总算没有白走，终于碰到了可口可乐温州办事处的有关负责人，并向他们介绍了温州经济技术开发区的有关情况。

一个月以后，可口可乐方技术部的人员来了，目的是了解开发区的投资环境。对招商局来说，这是他们碰到过的一次前所未有的来访，来访的技术部人士先是对招商局工作人员提出了一个要求——你们所说的每句话都必须提供相应的书面材料！不仅如此，这些技术部人员所问之处事无巨细，有的还让人瞠目结舌。

"你们说温州经济技术开发区在全国国家级技术开发区中综合排名第16位，有证书吗？"

"滨海园区属于经济技术开发区吗？要有文件证明！"有个问题甚至提到："经济技术开发区管委会是否享有对滨海园区的管辖权？"招商局的有关人员提到，近10年来招商局从没有遇到过这么苛刻的客商，竟然对管委会的管辖权都提出了质疑，真是匪夷所思！

不过，对于提出的每个问题，招商局人员都尽量在当场就给出答案，一下子没办法解决的则在事后通过传真、电子邮件等方式处理。就在大家刚刚松了一口气的时候，可口可乐方派来的工程部人员又来了，之后，又派来了财务部、法务处、律师、财务总监……应接不暇的专业人士要从投资环境、配套设施、政策法规、成本测算等各个方面对滨海园区进行综合评估，而且每位来访者都是这么"苛刻"和面面俱到。虽然烦琐，但是负责招商的人员一点都不敢马虎，每个问题都回答得十分仔细，同时提供详细的书面资料。

不过，这些苛刻的交涉只不过是前奏而已。对于这场长达一年多的招商谈判而言，真正的较量还在后头。

由于当时美国可口可乐公司直接在国内投资的生产基地仅上海一家。美国可口可乐公司在中国其他区域的市场由与其签约、被授权享有其商标使用权的太古、嘉利和三粮三大公司"三分天下"，协议规定三家公司的生产原料都向上海可口可乐购进。其中太古可口可乐饮料有限公司在中国设有11个生产基地，杭州中萃食品有限公司是由太古控股，在浙江地区负责可口可乐各项业务的一家企业。最后与温州经济技术开发区谈判的便是可口可乐在浙江投资方的总经理。

从2004年5月，这位可口可乐谈判代表来温州到最后在香港达成协议，他与开发区管委会及招商局之间大大小小的谈判足有20余场。谈判大多围绕地价、税收、过路费等敏感问题展开。因为问题敏感，所以每次谈判都十分激烈，谈到接近双方底线的时候就变成了"争吵"。有关人员回忆说，整个谈判过程双方就像恋爱中的男女一样，吵吵闹闹，分分合合。有时谈到"痛"处，管委会和招商局方就大喊："这么苛刻的条件，我们不干了！"有时可口可乐方也会因为管委会不降低门槛而"翻脸"，但一旦有一方强硬起来，另一方就会"软"下来，好言相劝，降低价码，以维系双方之间的关系。"整个过程既像谈了一场恋爱，又像孕育了一个孩子，既痛苦又快乐！"

就像恋爱中的人，不是走向婚姻，就是走向分手，温州经济技术开发区招商局与可口可乐投资方的谈判也是如此，不过最后它们在彼此的妥协和谅解中走向了"联姻"的殿堂。

2. 案例分析

一般来说，谈判会经历谈判前的准备、谈判开局、摸底、磋商、成交、履约等阶段。正所谓"知己知彼，百战百胜"，谈判前的准备工作是商务谈判最重要的阶段之一，尤其重要。其主要任务是进行环境调查，搜集相关情报、选择谈判对象、制订谈判方案与计划、组织谈判人员、建立与对方的关系等。在本案例中，可口可乐公司打电话前已经做了很多准备工作，才有意在经济技术开发区投资建立生产基地，打电话进一步了解开发区的总体环境和投资政策。

磋商阶段是整个谈判的核心阶段，也是谈判中最艰难的，是谈判策略与技巧运用的集中体现，直接决定着谈判的结果。本案例中，磋商阶段经历了大大小小足有20余场谈判，围绕地价、税收、过路费等等敏感问题激烈展开。最终双方达成共识，谈判成功。

3. 讨论与思考

（1）双方在谈判过程中的地位如何？

（3）出现僵局后，双方是怎样处理的？

二、国际商务谈判的礼仪案例

案例：一场木炭交易谈判——谈判礼仪与服饰

1. 案例介绍

某年夏天，S市木炭公司经理尹女士到F市金属硅厂谈判其木炭的销售合同。S市木炭公司是生产木炭的专业厂，想扩大市场范围，对这次谈判很重视。会面那天，尹经理脸上粉底打得较厚，使涂着腮红的脸显得尤为白嫩，戴着垂吊式的耳环、金项链，右手戴有两个指环、一个钻戒，穿着大黄衬衫。F市金属硅厂销售科的王经理和业务员小李接待了尹经理。王经理穿着布质夹克衫、劳动布的裤子，皮鞋不仅显旧，还蒙着车间的硅灰。他的胡茬发黑，使脸色更显苍老。

尹经理与王经理在会议室见面时，互相握手致意，王经理伸出大手握着尹经理白净的小手，但马上就收回了，并抬手检查手上情况。原来尹女士右手的戒指、指环扎了王经理的手。看着王经理收回的手，尹经理眼中掠过一丝冷淡。尹经理与王经理的穿着打扮反差大了点。

双方就供货及价格进行了谈判，F厂想独占S厂的木炭供应，以加强与别的金属硅厂的竞争力,而S厂提出了最低订量及预先付款作为滚动资金的要求。王经理对最低订量及预付款原则表示同意,但在"量"上与尹经理分歧很大。尹经理为了不空手而回,提出暂不讨论独家供应问题,预付款也可以放一放,等于双方各退一步,先谈眼下的供货合同问题。王经理问业务员小李,小李没应声。原来他在观察研究尹经理的服饰和化妆,尹经理也等小李的回话,发现小李在观察自己,不禁一阵脸红。

但小李没提具体合同条件,只是将F厂"一揽子交易条件"介绍了一遍。尹经理对此未做出积极响应。于是小李提出,若谈判依单订货,可能要货比三家,愿先听S厂的报价,依价下单。尹经理一看事情复杂化了,心中直着急,加上天热,额头汗珠顺着脸颊淌下来,汗水将粉底冲出了一条小沟,使原本白嫩的脸变得花了。

见状,王经理说道:"尹经理别着急。若贵方价格能灵活些,我方可以先试订一批货,也让你回去有个交代。"尹经理说:"为了长远合作,我们可以在这笔交易上让步,但还请贵方多考虑我厂的要求。"双方就第一笔订单做成了交易,并同意就"一揽子交易条件"存在的分歧继续研究,择期再谈。

2. 案例分析

以上案例着重谈到谈判前后两位经理服饰、着装、言行举止以及心理动态等方面的差异,表现了礼仪对谈判中的态度影响较大,两位经理的表现也值得研究。

3. 讨论与思考

(1) 尹经理与王经理在礼仪方面做得如何?
(2) 两位经理在谈判中追求的是什么?
(3) 该案例中的人员其感情表现如何?
(4) 如何做好国际商务谈判前的组织和准备?

三、国际商务谈判前的组织和准备案例

案例一 科恩在墨西哥——谈判技巧

1. 案例介绍

科恩是美国一位著名的谈判大师,他的谈判生涯富有传奇色彩,为世人提供了无数次成功与失败的经验教训。

有一次，他同妻子去墨西哥市旅游。一天，他们正在马路上观光，妻子突然碰了一下科恩的胳膊说："科恩，看到那边有什么东西在闪光。"科恩说："唉，不，我们不去那儿。那是一个坑骗旅游者的商业区，他们来游玩并不是要到它那儿去。他们来这里是为了领略一种不同的文化风俗，参观一些未见过的东西，接触一些尚未被污染的人性，亲身体会一下真实，遛遛人如潮涌的街道。如果你想去那个商业区的话，你去吧，我在旅馆里等你。"

科恩的妻子一贯是不听劝说、独立自主的人，于是挥手再见，一人去了。科恩穿过人潮涌涌的马路，在相距很远的地方看见一个真正的当地土著人。当科恩走近以后，看到他在大热的天气里仍披着一件披肩毛毯，实际上他披了好几件，并呼叫道："1200比索。""他在向谁讲话呢？"科恩问自己，"绝对不是向我讲，首先，他怎能知道我是个旅游者呢？其次，他不会知道我在暗中注意他，甚至在潜意识里想要一件披肩毛毯。"科恩加快脚步，尽量装出没有看见他的样子，甚至用他的语言说："朋友，我确实敬佩你的主动、勤奋和坚持不懈的精神。但是我不想买披肩毛毯，请你到别处卖吧，你听懂我的话吗？""是。"他答道。这说明他完全听懂了。科恩继续往前走，只听背后有脚步声。

他一直跟着科恩，好像他们系在一条链子上了。他一次又一次说道："800比索！"科恩有点生气开始小跑。但这个当地土著人紧跟着一步不落，这时他已降到600比索了。到了十字路口，因车辆横断了马路，科恩不得不停住了脚，他仍唱他的独角戏。"600比索？500比索？好吧，400比索，怎么样？"当车辆走过之后，科恩迅速穿过马路，希望把他甩在路那边。但是科恩还没来得及转过身，就听到他笨重的脚步声和说话声了，"先生，400比索！"这时候，科恩又热又累，身上一直冒汗，被紧跟着，科恩很生气。科恩气呼呼地冲着他，从牙缝里挤出一句话："我告诉你我不买，别跟着我了！"

他从科恩的态度和声调上懂了科恩的话。"好吧，你胜利了。"他答道："只对你，200比索。""你说什么？"科恩叫道。科恩吃了一惊。"200，比索。"他重复道。"给我一件，让我看看。"

科恩为什么要看披肩毛毯呢？科恩需要吗？科恩想要吗？科恩喜欢吗？不，科恩认为都不是。但是，也许是科恩改变了主意。别忘记，这个卖披肩毯的土著人最初可是要 1200 比索，而现在他只要 200 比索了。当开始正式谈判时，科恩从这位小贩处得知，在墨西哥市的历史上以最低价格买到一件披肩毛毯的人是一个来自加拿大温尼培格的人，他花了 175 比索，但他的父母出生在墨西哥的瓜达拉贾拉。而科恩买的这件花 170 比索，使科恩在墨西哥历史上创造了买披肩毛毯的价格最低纪录。科恩将带回家去参加美国独立 200 周年纪念。

那天天气很热，科恩一直在冒汗。尽管如此，科恩还是把披肩毛毯披到了身上，他感到很洋气。在溜达着回旅馆的路上，科恩一直欣赏着从商店橱窗里反映出来的身影。当科恩回到旅馆房间，妻子正躺在床上读杂志。科恩抱歉地说道："嗨！看我弄到什么了。"

"你弄到什么了？一件漂亮的披肩毛毯？你花了多少钱？"妻子顺口问，"是怎么回事？"科恩充满信心地说："一个土著谈判家要 1200 比索，而一个国际谈判家，170 比索就买到了。"妻子讪笑道："太有趣了。我买了同样一件，花了 150 比索，在壁橱里。"科恩沉下脸来，细细查看了壁橱，然后脱下披肩，坐下来细想着刚才发生的事。

2. 案例分析

科恩在谈判中输给了墨西哥的小贩，说明谈判既是一门科学也是一门艺术，谈判大师未必就会在生活中场赢得谈判。成功的谈判结果是靠前期的调研、谈判中的策略以及谈判中的心理等诸多因素共同作用的。

3. 讨论与思考

（1）土著人为什么能发现科恩，并认定他为自己的买主？

（2）为什么科恩被勾起了购买欲望？什么手段使科恩没有与土著人之间断了联系？或者说究竟有哪些明着和暗着的理由，使科恩买下了披肩毯？

（3）请对土著人、科恩及其妻子的谈判技巧进行比较分析。

案例二　电石销售谈判

1. 案例介绍

日本某公司向中国某公司购买电石，此时，是他们间交易的第五个年头，去年谈价时，日方压了中方 30 万美元/吨，今年又要压 20 美元/吨，即从 410 美元压到 390 美元/吨。据日方讲，他已拿到多家报价，有 430

美元/吨，有370美元/吨，也有390美元/吨。据中方了解，370美元/吨是个体户报的价，430美元/是生产能力较小的工厂供的货，供货厂的厂长与中方公司的代表共4人组成了谈判小组，由中方公司代表为主谈。谈前，工厂厂长与中方公司代表在价格方面达成了共同的意见，工厂可以390美元成交，因为工厂需订单连续生产。公司代表讲，对外不能说，价格水平他们会掌握。公司代表又向其主管领导汇报，分析价格形势；主管领导认为价格不取最低，因为我们是大公司，讲质量，讲服务。谈判中可以灵活，但步子要小。若在400美元以上拿下则可成交，拿不下时把价格定在405～410美元之间，然后主管领导再出面谈。请工厂配合。中方公司代表将此意见向工厂厂长转达，并达成共识和工厂厂长一起在谈判桌争取该条件。中方公司代表为主谈。经过交锋，价格仅降了10美元/吨，在400美元成交，比工厂厂长的成交价高了10美元/吨。工厂代表十分满意，日方也满意。

2. 案例分析

（1）谈判结果基本上应肯定，因为仍处在中高档的价格水平。

（2）中方组织上基本成功，主要原因：市场调查较好；分工明确；准备方案到位。

3. 讨论与思考

（1）怎么评价该谈判结果？

（2）该谈判中方组织与主持上有何经验？

案例三　生产线改造谈判

1. 案例介绍

天津某半导体工厂欲改造其生产线，需要采购设备、备件和技术。适合该厂的供应商在美国、日本各地均可找到两家以上的供应商。正在此时，香港某半导体公司的推销人员去天津访问，找到该厂采购人员，表示可以协助该厂购买所需设备和技术。由于香港客商讲中文，又是华人，很快关系就熟了，工厂同意香港方代为采购。由于工厂没有外贸权，又必须委托有外贸权的A公司做代理，A公司接到委托后，即与美国和日本的厂商探询，结果，美国和日本的厂家有的不报价却回函问：A公司与香港某半导体公司的关系是什么？有的出价很高。A公司拿的探询结果未达到预期目标，具体人员与工人进行了讨论，最后得出了一致的结论。

2. 案例分析

天津香港公司的探询失败，因为外商有的不报价，探询没结果。有结果时，条件太苛刻，非诚意报价。天津工厂的委托有错误，必须调整。香港公司不能代工厂签进口合同，直接找香港的探询可能加快进度，但存在签约和对后续工作影响的问题调整内容；让香港公司的对外探询纳入天津公司的对外探询中，并且以天津公司为主，避免探询混乱。天津公司要与工厂、香港公司统一意见——内容和策略，并把该项目的探询统一组织起来。同时要重新部署探询地区和对象，不给外商造成有多个同样项目在询价的错觉。

3. 讨论与思考

（1）A公司的探询是否成功？为什么？

（2）该天津工厂应做何种调整？为什么？

（3）香港某半导体公司的探询要做何调整？为什么？

四、国际商务谈判的过程和策略案例

案例一 采购谈判技巧

1. 案例介绍

我国某冶金公司要向美国购买一套先进的组合炉，于是派一高级工程师与美商谈判。为了不负使命，这位工程师做了充分的准备工作，他查找了大量有关冶炼组合炉的资料，花了很多的精力对国际市场上组合炉的行情及美国这家公司的历史和现状、经营情况等了解得一清二楚。谈判开始，美商一开口要价150万美元。中方工程师列举各国成交价格，使美商目瞪口呆，终于以80万美元达成协议。当谈判购买冶炼自动设备时，美商报价230万美元，然后降到130万美元，中方仍然不同意，坚持出价100万美元。美商表示不愿继续谈下去了，把合同往中方工程师面前一扔，说："我们已经做了这么大的让步，贵公司仍不能合作，看来你们没有诚意，这笔生意就算了，明天我们回国了。"中方工程师闻言轻轻一笑，把手一伸，做了一个优雅的"请"的动作。美商真的走了，冶金公司的其他人有些着急,甚至埋怨工程师不该抠得这么紧。工程师说:"放心吧,他们会回来的。同样的设备,去年他们卖给法国只有 95 万美元,国际市场上这种设备的价格 100 万美元是正常的。"果然不出所料,一个星期后美方又回来继续谈判了。工程师向美商点明了他们与法国的成交价格,美商又愣住了,没有想到眼前这位中国商人如此精明,于是不敢再报虚价,只得说:"现在物价上涨得厉害,比不了去年。"工程师说:"每年物价上涨指数没有超过 6%。一年时间,你们算算,该涨多少?"美商被问得哑口无言,在事实面前,不得不让步,最终以 101 万美元达成了这笔交易。

2. 案例分析

对于这个案例,明显可以看出,中方工程师对于谈判技巧的运用更为恰当准确,赢得有利于己方利益的谈判结果也是一种必然。下面分别从中美各方谈判人员的表现来进行分析。

首先,从美方来看,可以说存在以下这么几个问题,或者是其谈判败笔所在。

(1) 收集、整理对方信息时没有做到准确、详尽、全面。从文中来看,重要的原因可能是没有认清谈判对象的位置。美商凭借其技术的优势以及多次进行相类似交易的大量经验,轻视对手,谈判前就没有做好信息收集工作,于是在谈判中在对方大量信息的面前步步陷于被动,一开始就丧失了整个谈判的主动权。

(2) 谈判方案的设计上,没有做到多种多样。在对方的多次反击中仓促应对。针对其谈判方式设计的单一化,估计有以下几个原因:①过早地判定问题。从文中可推测出,美方一开始就认为此行不会很难,谈判结果应该是对己方利益更有利。②只关心自己的利益。美方以其组合炉技术的先进为最大优势,铁定会卖个高价,但并未考虑到中方对此的急迫需求与相应的谈判准备,在对方的信息的攻击下,频频让步。

(3) 在谈判过程中,希望用佯装退出谈判以迫使对方做出让步,无奈在对方以资料为基础辨别出其佯装的情况下,该策略失败。

其次,从中方来看,胜利的最关键一点在于对对方信息进行充分的收集整理,用大量客观的数据给对方施加压力,从收集的内容可看出,不仅查出了美方与他国的谈判价格(援引先例),也设想到了对方可能会反驳的内容并运用相关数据加以反击(援引惯例,如 6%),对客观标准做了恰到好处的运用,真可谓做到了中国古语所说的"知己知彼,百战不殆"。

最后，中方的胜利还在于多种谈判技巧的运用。

（1）谈判前，评估双方的依赖关系，对对方的接收区域和初始立场（包括期望值和底线）做了较为准确的预测，由此才能在随后的谈判中未让步于对方的佯装退出。

（2）谈判中，依靠数据掌握谈判主动权，改变了对方不合理的初始立场。

（3）在复盘上，从价格大概处于比对方开价一半略低的情况可推测，中方的复盘策略也运用得较好。

总结：商务谈判中的各种技巧，对于在各种商战中为自己赢得有利位置、实现自己利益的最大化有着极其重要的作用，但我们也要注意的是，技巧与诡计、花招并不相同，前者要求的是恰如其分，既要赢，也要赢得让对方心服口服，赢得有理有据。只有这样，对于谈判技巧的运用，才是真正的游刃有余。

3. 讨论与思考

（1）如何收集谈判信息？

（2）谈判如何评估对方？

（3）该谈判中运用了哪些谈判技巧？

案例二　联邦德国吉玛公司的索赔谈判

1. 案例介绍

1985年7月，任传俊主持了一次和联邦德国吉玛公司的索赔谈判，对手是理扬·奈德总经理。索赔的原因是引进的圆盘反应器有问题，中方提出索赔1100万西德马克，而德方只同意赔偿300万马克，二者相去甚远。这是一场马拉松式的谈判。在久久僵持不下时，任传俊突然建议休会，并提议第二天陪理扬·奈德到扬州大明寺游览。扬州大明寺里，花木扶疏，风景宜人。任传俊对德方代表团介绍道："这里纪念的是一位为了信仰六渡日本，虽双目失明，但最终达到理想境界的中国唐朝高僧鉴真。今天，中日两国人民都没有忘记他。你们不是常常奇怪日本人的对华投资为什么比较容易吗？那其中很重要的原因就是日本人了解中国人的心理，知道中国人重感情、重友谊。"接着，他对理扬·奈德笑道："你我是多年打交道的朋友了，除了彼此经济上的利益外，就没有一点个人之间的感情吗？"

理扬·奈德大为感动。旅行车从扬州开回仪征,直接停在谈判室外,谈判继续进行。任传俊开门见山地说:"问题既然出在贵公司身上,为索赔花费太多时间就是不必要的,反正要赔偿。"理扬·奈德耸耸肩膀:"我公司在贵国中标,总价值才1亿多美元,我无法赔偿过多,我总不能赔着本做生意?"任传俊抓住了一个事实,江苏仪征化纤工程是当时全世界最大的化纤工程,他当仁不让地说:"据我得到的信息,正是因为贵公司在世界上最大的化纤基地中标,才得以连续在全世界15次中标。这笔账又该怎么算呢?"这个反问问得很有技巧,理扬·奈德一时语塞。任传俊诚恳地说:"我们是老朋友了。打开天窗说亮话,你究竟能赔多少?我们是重友谊的,总不能使你失去了饭碗;而你也要为我想想,中国是个穷国,我总得对这里1万多名建设者有个交代?"谈判结束,德方最终同意赔偿800万马克。事后,理扬·奈德说:"我付了钱,可我心里痛快!"

2. 案例分析

自然,任传俊的成功在于他所说的一切有理有据,但我们也不能忽视一个事实:适时地中止谈判对其成功的索赔具有重大的作用。当谈判双方各持己见、互不相让、横眉冷对时,谈判者作为东道主,可以建议把手头的问题先放一放,组织双方人员共同去游览参观、出席宴会或去俱乐部、文化宫等处游玩,让绷紧的神经松弛一下。在游乐的过程中,双方可以不拘形式地就某些僵持的问题交换意见,寓严肃的讨论于轻松活泼的气氛之中,往往能更好地找到解决问题的办法。

3. 讨论与思考

(1)处理谈判僵局的方法有哪些?

(2)僵局成因有哪些?

案例三 聪明的犯人

1. 案例介绍

在西方某国监狱的单间牢房里,一个犯人通过门上那个瞭望小孔,看到走廊上警卫正在那儿吞云吐雾。凭着他那敏锐的嗅觉,这个犯人立即断定那是他最爱抽的万宝路牌香烟。他想吸烟想疯了,于是用右手指轻轻地敲了一下门。警卫慢悠悠地踱过来,鄙夷地粗声哼道:"干吗?"犯人答道:"请给我抽一支烟吧?就是你抽的那种,万宝路牌的。"警卫没有理会犯人的请求，转身要走。犯人又用右手指关节敲门，这一次他是命令式的。"你想干什么？"警卫从嘴里喷出一口浓烟，没好气地转过头来喊。犯人答道："劳驾你给我一支香烟，我只等30秒钟，如果得不到，我就在水泥墙上撞脑袋，直到流血昏倒为止。当监狱的官员把我救醒后，我就发誓说是你干的。""当然，他们绝不会相信我。但请你想一想吧，你得出席听证会，在听证会前，你得填写一式三份的报告，你要卷入一大堆审讯事务。你想一想吧，所有这一切就是为了不给我一支几文钱的万宝路香烟？只要一支，保证以后再不打搅你了。"结果不言而喻，警卫自然会从瞭望小孔里塞给他一支香烟。

2. 案例分析

只要讲究策略方法，即使在谈判中处于不利的地位，也能化险为夷，取得谈判的成功。

3. 讨论与思考

当处于谈判不利地位时，你能够想出哪些方法扭转不利。

五、国际商务价格谈判案例

案例一　有技术含量的报价

1. 案例介绍

我国某地机械进出口分公司准备购买一台先进的机械设备，在收到众多的报价单后，其看中了西方某国的公司，因为他们的设备和技术都比较先进，所以，决定邀请他们来我国进一步谈判。谈判的焦点集中在价格问题上，外商的报价单和谈判中的报价一样，都是20万美元；而中方的还价是10万美元。双方都已估计有可能在14万～15万美元的价格范围内成交，但以往的经验告诉他们，还要有好几个回合的讨价还价，双方才能在价格问题上达成一致意见。面对让步的节奏和幅度问题，中方代表团内部意见分歧，主要分成三派：

第一种意见认为要速战速决，既然对方开价20万美元，我方还价10万美元，双方应该互谅互让，本着兼顾双方利益、消除差距、达成一致的原则，所以，在第二回合中，还价14万美元为好。

第二种意见否定了第一种意见，认为这种让步节奏太快，幅度太大，别说还价 14 万美元，就是还价 11 万美元，幅度也太大，在第二个回合中，我方让步不能超过 5000 美元，即增加到 10.5 万美元。

第三种意见又否定了第一、第二种意见，认为第一种意见让步的节奏太快、幅度太大，而第二种意见的让步节奏太慢、幅度太小，认为我方的让步应分为几步：第一步，增加到 11.5 万美元（增加了 1.5 万美元），第二步，增加到 12.7 万美元（又增加了 1.2 万美元），第三步，增加到 13.5 万美元（增加了 8000 美元）。这样几个回合讨价还价下来，最后再增加 5000 美元，这样就有可能在 14 万美元的价格上成交。这些意见孰是孰非呢？

2. 案例分析

讨价还价是销售谈判中一项重要的内容，一个优秀的销售谈判者不仅要掌握谈判的基本原则、方法，还要学会熟练地运用讨价还价的策略与技巧，这是促成谈判成功的保证。同时，讨价还价策略的成功运用对于争取或维护己方的谈判利益具有根本性的作用。

3. 讨论与思考

（1）试分析让步的类型，上面案例中的三种让步类型分别属于哪种？
（2）让步技巧有哪些？

案例二　中日汽车索赔讨价还价谈判

1. 案例介绍

中日关于进口三菱汽车索赔案的谈判，就是递减价格让步策略的典型表现。1985 年 9 月，中国就日方提供的 5800 辆三菱载重汽车存在严重质量问题，向日方三菱汽车公司提出索赔。日方在无可辩驳的事实面前，同意赔偿，提出赔偿金额为 30 亿日元。中方在指出日方报价失实后，提出中方要求赔偿的金额为 70 亿日元。此言一出，日方谈判代表目瞪口呆。两方要求差额巨大，在中方晓以利害关系的前提下，日方不愿失去中国广阔的市场，同意将赔偿金额提高到 40 亿日元。中方又提出最低赔偿额为 60 亿日元，谈判又出现了新的转机。经过双方多次的抬价压价，最终以日方赔偿中方 50 亿日元，并承担另外几项责任而了结此案。

2. 案例分析

本例突出地表现了讨价还价和价格让步策略的成功运用。

中方对日方三菱汽车的索赔采取的是典型的递减价格让步策略。中方首先提出索赔的金额为 70 亿日元并观察日方的反应，同时据理力争，在谈判未果的情况下降价 10 亿日元，再次晓以利害关系，又无果的情况下再次降价并严守阵地，终于达成了协议。

在讨价还价中，双方都不能确定对方能走多远，能够承受的底线是什么，以及己方最终能得到什么。因此，时间越久，局势就会越有利于有信心、有耐力的一方。同时，在可能持久的讨价还价中，灵活地运用本书中提到的技巧，并察言观色，沉着应战对于最大化地争取己方的利益至关重要。

3. 讨论与思考

（1）在案例中，中方谈判人员恰当地运用了抬价压价战术，你认为在此战术的运用中，中方谈判人员表现了哪些谈判人员应该具备的心理素质？

（2）在案例中，中方成功地运用了递减价格让步策略。在实际的讨价还价中，递减的数额如何确定？最后的底线如何确定？

案例三 机械工具制造商的投标

1. 案例介绍

一位机械工具制造商正在对一项合同进行投标，其竞争对手是来自德国和美国的其他供应商。买方公司的董事会已经同意接受投标了，但采购负责人告诉总裁，他希望这位制造商先压一下价。

他首先给这位制造商的销售人员打电话说："乔，我很遗憾地告诉你一个坏消息。"

乔立即感觉到他可能拿不到订货单了，他问是不是这么一回事。那位采购负责人说："事情就是这样的，你知道，如果我能决定这件事的话，你明天就可以拿到订单了，但是现在董事会从我的手中接管了这件事。仅仅是为 2.5% 的折扣，我认为这没多大道理。"

乔听说他仅仅因为 2.5% 的折扣就要输了，感到很惊讶。他问对方是否有机会等他一天再做决定。采购负责人告诉他已经签好了给他的竞争者的信件了，但他可以把这项买卖冻结 24 小时。"但是我不能因为正好 2.5% 再和董事会交涉这笔买卖了，"他说："你们应该做得更漂亮一点。"

这总是一种压价者的术语，尤其是买方对卖方说话时更是如此。乔请示他的主管，主管又请示总经理。总经理对失掉这笔本来很有把握的订货很害怕。他的营业状况不佳，销售远远低于预算指标。

这位总经理指示说："好吧，你最多可以压低3.5%，但是如果你还需要压价的话，先给我打个电话。不管怎么样，也要拿到订货单。"于是这位采购负责人得到了3.5%的压价并欣然接受之。乔认为3.5%实在是小意思，因为它在总数为200万美元的销售额中只占7万美元。但是，总经理认识到，这笔折扣实际上只能从合同的毛利中支出，它几乎卷走了这笔交易的全部利润。但总经理没有办法，他只得折价出售。

2. 案例分析

事实上，既然这家公司先前已经拿到了这笔交易，他们本来无须再付出这笔额外的折扣。那么，这一切又是怎么发生的呢？

原因之一在于，6个星期以前，乔曾会见购买方的主任工程师，并讨论了技术细节问题。他解释说，他公司的销售状况不佳，公司正面临巨大的压力。这仅仅是一次偶然的谈话，却被主任工程师告知了采购负责人。采购负责人抓住了公司销售状况不佳这一问题的核心，作为压价的砝码。

原因之二不能不归于乔糟糕的讨价还价能力和采购负责人的高明。采购负责人采用声东击西的战术，明明目的是要压价，他却在能否拿下订单上做文章，迫使乔接受他提出的所谓董事会的意见。

3. 讨论与思考

（1）在什么情况下采用声东击西的策略为宜？

（2）这策略运用时该注意哪些事项？

案例四 巧妙的谈价

1. 案例介绍

"您这种机器要价750元一台，我们刚才看到同样的机器标价为680元。您对此有什么话说吗？"

"如果您诚心想买的话，680元可以成交。"

"如果我是批量购买，总共买35台，难道您也一视同仁吗？"

"不会的，我们每台给予60元的折扣。"

"我们现在资金较紧张，是不是可以先购20台，3个月以后再购

15台?"

卖主犹豫了一会儿,因为只购买20台,折扣是不会这么高的。但他想到最近几个星期不甚理想的销售状况,还是答应了。

"那么,您的意思是以620元的价格卖给我们20台机器。"买主总结性地说。

卖主点了点头。

"干吗要620元呢?凑个整儿,600元一台,计算起来都省事。干脆利落,我们马上成交。"卖主想反驳,但"成交"二字对他颇具吸引力,几个星期完不成销售定额的任务可不好受,他还是答应了。

2. 案例分析

买主步步为营的策略生效了,他把价格从750元一直压到600元,压低了20%。

谈判桌上没有单方面的退让,在你做出各种让步时,你必然也要求对方做出种种让步,后者才是你的目的。称职的谈判者善于适时适量地让步,也善于向对方施加压力,迫使对方让步。

3. 讨论与思考

(1) 如何才能更好地促使对方让步?

(2) 让步时有哪些注意事项?

(3) 让步幅度与次数怎样协调?

案例五　比萨饼快餐外卖店的转让

1. 案例介绍

刘吉先生拥有一家经营比萨饼的快餐外卖店。去年营业额为193750元。税后利润36750元。这家店已经开业数年,位置极佳,对面是一家生意兴隆的大商场,离得最近的同业店是家麦当劳,距离在800米以外,位于商场的另一头。

刘吉打算趁生意还算红火的时候,及早把它盘出去,他刊登广告对该店要价175000元,具体为:存货值5000元,厨房设备估价25000元(购进时花了35000元);餐厅设备在3年前购置时花费19000元;其余部分为店内不动产和商业信誉无形资产的估价。

你已在本市其他地方拥有两处经营比萨饼的快餐店,为了扩大营业额，打算只要价钱公道、位置适中就再购进一家新店。原有的两处，营业都相当不错。你信心十足，认为自己管理严格，加上产品适销对路，进新店后定能再次获得成功。

你为此曾和多家快餐店有过接触，但均因价钱谈不拢而作罢。现在你看中了刘吉的店和另外一家，认为条件都不错，符合自己的要求。存在的问题是：你虽能从银行获得贷款，但还不足以支付刘吉的要价。即使先付一半，余款分两年付清，你也做不到，希望能分4年付清。

2. 案例分析

不管你是否相信这个要价相当便宜，即使是便宜透顶，都必须切记：对谈判中的对方第一次要价，一定要还价。谈判中不该做的事很多，但最不该做的事就是不还价。

3. 讨论与思考

（1）假定刘吉的要价为175000元，对于一间位于繁华地段且又颇能盈利的商店，可谓相当便宜。谈判时，什么事你绝不可做？为什么？

（2）关于刘吉的商店，你必须弄清的主要情况有哪些？

（3）如果你决定价钱超过175000元就不买，那么你在向刘吉还价时可以考虑哪些因素？

（4）如果你准备接受的最高价为185000元，但最多先付一半，余款分4年付清，那么你将如何引导刘吉向这一方向靠拢？

（5）假设你对刘吉声称的盈利情况持保留态度，你将提出何种建议，既可使自己不致付出太多，又能对刘吉不失公道。

案例六　巧妙报价的重要性

1. 案例介绍

有一家公司在和对方谈生意，当双方在砍价时，一方报出48元，对方马上叫起来："你怎么能指望我们在45元以上买你们的商品呢？"这一句话输出了两个信息，一是他们的价位是45元，二是他们已准备成交了。再如，一家油漆公司与他的经销代理商谈判经销价格问题，油漆公司认为经销商要价太高，派财务经理与他压价，但对方在与他沟通时，却同时问他这项计划什么时间开始执行，这立刻暴露出油漆公司已准备与经销商成交了，这种情况下再指望他降价已是不可能了。

2. **案例分析**

成交是谈判的根本目标,成交阶段是整个销售谈判过程的完成阶段,是谈判一方对另一方的成交提示和建议,做出积极肯定的反应并正式接受成交条件的过程。而成交信号就是指谈判双方在谈判过程中表现出来的各种成交意向。有效促成交易,辨认对方的成交信号是先决条件。从一定意义上说,采取成交行动是一种暗示。而成交信号就是这种暗示。成交信号是暗示成交的行为和提示,是谈判人员有成交意向时从其神态、表情、言谈、行为中折射出来的信号。

3. **讨论与思考**

(1) 请归纳出各种成交信号。
(2) 成交时应注意哪些事项?
(3) 如何积极促成交易?

六、国际商务合同谈判案例

案例 戴姆勒和克莱斯勒的合并与分拆

1. **案例介绍**

1998年5月,德国的戴姆勒-奔驰公司及美国的克莱斯勒公司正式公布一个价值360亿美元的合并计划,消息震动了整个汽车行业,这两个汽车巨头的合并被世界舆论界誉为"天堂里的婚姻"。

当时的戴姆勒-奔驰是德国最大的工业集团,而克莱斯勒是美国第三大汽车制造商,两者都是盈利企业,具有雄厚财政实力,属于强强合并。双方在生产和销售方面的优势互补最为明显。在汽车销售方面,克莱斯勒93%的销售量在北美地区,其他地区只占7%,市场高度集中于北美,所以如果北美市场不景气,将直接影响克莱斯勒的盈利和前景,合并正好帮助它降低对北美市场的依赖,打进戴姆勒-奔驰已占据的领地。戴姆勒-奔驰在北美的汽车销售只占公司销售总额的21%,欧洲仍为其主要市场,其与克莱斯勒合并正符合它进军北美市场的渴求。在产品线方面,两家企业的重合情形甚少,克莱斯勒善于制造小型汽车、越野吉普车和微型箱式汽车,而戴姆勒-奔驰则强于生产豪华小汽车,双方唯一重叠的产品是奔驰的越野车和克莱斯勒的吉普车，但越野车在奔驰汽车产品中所占的比重不大。

此外，按照双方的预计，合并之后，双方在采购、营销、技术及零部件互换方面可互相协作，可降低经营成本，有利于研究与技术开发，增强竞争力。戴姆勒－奔驰与克莱斯勒合并，将为公司节省大量开支，相信公司在合并后一年就可节省14亿美元的开支。

然而，合并之后，形式并没有朝预期的方向发展。受累于成本等原因，克莱斯勒连年亏损，由于不堪忍受克莱斯勒巨大的亏损和遥遥无期的盈利前景以及繁重的员工社保压力，2007年7月3日，欧盟正式批准戴姆勒－克莱斯勒公司以74亿美元的价格，将旗下克莱斯勒公司80.1%的股份出售给美国瑟伯勒斯资本管理公司（Cerberus Capital Management），2007年7月5日，双方达成此项协议，瑟伯勒斯资本管理公司为此将向经营困难的克莱斯勒公司及其金融服务业务注资60.5亿，并将余下的13.5亿美元支付给戴姆勒－克莱斯勒公司。

此项交易意味着戴姆勒与克莱斯勒之间长达9年的"联姻"行将结束。戴姆勒－克莱斯勒公司2007年10月4日发表公报称，通过股东大会投票表决，该公司已更名为戴姆勒股份公司（Daimler AG），并继续拥有克莱斯勒公司余下19.9%的股份，从而正式完成了德国戴姆勒与美国克莱斯勒的分离程序。

这两大公司从合并走向分拆，当然经济上的因素是主要原因。而从谈判的角度来说，许多学者认为文化的差异是导致双方的合作以分拆告终的主要原因，但文化差异是跨国企业合作不可避免的问题，因此从谈判角度来分析，这两家公司合作失败更深层次的原因应该是双方在谈判时没有充分意识到合作实际履行时应注意的问题。

在戴姆勒－克莱斯勒公司成立之初，由戴姆勒董事长于尔根·施伦普和克莱斯勒董事长罗伯特·伊顿共同担任新公司的主席和首席执行官（CEO）。戴姆勒－奔驰公司的CEO施伦普一开始没有意识到两家企业无论在组织结构、薪酬制度，还是企业文化上都相差非常大，他却采取德国的完全控制方式把克莱斯勒当成一个部门来看待。2000年下半年，克莱斯勒出现了18亿美元的亏损，为扭转克莱斯勒的颓势，施伦普任命迪特·蔡澈担任克莱斯勒总裁兼首席执行官，接替伊顿的继任者詹姆斯·霍尔顿。至此，克莱斯勒的高级管理层已全部淡出了新公司的领导团队。这也从某种程度上导致了克莱斯勒员工产生敌对情绪,许多优秀的美国设计师、高级管理人员纷纷离职投奔了福特、通用汽车等竞争对手。

在两家公司宣布谈判成功、双方合并之时,他们只是达成了一份合并协议,但要达到其目标——扩大市场、增长盈利,则需要公司上下的通力合作,通过实际的履行才能做到。而合作履行中发生的一系列问题,显然是双方谈判时没有注意到的,这从公司高层采取的应对措施就可以看出。文化差异是造成这种局面的原因之一,但在这个全球化的世代,不同文化背景的企业进行合作是大势所趋,因此这种文化的差异以及可能引起的问题在谈判之初就应该被列为议题进行讨论,探讨合适的解决方案或解决原则。

2. 案例分析

谈判的最终目标不是达成一个协议。对于戴姆勒和克莱斯勒两家公司来说,谈判的最终目标应是通过合并,扩大市场,让公司盈利,而要达到这一目标,在谈判时就不可忽略实际合作履行时应注意的问题,特别是那些可以预见、可以事先考虑应对方案或应对原则的问题。

3. 讨论与思考

(1) 文化差异在此次谈判中有哪些影响?
(2) 在履行合同时,有哪些注意事项?

七、跨文化谈判案例

案例 国际合作企业商务沟通的文化冲突

1. 案例介绍

迈克·布格斯(Mike Burgess)是来自美国的一位项目经理,主管印度尼西亚(以下简称"印尼")的一支由多国成员组成的多元文化团队。某个周五早上开会时,他要求其团队成员9点到会。然而,直到9点20分,6位印尼成员中的最后3人才露面,而且每人带来3名不速之客。本来会议已晚开半小时,但迈克还得重新布置会场,以安排这9名额外与会者就座。尽管会议协调员另外搬来9把椅子,迈克注意到,有4位日方成员还是调整了座位,以便4人能坐到一起。然后大家都坐等印尼方的高级成员布迪先生来做会议开场白。当他终于到场时，却又将原定5分钟的讲话拖长到10分钟，结果9点钟的会议到9点45分才正式开始。迈克宣布了会议议程并邀请各位提问。令他惊讶的是，无人愿意首先提问。这时他才意识到应先请布迪先生发言。果然，布迪先生讲话之后，他的团队成员才一一开口。

起初，迈克还能较好地控制讨论，但他很快发现印尼成员私下开起小会，迈克对此感到很气恼。通常，他希望会议应集中精力商讨团队的发展目标及其最终结果。讨论进行到一半时，迈克与美方技术总监罗伯特产生分歧。两人之间的激烈争执，使来自印尼和日本的团队成员颇感吃惊。10点30分，印尼与日本的团队成员气愤地提出休息。休息期间，印尼的团队成员对迈克只准备咖啡而没有提供点心的做法表示惊讶。奇怪的是，迈克已在印尼工作数月，竟没有注意到这个最基本的印尼习俗。

重开会议之后，迈克想以一项表决结束会议。迈克已开始与美方成员一起准备就他们长期讨论的议程进行民主表决，但他还是希望日本的团队负责人能投赞同票。但这位日本负责人请求给他一周时间以便他与东京总部协商，结果使迈克的项目日程不得不推后一周。这令迈克很灰心。但这位日本的团队负责人却认为这是报复迈克、让他难过的好机会，他当面质问迈克为什么他们两人同在一间办公室，两人相距不过25英尺，却只是一个劲地给他发送电子邮件，而不亲自找他面谈，这使迈克感觉很难堪，会议在不愉快中结束。

2. 案例分析

这个例子充分说明美国人、日本人和印尼人在价值观方面的冲突。美国人崇尚个人主义，直率且时间观念强，日本人则喜欢面谈和集体协商。冲突的核心在于任务导向和流程导向的文化价值观念的不同。美国人参加业务会议时，对会议内容已有充分了解，有备而来，期待会上能坦诚对话。他们希望采取行动并分派职责。相反，日本的合作伙伴则更注重团队和谐及讨论建议与采取行动的必要性，所以很少即时决断。他们喜欢集体坐在一起谈，带着10个问题来开会，会后却留下20多个问题。他们是在取得一致意见后才做出决策。

而印尼的团队成员则认为，重要会议应由一高级人员负责开场和结束。他们希望会议期间能多休息几次，让他们喝喝咖啡、吃些点心。另外，印尼人可能还会邀请本部门的其他人员参加会议，如会议所讨论议题方面的专家。在商讨要点时，他们并不介意开小会。当然，他们喜欢按资排座或应邀参与和发言。

随着上述美、日、印尼三种不同价值观念影响的不断增强，彼此的文化冲突也会加剧。一旦文化问题引起团队成员之间的个人冲突，团队协作就会遭到严重破坏。

3. 讨论与思考

（1）不同国家和不同民族在价值观上的区别对国际商务谈判有哪些影响？

（2）不同国家和不同民族在文化上的有效沟通对国际商务谈判的重要意义是什么？

（3）应如何对不同国家和不同民族的价值观冲突进行沟通？

八、模拟谈判案例

模拟谈判案例一

1. 案例介绍

近日来，韩国出现泡菜危机。韩国有铭商贸有限公司（乙方）欲从蔬菜生产大国——中国进口大白菜等蔬菜100吨，以解决韩国国内临时的泡菜危机。

韩商要求中方在15日内（时间越短越好）将100吨大白菜运抵烟台港。其他各竞争者由于地理优势，可以缩短运费和时间，因而能够及时交货。乙方已经联系了山东齐鲁商贸进出口有限公司（甲方）、山东寿光以及山东平度等地合计4家蔬菜加工厂，其他3家厂商给出的最优惠条件是14～15天运抵烟台港，价格在2.20元/斤。白菜在国内市场价格为2.30～2.50元/斤。为争取到此订单，山东齐鲁商贸进出口有限公司积极与韩国有铭商贸有限公司接洽谈判，希望达成交易合作。

甲方：山东齐鲁商贸进出口有限公司

（1）山东齐鲁商贸进出口有限公司是一家从事蔬菜等农副产品种植、加工、销售的专业企业，仅用短短5年时间就发展为山东省最大的农副产品种植、生产、销售企业。

（2）依托沂蒙山区优良环境优势，现有蒙阴县、费县、沂水县等四大生产基地，总面积在 5000 亩，并建有高科技大棚 20 幢，可整年供应新鲜蔬菜，年生产供应能力在 5000 吨以上。

（3）在中国的主要客户有上海亚太（肯德基的生菜丝、片供应商），广州、北京可诺奈，上海莱迪士（麦当劳的生菜丝、片供应商）；在国外的销售市场，目前主要是新加坡、马来西亚和日本等。

乙方：韩国有铭商贸有限公司

（1）该公司于 2000 年在韩国首尔成立，主要经营农副食品的加工和进出口，秉持"诚信为本，诚信走天下"的理念，在经营中得到了合作商的充分肯定与支持。

（2）目前已与日本、俄罗斯、美国等国家企业建立了合作关系。

（3）内部出现临时的资金短缺。

2. 谈判要求

希望山东齐鲁商贸进出口有限公司与韩国有铭商贸有限公司达成蔬菜采购共识。

模拟谈判案例二

1. 案例介绍

美菱公司因故未能如期交货，东兴公司要求获得高额赔偿。

买方：东兴公司

卖方：美菱公司

最近几年，我国国内 GD 类布料的服装市场迅猛发展，各名牌服装生产厂家都不同程度地面临此类新型布料短缺的局面。位居国内三大服装品牌之一的东兴公司，就是主要生产 GD 类布料服装的厂商，并且占有国内 GD 类布料服装市场 1/3 大的份额，因此其 GD 布料来源短缺问题就更加严重。GD 新型布料颇受消费者欢迎，但生产技术含量高，印花染色工艺复杂，目前国内只有三家公司可以生产优质 GD 产品，但其生产安排早已被几家服装生产厂家挤满。由于多种原因，也难以从国外找到 GD 布料货源。

2012 年年初，在 GD 布料供应最紧缺的时候，东兴公司与国内生产 GD 布料的美菱公司签订了购货合同。按照合同，美菱公司向东兴公司提供 30 万米不同季节穿着的符合质量标准的 GD 布料，平均分三批分别于当年 4 月 30 日以前、8 月 31 日以前和 10 月 31 日以前交货；若延期交货，美菱公司将赔偿对方损失，赔偿事宜到时再商议。

2012 年春季，国内很多地方出现了 FD 型肺炎疫情，美菱公司印染车间有 2 名高级技术人员被诊断为 FD 疑似病例，该车间大多数人被隔离 20 余天，生产几乎处于停顿状态。虽然 4 月底很快恢复正常生产，但美菱公司已经无法按合同规定日期向东兴公司交货，至 5 月 5 日也只能交货 2 万米，全部交完至少要到 5 月 20 日。东兴公司因此遭受巨大损失。5 月 10 日，东兴公司决定实施索赔条款，并正式向美菱公司提出 600 万元的索赔要求。

一周后，美菱公司派出由主管生产的副总经理到东兴公司就赔偿问题进行交涉。交涉时，美菱公司方认为，严重的 FD 疫情属于"不可抗力"，因此延迟交货不能使用处罚条款。但东兴公司对此持有不同意见，并坚持要求对方赔偿巨大损失。由于初步交涉不能达成一致意见，双方同意三天后进行正式谈判。

谈判双方的关系很微妙：东兴公司既希望拿到巨额赔偿金，又希望早日拿到布料，以便尽可能满足客户要求，也不愿失去美菱公司这一合作伙伴；美菱公司虽然不愿赔偿，但不愿让公司信誉受损，也不愿失去东兴公司这一实力较强的大客户。因此，如何务实且富有成效地解决索赔问题，摆在了双方谈判小组的面前。

2. 谈判目标

（1）解决赔偿问题。

（2）维护双方长期合作关系。

模拟谈判案例三

1. 案例介绍

美国一家电力公司为了解决当地电力紧缺的局面，缓解当地居民对电力不足的抱怨，决定在当地一条大河的上游修建一座大型水坝，大坝建好后不仅可以完全解决电力不足的问题，而且有一定剩余的发电产能；此外，该项目也会在当地居民中树立一个新的形象。然而，修建大坝的建议一提出便遭到河流下游的农民和环保主义者的强力反对。农民们担心一旦大坝建成后，下游的水流量将大大减少，这会影响农场的收成；而环保主义者关注的是，一旦大坝建成后，可能影响河流下游的生态环境，特别是对生活在下游的濒危动物美洲鹤构成威胁。

由于各方的立场无法调和，于是电力公司与农民和环保主义者为大坝的修建对簿公堂。经过一场法律官司后，问题仍然没有得到解决。面对这一局面，三方决定放弃法律程序，采用谈判的方法来寻找一个使三方都满意的解决方案。

2. 谈判要求

组建谈判小组，每组由3～6人组成，各代表有电力公司、农民和环保主义者。按照下面的程序完成谈判，首先尽可能多地提出解决方案；然后讨论并提出几个可行的方案；最后，通过谈判确定一个得到三方认可的最可行的方案，该方案应当满足各方的基本利益。

3. 谈判提示

注意这场谈判完全是市场行为，与政府没有关系。首先确定在谈判三方中哪一方是矛盾的主导方。任何方案的提出都应考虑其可行性，特别是资金的来源。

九、谈判需要案例

案例一　鸡与电

1. 案例介绍

背景与情境：美国菲德尔费电气公司的推销员韦普先生去宾夕法尼亚州推销用电。他看到一所富有的整洁农舍，便前去叩门。敲门声过后，门打开了一条小缝，户主布朗·布拉德老太太探出头来，问他有什么事情。当得知韦普先生是电气公司的销售后，马上把门关上了。

韦普先生只好再次敲门。敲了很久，布拉德老太太才又将门打开了，仅仅是勉强开了一条小缝，并且还没等韦普先生说话，就毫不客气地破口大骂。怎么办呢？韦普先生并不气馁。他决定换个法子，碰碰运气。他改变口气说："很对不起，打扰您了。我访问您并非是为了电气公司的事，只是向您买一点鸡蛋。"听到这句话，老太太的态度稍微温和了一些，门也开大了一点。韦普先生接着说："您家的鸡长得真好，看它们的羽毛长得多漂亮，这些鸡大概是多明尼克种吧？能不能卖给我一些鸡蛋？"这时，门开得更大了。老太太问韦普："你怎么知道这些鸡是多明尼克种呢？"韦普先生知道自己的话打动了老太太，便接着说："我家也养一些鸡，可是，像您所养的那么好的鸡，我还没见过呢。而且，我养的鸡只会生白蛋。夫人，您知道吧，做蛋糕时，用黄褐色的蛋比白色的蛋好。我太太今天要做蛋糕，所以特意跑您这里来了……"老太太一听这话，顿时高兴起来，由屋里跑到门廊来。韦普则利用这短暂的时间，瞄了一下四周的环境，发现他们拥有整套的现代化养鸡设备，便接着说："夫人，我敢打赌，您养鸡赚的钱一定比您先生养乳牛赚的钱还要多。"这句话说得老太太心花怒放。因为长期以来，她丈夫不承认这件事，而她总想把自己得意的事告诉别人。于是，她把韦普先生当作知己，带他参观鸡舍。在参观时，韦普先生不时对所见之物发出由衷的赞美。他们还交流养鸡方面的知识和经验。就这样，他们彼此变得很亲切，几乎无话不谈。最后，布拉德太太在韦普的赞美声中，向他请教用电有何好处。韦普先生实事求是地向他介绍了用电的优越性。两个星期后，韦普收到了老太太交来的用电申请书。后来，便源源不断地收到这个村子的用电订单。

2. 案例分析

在第一次敲门遭到拒绝后，韦普调整了策略，采取了"曲线救国"的方法，不说电，只说鸡，并在此过程中不断赞美对方，最终达到了推销用电的目的。

3. 讨论与思考

韦普是如何成功说服布朗太太用电的？在说服过程中，他满足了老太太哪些需求？

案例二　谈判者顺从对方的需要

1. 案例介绍

米开朗琪罗举世闻名的雕塑作品《大卫像》，是他花费了三年的心血，用一块完整的大理石制作的5.3米高的男性雕像。这尊雕像是意大利的"鲜花之城"佛罗伦萨的标志之一。

关于这尊雕像还有一个故事。据说，雕像完成之日，罗马市政厅长官对雕像的鼻子不满意，要求艺术家进行修改。米开朗琪罗答应了长官的要求,爬到雕像的头部,随后石头屑纷纷落下,市政厅长官终于点头认可,而事实上,米开朗琪罗爬上去的时候,手里就握了一把碎屑,他在上面只是做出雕琢的动作,却丝毫没有碰到雕像的鼻子。

2. 案例分析

谈判者在谈判中根据对方的需要,采取相应的策略,主动为对方着想,促使谈判成功。这种情况下,谈判者要善于分析、发现对方尚未满足的最基本需要,然后思考采取一个适当的办法去满足双方,促使谈判成功。

3. 讨论与思考

(1) 商务谈判中,谈判者如何顺从对方的需要?
(2) 商务谈判中该注意什么问题?
(3) 谈判时如何发现对方的需求?

案例三 谈判者使对方服从自己的需要

1. 案例介绍

KT公司是一家电视机生产厂家,生产各种型号的电视机。宏达公司是一家销售电视机的商家。在商务谈判中销售商提出直销、代销和经销三种方案。直销是由厂家直接在商场内设立销售柜台,按月付给商家场地租用费;代销是由商家代为销售,售出一台结算一台;经销是由商家按批发价购进一批电视机自行出售。就宏达公司而言,比较愿意采用代销方式,这样风险较小。KT公司由于电视机积压较多,资金周转困难,迫切需要一笔运转资金,因此在谈判中KT公司坚持要求以经销方式批发交易。KT用低价诱惑对方,当对方感到没有把握时,他们主动提出派技术人员协助宏达公司宣传和推销。当宏达公司提出搬运有困难时,KT公司立即承诺由他们负责搬运到商场。这样在KT公司的进攻下,一笔交易成功了。

2. 案例分析

谈判者在谈判中使用各种策略说服对方满足自己的需要,所有的谈判活动都是从满足自身需要出发,这种方法在谈判中比较常见。

3. 讨论与思考

商务谈判中谈判者如何让对方满足自己的需要?该注意什么问题?

案例四　谈判者同时服从对方和自己的建议

1. 案例介绍

20世纪40年代，美国有个电影明星叫珍·拉塞尔，她曾与制片商休斯签订一份一年120万美元的雇用合同。12个月后，拉塞尔找到休斯："我想要我合同上规定的钱。"休斯声明他现在没有现金，但有许多不动产。拉塞尔当然不听这些辩词，她的要求合理合法，她只要她应得的钱。休斯继续向她说明他现在现金周转不灵，要她等一等。而拉塞尔一直指出合同的法律性，上面清楚说明年底付款，双方的争执越来越大，甚至发展到通过律师解决问题，看来似乎只有对簿公堂了。但是事实上，拉塞尔突然改变主意。她很聪明地对休斯说："啊，你我是不同的人，有不同的奋斗目标，让我们看看能不能在一起互相信任的气氛下分享信息、感觉和需要呢？"他们正是这样做了，于是彼此合作，创造性提出了一个能满足双方都需要的答案。修改后的合同改为每月付10万，分12个月付清。合同上的金额不变，但时间变了。

2. 案例分析

在谈判中采用这种方法比较明智，由于这种方法照顾双方的需要，谈判结果容易被双方接受，因此谈判容易成功。但这种方法的难点在于要找到平衡双方利益的方案。

3. 讨论与思考

（1）商务谈判中如何顾及双方的需要？
（2）如何找到平衡双方利益的方案？
（4）谈判利益是指什么？

十、谈判心理案例

1. 案例介绍

左先生接到公司领导安排的任务，要求其全权负责公司一个重大采购项目的谈判。该项目拟从A公司购进20台大型设备以构建生产线，公司对每台设备的估价为200万元。左先生是一位谈判高手，精于谈判心理的运用，他为此谈判事先做了大量调查和准备，以求为公司节省一笔采购费用。

左先生对 A 公司的谈判团队进行了摸底，发现对方主要谈判代表是林小姐。林小姐是理工科出身，是一名机械设备方面的专家，她思维严谨，性格稳健沉着，平时沉默寡言，一副扑克脸，让人无法知道其真实想法，是一名棘手的谈判对手。另外，左先生从调查中得知，林小姐现今离异，独自抚养孩子，需要一定的经济收入，此次 A 公司可能会将谈判结果与林小姐的收入挂钩，给予其一定的提成。左先生认为，这可能是谈判的一个突破口。

左先生对调查结果进行了充分的思考，迅速制定了合适的心理策略。根据林小姐团队的工作时间安排，左先生在谈判前挑了一个周末，让秘书购买了几份"海上豪华家庭游"套餐，邀请林小姐及其团队成员带上家属，一起乘坐豪华游轮到海上垂钓和参加亲子派对。他还特别为林小姐及其小孩精心准备了一份礼物，附上祝福语，作为见面的惊喜。左先生又为林小姐的团队提前预订了机票和酒店，并选择了一个顶级会议厅作为谈判地点，派专门人士进行布置，为谈判做足了准备。果不其然，林小姐对左先生的安排非常满意，一下飞机就连连道谢，扑克脸也露出了久违的笑容。左先生心如明镜，知道自己已经在心理战上先攻下一城。

谈判如期进行，如预测的一样，林小姐虽然十分享受此次行程，却不忘谈判的初衷。谈判双方在设备的价格上争执不下。左先生深谙谈判之道，首先开出了一个非常低的价格，出价每台设备 100 万元，并假装态度强硬，不肯让步。他暗中观察林小姐的反应，发现她开始变得语气冷淡不屑，不断与团队成员窃窃私语，并频繁地扭头看向窗外。他注意到林小姐团队成员中有人借上厕所为由偷偷到外面拨打电话，回来后对林小姐连连摇头。

左先生此时开始为己方谈判增加筹码，他让秘书搬来了一沓厚厚的材料放在林小姐面前，这些材料是左先生提前准备好的市场调查，里面的数据十分详尽，都是对 A 公司出售设备的"合理估价"。事先他已对这份材料进行了检查，确保其完全没有破绽。左先生又专门请来了事先打好招呼的丁先生为林小姐进行材料的解释。丁先生和林小姐同为设备专家，两人还是大学时期的师兄妹，都彼此佩服对方的才能，有了这层关系，又加上丁先生的讲解十分有说服力，左先生注意到，林小姐已经开始有些动摇了，她让人拨打电话到产品部门，再次确定设备的定价。

不久，林小姐的公司回电给她重新报了一个价格。左先生看到林小姐眉头一皱，犹豫了一会，重新给了一个较低的卖价，是180万元一台设备，林小姐一口咬定这个便是目前所能报出的最低价了，否则谈判破裂。此时，左先生注意到，林小姐在说"谈判破裂"这几个字的时候有些犹豫，说出后又双手扭在一起，咬了一下嘴唇，看起来有点紧张。他知道，这个报价还远远没有达到林小姐心目中的底线。

这时，他开始抛出了撒手锏。左先生缓缓站起，两手一摊，说："林小姐，您知道，我们公司还有许多的供应商，像B公司、C公司等，他们愿意以低得多的价格卖给我们设备，C公司甚至在低价的基础上还答应免费为我们安装生产线，你看，这是他们的报价单。"左先生随手扬了扬手中的一份资料，又接着说："我们公司看在商业合作伙伴的分上，才优先从A公司采购，我想你们现在正面临着严重的库存积压吧。"左先生说着话，转身就要离开座位，他偷偷瞟了一眼林小姐，见她嘴唇紧抿，脸色紧张。"150万，不能再低了。"林小姐小声地说，左先生暗暗一笑，摇摇头走出了会议室，留下林小姐一脸错愕。这时，他心里早已乐开了花，他知道，价格还可以再压低。

夜晚，他叫来了自己的秘书，让她专门到林小姐的房间一趟。让她向林小姐单独报价，130万一台设备，并向林小姐个人支付每台5万元的回扣。如左先生所料，正在垂头丧气打包行李的林小姐，听到这个消息欣喜若狂，一下就答应了左先生的条件。经过商议，左先生最终以135万元一台设备的价格拿下了项目，为公司节省了一大笔费用。

2. 案例分析

在商务谈判中，收集对方资料，做到知己知彼非常重要。根据掌握的信息，可以沉着应对不同情况，调整谈判策略。

3. 问题与思考

（1）左先生在整个谈判流程中采用了什么心理策略？

（2）你认为采用这些策略会出现哪些突发情况？发生突发情况的时候应该怎么弥补？

十一、谈判思维案例

案例一　谈判中的诡辩术

1. 案例介绍

美国 Y 公司向中国石家庄工厂销售了一条彩色电视机玻壳生产线，经过安装后，调试的结果一直不理想，一晃到了圣诞节，美国专家都要回家过节。于是全线设备均要停下来，尤其是玻璃熔炉还要保温维护。美方人员过节虽是法定的，但中方生产线停顿是有代价的，两者无法融合。美方代表走后，中方专家自己研究技术，着手解决问题，经过一周的日夜奋战将问题最大的成型机调试好了，这也是全线配合的关键。该机可以生产合格的玻壳后，其他设备即可按其节奏运转。等美方人员过完节，回到中方工厂已是三周后的事，一见工厂仓库的玻壳，十分惊讶，问"怎么回事？"当中方工厂告诉美方，自己调通生产线后，美方人员转而大怒，认为"中方人员不应动设备，应该对此负责任"。并对中方工厂的外贸代理公司做出严正交涉："以后对工厂的生产设备将不承担责任，若影响其回收贷款还要索赔。"

2. 案例分析

美方论述属诡辩范畴，主要运用了平行论证（中方行事理由与美方行事理由分别论证）和以现象代替本质（中方表面行为代替其执行合同的效果）。

中方自己调试设备具有一定的风险性，按合同规定会产生问题，没把握，绝对不能轻率行事。此时，可行使向美方索赔的权利，此处重在判断。当有把握时，通过"等与行"的对比推演决定行动，是一个推理的正常结果，从本质意义上看对中美双方均有积极效果。

中方代理，先从概念入手——依据合同谁有过？再依过推算谁损失最大（应负过之责），再推导出美方应采取何种态度。

最终结果：美方应感谢中方为其减少负担，并应继续履行未完的合同义务。

3. 问题与思考

（1）如何看待美方的论述？

(2) 如何看待中方人员私调设备的行为?
(3) 中方外贸代理面对美方论述会怎么回答?
(4) 最终结果应如何?

案例二 逆向思维——孙膑智胜魏惠王

1. 案例介绍

孙膑是战国时著名的兵法家,至魏国求职,魏惠王心胸狭窄,妒其才华,故意刁难,对孙膑说:"听说你挺有才能,如果你能使我从座位上走下来,就任用你为将军。"魏惠王心想:我就是不起来,你又奈我何?孙膑想:魏惠王赖在座位上,我不能强行把他拉下来,把皇帝拉下来是死罪。怎么办呢?只有用逆向思维法,让他自动走下来。于是,孙膑对魏惠王说:"我确实没有办法使大王从宝座上走下来,但是我却有办法使您坐到宝座上。"魏惠王心想:这还不是一回事,我就是不坐下,你又奈我何?他便乐呵呵地从座位上走下来。孙膑马上说:"我现在虽然没有办法使您坐回去,但我已经使您从座位上走下来了。"魏惠王方知上当,只好任用他为将军。

2. 案例分析

运用逆向思维法解决问题是谈判中常用的思维方式。任何事物都包括统一与对立两个方面,人们在认识事物的过程中,实际上是同时与其正反两个方面打交道,只不过由于日常生活中人们往往养成一种习惯性思维方式,即只看其中的一方面,而忽视另一方面。如果逆转一下正常的思路,从反面想问题,便能得出一些创新性的设想。

3. 问题与思考

(1) 如果魏惠王也懂得运用逆向性思维,结果会如何?
(2) 如何培养逆向性思维?

案例三 逆向思维——租房子

1. 案例介绍

有一家人决定搬进城里,于是去找房子。全家三口,即夫妻两人和一个5岁的孩子,他们跑了一天,直到傍晚才好不容易看到一张公寓出租的广告。他们赶紧跑过去，房子出乎意料的好，于是，就前去敲门询问。这时，温和的房东出来，对这三位客人从上到下地打量了一番。丈夫鼓起勇气问道："这房屋出租吗？"

房东遗憾地说："啊，实在对不起，我们公寓不招有孩子的住户。"

丈夫和妻子听了，一时不知如何是好，于是，他们默默地走开了。

那5岁的孩子，把事情的经过从头至尾都看在眼里。那可爱的心灵在想：真的就没办法了？他用那红叶般的小手又去敲房东的大门。

这时，丈夫和妻子已走出5米来远，都回头望着。

门开了，房东又出来了。这孩子精神抖擞地说："老爷爷，这个房子我租了。我没有孩子，我只带来两个大人。"

房东听了之后，高声笑了起来，决定把房子租给他们住。

2. 案例分析

人们习惯于沿着事物发展的正方向去思考问题并寻求解决办法。其实，对于某些问题，尤其是一些特殊问题，从结论往回推，倒过来思考，从求解回到已知条件，反过去想或许会使问题简单化，从而轻而易举地解决，甚至因此而有所发现，创造出惊天动地的奇迹来，这就是逆向思维的魅力。

3. 问题与思考

（1）回忆一下，能不能说出你运用逆向思维解决难题的经历？

（2）在日常生活中，你碰到问题时，通常采用什么思考方式解决？

十二、谈判语言案例

案例一　谈判语言——占据主动位置

1. 案例介绍

美国一位著名的谈判专家有一次替他的邻居与保险公司交涉赔偿事宜，谈判是在专家的客厅里进行的，双方就保险理赔金额展开了谈判。

谈判开始，理赔员先发表了意见："先生，我们都知道你是交涉专家，一向都是针对巨额款项谈判，恐怕我方无法承受你的报价，我们公司若是只出100美元的赔偿金，你看如何？"

专家表情严肃地沉默着。据以往经验，不论对方提出的条件如何都应表示出不满，因为当对方提出第一个条件后，总是暗示着可以提出第二个，甚至是更多。

果然，理赔员沉不住气了："抱歉，请勿介意我刚才的提议，我再加一点，200美元如何？"

"加一点，抱歉，无法接受。"

理赔员继续说："好吧，那么300美元如何？"

专家沉吟了一会儿道："300？嗯……我不知道。"

理赔员显得有点惊慌了，他说："好吧，400美元，这在以往的赔偿金额中算很高的了。"

"400？嗯……我不知道。"

"那就500美元好了！真的不能再高了。"

"500？嗯……我不知道。"

"这样吧，我们最多出到600美元。"

……

专家无疑又用了"嗯……我不知道"。谈判在继续进行着。最后这桩理赔案终于以950美元的赔偿金额达成协议，然而邻居原本只希望得到300美元！

2. 案例分析

谈判是一项双方的交涉活动，每一方都在捕捉对方的反应，以确定自己的谈判方案。这个过程中，注意谈判的语言技巧显得尤为重要。本案例中，理赔员本来想先发制人，在恭维对方的同时直接抛出自己的报价，占据谈判的主动权。但谈判专家始终以不变应万变，一句"嗯……我不知道"高深莫测，让对方始终猜不出底线。谈判专家和理赔员的一问一答其实都是在试探对方，这是一个双方博弈的过程。理赔员看似牢牢地掌握着报价的主动权，但其实他的每一次报价都是试探性的，谈判专家深谙理赔员这种不确定的心理，变被动为主动，步步为营，直到大获全胜。

3. 讨论与思考

（1）专家如何通过含糊的语言达到他的谈判目的？

（2）如果你是本案例中的理赔员，你会如何谈判处理这起理赔事件？

案例二 谈判语言——无声语言

1. 案例介绍

1987年6月,济南市第一机床厂厂长在美国洛杉矶同美国卡尔曼公司进行推销机床的谈判。

双方在价格问题上陷入了僵持的状态,这时我方获得情报:卡尔曼公司原与台商签订的合同不能实现,因为美国对日本、韩国及中国的台湾提高了关税的政策,使得台商迟迟不肯发货。而卡尔曼公司又与自己的客户签订了供货合同,对方要货甚急,卡尔曼公司陷入了被动的境地。我方根据这个情报,在接下来的谈判中沉着应对,多次对卡尔曼公司提出的要求实际购买价格低于我方报出的价格不予回应。沉默使双方处于尴尬地位,卡尔曼公司终于沉不住气,在谈判的最后,卡尔曼公司的代表妥协了,按我方提出的价格购买了150台中国机床。

2. 案例分析

商务谈判中的无声语言技巧就是以静制动,当对方提出的条件不能达到自己想要的效果时以沉默应对,使对方猜不透自己的心思,最后被动地提出更接近我方要求的价格。商务谈判中的无声语言技巧可以化被动为主动,在沉默中扭转局势,为自己赢得更多的利益。

3. 讨论与思考

(1) 双方在谈判过程中的地位如何?

(2) 出现僵局后,双方是怎样处理的?

十三、谈判道德案例

案例一 美国洛克希德公司商业贿赂丑闻

1. 案例介绍

洛克希德公司是美国一家主要的军火商,"二战"期间,洛克希德公司就生产了2万架战斗机。在朝鲜半岛,该公司的F-80流星战斗机雄霸天下。长期以来,洛克希德公司成功地研制出很多技术高度复杂的产品,为公司赚取了巨额利润。然而,进入20世纪70年代,洛克希德公司面临着重重财政困难,经济和技术上的问题使洛克希德公司陷入困境,政治和官僚因素又加大了问题的严重性,其到1971年已面临破产的危险。1975年9月,参议院发布了令人震惊的消息:洛克希德公司向国外机构和政府官员行贿达2亿多美元。这些国家包括荷兰、意大利、日本、土耳其等。其中不乏政界要员,诸如荷兰亲王伯恩哈特、日本首相田中角荣等等。在意大利,为搞定价值6000万美元的C-130运输机合同而行贿200万美元,在西班牙行贿130万美元,在南非行贿900万美元,此外还在希腊、墨西哥、尼日利亚和哥伦比亚进行行贿。在诸如沙特阿拉伯和伊朗这样的国家,行贿受贿被视为一种当然的"生活手段",该公司当然也投入巨额资金。

2. 案例分析

洛克希德公司本来是一家非常优秀的公司,但在面临一定困难的情况下走上了腐败、行贿之路,应当说这是违背商业道德的行为。腐败、行贿行为在一些国家可能被认为是一种"生活手段",但行贿并不是在任何情况下都是行之有效的,而且其代价比所获得的商业利益要高。从长远来看,合乎道德标准的商业行为最终会获得好的经济利益。

如果商业贿赂成为一种普遍现象,那么整个行业的道德行为就会陷入危险境地,竞相效尤的态度就会盛行,而没有随波逐流的公司就会失去竞争优势。在没有具体有效的法律调控下,这种"随大流"的思想最为有害。公司如果表明自己的立场,采取高的道德姿态,可能会损害短期收益,但是可以更好地与客户保持长期的相互信任关系。公司可以凭借自己过硬的技术和优质的服务与其他竞争者相抗衡。这样既可以保持高度的道德准则,也具有竞争活力。

为了防止公司的可疑支出就要制定严格的制度,让雇员和管理层深刻地学习这些制度,加强企业员工的道德观念,并且对任何可疑支出或者其他任何不道德的行为,谁都不得逃避责任。由于国外代理商往往是行贿的主要行为人,因而在雇用这样的代理商时,要对其彻底查明,更要使其了解公司的政策。

3. 讨论与思考

(1) 应如何从商业道德的角度认识洛克希德公司的腐败、行贿行为?

(2) 在商业交往中,如何认识腐败、行贿的"随大流"思想?

(3) 许多人认为,既然人人都这样做,我当然也可以这样做。你对此应如何认识？

（4）应如何防止公司的行贿行为？

案例二　美国比奇纳特企业销售掺假果汁案

1. 案例介绍

比奇纳特营养制品公司成立于1891年，是美国第二大婴儿食品的生产商，纯正、优质和自然一直是该公司的广告词和经营理念的中心。1988年2月17日，比奇纳特营养制品公司两位最高负责人被指控触犯联邦法律，经审判罪名成立，其罪行是蓄意销售掺假苹果汁。比奇纳特苹果汁是公司最畅销的产品，在产品说明中标有"100%"纯果汁，而实际上都是人工合成原料的混合物，正如一位调查人员所证实的，是一种"由100%化学成分合成的假鸡尾酒"。

1982年，食品医疗管理局将其检查不合格的结果通报给公司，并要求其撤回所有产品。但公司高层回复，果汁对健康根本没有危害，公司不打算撤回所有产品。其实，公司由于财政危机，一直想方设法降低成本，他们从一家万能果汁公司那里以低于市场25%的价格购买浓缩汁。当比奇纳特配剂师发现果汁不纯并报告给管理层时，高层却命令将浓缩汁与混合果汁掺和在一起，这样就更难检测了。食品医药管理局建议司法部门起诉比奇纳特及其管理层。最终，比奇纳特公司掺假销售苹果汁罪名成立。据估计，指控和丑闻使其损失2500万美元，包括罚金、法律费用以及下降的销售额。负面宣传导致该公司的市场份额下降20%，损失巨大。

2. 案例分析

比奇纳特作为美国第二大婴儿食品生产商，本应认真遵守企业经营理念和职业操守，但由于公司财政危机，想通过造假来降低成本，追求利润，结果走上犯罪道路，最终遭到起诉。这不仅违背道德操守，而且也是违反法律的行为。

3. 讨论与思考

（1）本案例中比奇纳特陷入严重的财政危机中，这种情况可以成为企业销售掺假果汁的理由吗？

（2）从比奇纳特公司的做法中应吸取哪些教训？

(3) 如果你是比奇纳特的配剂师，面对这种道义上两难的情况，你将如何做？

十四、谈判风格案例

案例一 11个农夫和1个农夫

1. 案例介绍

美国的一个偏远小镇，由于法官和法务人员有限，因此组成了一个由12个农民组成的陪审团。按照当地的法律规定，只有当这12名陪审团成员都同意时，某项判决才能成立。在某一次陪审团审理案件时，其中11名陪审团成员已达成一致看法，认定被告有罪，但另一名认为应该宣告被告无罪。由于陪审团意见不一致，审判陷入了僵局。这11名企图说服另一名，但是这名代表是个性格固执的人，就是不肯改变自己的看法。从早上到下午审判都没有结束，这11个农夫有些心神疲倦，但另一名仍然没有丝毫让步的意思。

就在这11个农夫一筹莫展时，突然天空布满了乌云，一场大雨即将来临。此时正值秋收过后，各家各户的粮食都晒在场院里。眼看大雨将至，这11名代表都在为自家的粮食着急，希望赶快结束这次判决，尽快回去收粮食。于是这11人都对另一个农夫说："老兄，你就别再坚持了，眼看就要下雨了，我们的粮食都在外面晒着，赶快结束判决回家收粮食吧。"可那名农夫丝毫不为之所动，坚持说："不行，我们是陪审团的成员，要坚持公正，这是国家赋予我们的责任，怎么能轻易做出决定，在我们没有达成一致意见之前，谁也不能擅自做出判决！"这番话令这11个农夫更加着急，哪有心思讨论判决的事情。为了尽快结束这令人难受的讨论，这11个农夫开始动摇了，考虑改变自己的立场。这时一声惊雷震破了这11个农夫的心，他们再也忍受不住了，纷纷表示愿意改变自己的态度，转而投票赞成那一位农夫的意见，宣告被告无罪。

2. 案例分析

按常理来说，11个人的力量要比1个人的力量大。可是由于那1个坚持己见，更由于突如其来的天气变化，使那11个人在不经意间为自己设定了一个最后期限：在下雨之前，最终被迫改变了看法，转而投向另一方。在这个故事中，并不是那 1 个农夫主动运用了最后期限法，而是那 11 个农夫为自己设计了一个最后的期限，并掉进了自设的陷阱里。

   3. 讨论与思考

　　（1）在这个案例中，对判决最终的结果起到决定性因素的究竟是什么？

　　（2）假设大雨没有来临，你认为那个坚持无罪的代表是否依然会取得其他人的支持？

　　（3）如果你是这 11 名代表中的其中一名，你会采取什么样的策略？

案例二　投其所好

   1. 案例介绍

　　迪诺公司是纽约的一家面包公司，该公司的面包远近闻名，纽约很多大酒店和餐饮消费场所都与迪诺公司有业务合作，因此，面包的销量越来越多。与多数饭店不同的是，迪诺公司附近一家大型的饭店却一直没有向迪诺订购面包，这种局面持续了长达 4 年。在这期间，销售经理及公司创始人、迪诺先生每周都去拜访这家大饭店的经理，参加他们举行的会议，甚至以客人的身份入住该饭店，想方设法与饭店业务人员进行接触，一次又一次地同他们进行推销谈判。但无论采用任何手段，迪诺公司的一片苦心就是不能促成双方谈判成功，这种僵局令迪诺暗自下定决心，不达目的绝不罢休。

　　此后，迪诺一改过去的推销策略和技巧，开始对这家饭店的经理所关心和爱好的问题进行调查。通过长时间详尽细致的调查，迪诺发现，饭店的经理是美国饭店协会的会员，而且热衷于协会的事业，还担任会长一职。这一重大发现给了迪诺很大的帮助，当迪诺的销售经理再一次去拜会饭店经理时，就以饭店协会为话题，围绕协会的创立和发展以及有关事项和饭店经理交谈起来。这一招果然起到了意想不到的结果，此话题引起了饭店经理的极大兴趣，他主动谈起了饭店协会的事情，还口口声声称这个协会如何给他带来无穷的乐趣，甚至还邀请迪诺参加这个协会。

　　这一次与饭店经理谈判时，迪诺丝毫不提关于面包销售方面的事，只是就饭店经理所关心和感兴趣的协会话题，取得了很多一致性的见解和意见。饭店经理甚至表示同迪诺有相见恨晚之感。

几天以后，那家饭店的采购部门突然给迪诺打电话，让他立刻把面包的样品以及价格表送去。饭店的采购组负责人笑着对迪诺说："我真猜不出您究竟使用了什么样的绝招，使我们的老板那么赏识你，并且决定与你们公司进行长期的业务合作。"听了对方的话，迪诺有些哭笑不得，向他们推销了4年面包，进行了若干次推销谈判，竟连一块面包都没销售出去。如今是对他关心的事表示关注而已，却发生了180度的转变。否则，恐怕到现在为止还跟在他身后穷追不舍地推销自己的面包呢。

2. 案例分析

将投其所好作为一种谈判的技巧和方法，其基本思想就是为了使谈判达成有利于己方或有利于双方的协议，谈判者根据对方的需要、爱好，有意识地迎合对方，使双方达成共识，在找到共同点的基础上再进一步提出自己的要求和条件，使对方容易接受和认可，进而使自己的谈判企图和目标得以实现。

3. 讨论与思考

（1）迪诺最初没有跟这家饭店合作，原因主要出现在哪里？

（2）迪诺采取的策略发生转变的重点是哪个方面？

（3）如果你是饭店的经理，面对迪诺的策略，你是否有更好的解决方案？

案例三　关心对方的利益

1. 案例介绍

美国钢铁大王戴尔·卡耐基曾遇到过这样一个谈判：有一段时间，他曾每个季度都会租用纽约一家饭店的舞厅举办系列讲座。在某个季度开始时，他突然接到这家饭店的一封信，要求将租金提高两倍。卡耐基当然不愿意支付提高的那部分租金。几天后，他去见了饭店经理。他说："收到您的信，我有些震惊。但是我一点也不埋怨您。如果处在您的地位，可能我也会写类似的信。作为一个饭店经理，您的责任是尽可能多地为饭店谋取利益。如果不这样，您就可能被解雇。如果您提高租金，那么让我拿一张纸来写下将给您带来的好处和坏处。"接着，他在中间画了一条线，左边写"利"，右边写"弊"，在利的一边写下了"舞厅，供租用"。然后说："如果舞厅空置，那么可以出租供舞会或会议使用，这是非常有利的，因为这些活动给您带来的利润远比办系列讲座的收入多。如果我在一个季度中连续20个晚上占用您的舞厅，这意味着您将失去一些非常有利可图的生意。"

"现在我们来考虑'弊'。首先，您并不能从我这里获得更多的收入，甚至获得更少，实际上您是在取消这笔收入。因为我支付不起您要求的价格，所以我只能被迫改在其他的地方举办讲座。"

"其次，对您来说，还有一弊。这个讲座吸引了很多有知识、有文化的人来您的饭店。这对您来说是个很好的广告，是不是？实际上，您花5000美元在报上登个广告也吸引不了比我讲座更多的人来这个饭店，这对于饭店来说是很有价值的。"

卡耐基把两项"弊"写了下来，然后交给经理说："我希望您能仔细考虑一下，然后告诉我您的决定。"第二天，卡耐基收到一封信，通知他租金只提高原来的1.5倍，而不是两倍。

2. 案例分析

卡耐基一句也没提自己的要求和利益，而始终在谈对方的利益以及怎样实现对方的利益。在谈判中，双方的利益不一致是必然的，有时甚至是尖锐对立的，坚持对立的立场，各不相让，常常会使谈判出现僵局。而奉行互利原则，则可以打破僵局，达成对双方都有利的协议。关心对方的利益，站在对方的角度设身处地着想，指出对方的利益所在，对方会欣然与你合作。成功的谈判的关键在于找出什么是对方真正需要的。

3. 讨论与思考

（1）文中的卡耐基利用了什么样的方法来达到自己的目的？

（2）从文中来看，舞厅老板想要达到什么样的目的？又出于什么原因使得他最终同意了卡耐基的条件？

（3）如果你是文中的饭店经理，面临这样的问题，你会如何决定？

案例四 撒切尔夫人的强硬智慧

1. 案例介绍

英国前首相撒切尔夫人由于其强硬工作作风，有"铁娘子"之称，这一点也在其谈判工作中得以体现。1979年12月，欧洲经济共同体（EEC）的各国首脑在柏林举行关于消减预算的谈判。会谈中，撒切尔夫人提出一项协议草案。她的理由是，英国对EEC负担的费用太多了，由于征收预算款额方法中的偏差，尽管英国投入了大笔资金，但并没有获得应享有的各项利益。为此，她强烈坚持自己的主张，并要求将英国负担的费用每年减少10亿英镑。这项议案必须得到所有成员国的同意才能生效，因为在EEC内，重大问题的决定是采取"一致同意"的原则。当撒切尔夫人的议案提出后，各国首脑脸上的微笑立即消失了，他们答应只能削减2.5亿英镑，并认为这已经是极限了。在谈判中，向对方提出比自己的期望更高的要求，是谈判中的一个重要方法。EEC各国首脑们深信只要将撒切尔夫人提出的要求削减3亿英镑，就可以顺利达成协议。

然而，撒切尔夫坚持自己的主张，结果因双方差距太大出现僵局。而这个结果，撒切尔夫人早在去柏林开会之前就已预料到了。她提出了一个非常高的要求，并坚持这一要求。她有自己的规则，而且迫使EEC也按她的规则办事。首先，她从逻辑上提出了要求削减款额的理由，把要求削减的这10亿英镑称为是"英国的钱"，她一直这么说，使EEC各国的首脑们非常愤怒，尤其是法国、联邦德国和丹麦的首脑。因为如果预算规则加以改变，前两个国家所受到的损失将最大。就这样，谈判没能继续下去，双方不再接触。

撒切尔夫人与EEC的这场谈判中，双方的目标值相差很远，撒切尔夫人想得到接近9亿英镑的解决方案，EEC各国则想用3亿英镑左右解决问题。如果要解决这笔交易，一方或双方就必须改变各自的预期想法。首先突破的是联邦德国，他们提出3.5亿英镑的让步，英国拒绝了；后来联邦德国开始讨论8亿英镑的让步，但只限1年，英国也拒绝了。撒切尔夫人强调的是每年都应减少。当年2月底，柏林会议过去两个月了，英国同意这不是一场短时间的交易。因此，在4月的预算同意把应摊的款项全部付给EEC。这之后，时间的优势也就被英国占有了。不久，EEC国家必须就给共同体农场主增加补偿支付额的问题上达成协议，并且每个成员都必须同意这点，否则就无法做出决定。这是EEC的议事原则。法国和联邦德国由于政治上的原因都希望增加支付额，因为当年这两个国家都要举行总统大选，他们不想使自己的农场主集团党觉得不舒服。撒切尔夫人没有明显地不同意这项农场主问题，她没有把这两个问题拉到一起。但大家都清楚，只有就她的EEC预算支付问题达成协议，英国才有可能在农场主问题上进行合作。这一年5月的EEC外长会议没有达成协议，后来联邦德国也撤回了他们减少 8 亿英镑只限 1 年的建议。

2. 案例分析

实际上，谈判早期出现僵局不一定是坏事。因为，当对方的要求，太强硬或者施加压力时，另一方最好暂时退离。暂时离开，恰恰显示了自己的独立性，显示了自己的坚定立场，毫无妥协余地。如果一方想将生意做成，那他会修正目标，主动地接近对方。值得注意的是，一定要抓住时机。否则，对方会让这种僵局一直持续下去，迫使自己重新回到谈判桌边，那时的效果将适得其反。在 EEC 的争论中，特别是在意见相持不下时，他们互相使用了威胁手段。撒切尔夫人告诉众议院，原则上依照她所提出的方案执行，并暗示出没有选择余地，同时也含有警告各国的意见。而且这样做，又可以对居于领导地位的法国施加压力。因为当时的法国正在破坏 EEC 的规约，禁止英国的羊羔进口，并以另一种手段向英国报复。他们在报纸上刊登英国已在 EEC 各国之间采取低姿态，试图以准成员的身份解决这个问题，即是说法国知道用什么方法打击英国。改变对方的期望可能非常困难，但必须设法向对方传递信号，通过各种各样的暗示和帮助来降低对方的期望，使他们逐渐认识到不可能得到其想得到的东西。

撒切尔夫人运用强硬、威胁的谈判手法是成功的。如果没有能力驾驭谈判，在谈判中一味顽固地坚持自己的立场是不明智的。应付强硬措施最有效的办法就是灵活，只要灵活有方，措施得当，任何强硬的立场都是可以改变的。

3. 讨论与思考

（1）在谈判最初，EEC 各国采取什么样的策略来应对英国的强硬态度？

（2）撒切尔夫人最终是如何转变对英国的不利局面的？

（3）如果你作为英国的谈判代表，应当采取什么策略来达到谈判的目的？

第四编 国际商务谈判实训游戏

把商务谈判的课堂教学与一定的谈判趣味活动结合起来,寓教于乐,是国际商务谈判教学活动的重要环节。编者共选择了 20 个国际商务谈判实训游戏,包括谈判氛围游戏、谈判情绪控制游戏、谈判认知游戏、解决争端模拟游戏、谈判的语言沟通游戏、肢体语言游戏、谈判团队合作游戏、双向沟通游戏、有效沟通游戏以及谈判双赢游戏等。从谈判的不同侧面进行实践操作,在娱乐环境中进一步加强对商务谈判知识的理解和认识。

游戏一 谈判氛围游戏——初次见面

一、游戏目的

初次见面那 3 分钟是留给他人第一印象的最重要的时刻,保持一种积极、幽默的态度,让大家迅速地消除陌生情绪,对于谈判双方很快熟悉起来是非常关键的。下面的小游戏可以用于消除大家的陌生感,创造一个有利于谈判的良好气氛。

二、游戏内容

参与人数:集体参与
时间:20 分钟
场地:不限
道具:姓名牌
游戏程序和规则:
1. 第一步
(1) 给每一个人都准备一个姓名牌。
(2) 让每位成员在进入谈判场地之前,先在名册上核对一下自己的姓名,然后给他一个别人的姓名牌。

(3) 等所有人到齐之后，要求所有人在3分钟之内找到姓名牌上的人，同时向其他人做自我介绍。

2. 第二步

(1) 主持人作自我介绍，然后告诉与会人员："很高兴来到这儿！"

(2) 快速绕教室走一圈，问："如果你今天不在这儿，你会在做什么不情愿做的事情呢？"

(3) 注意让问答保持在一个轻松活泼的氛围之内。

三、相关讨论

(1) 当你在寻找姓名牌上的人的时候，你是不是也同时认识了很多其他的人？经过这个游戏，你是不是感觉大家的距离近了好多？

(2) 当谈到可以不用做自己不愿意做的一些事情时，你是否觉得现在在做一件比较惬意的事情？

游戏二　谈判情绪——寻找情绪源

一、游戏目的

一场成功的谈判需要处理谈判者的情绪等无形因素，强烈的情绪，尤其是负面情绪会在人与人之间像病毒一样传播开来，进而让谈判的过程变得艰难。"寻找情绪源"这个游戏是要说明情绪的传染性以及对谈判沟通的影响。

二、游戏内容

参与人数：不限

时间：3分钟

场地：室内

道具：无

游戏规则和程序：

1. 第一轮

(1) 游戏开始前，所有人围成一圈，闭上眼睛，主持人在人圈外走几圈，然后拍一下某人的后背，确定"情绪源"。注意尽量不要让其他人知道这个"情绪源"是谁。

（2）大家睁开眼睛，散开，并被告知现在是一个鸡尾酒会，他们可以在屋里任意交谈，与尽可能多的人交流。

（3）"情绪源"的任务就是通过眨眼睛的动作将不安的情绪传递给屋内的其他3个人，任何一个获得眨眼睛信息的人都要将自己当作已经受到不安情绪感染的人；一旦被感染，他的任务就是向另外3个人眨眼睛，将不安的情绪再次传染给这3个人。

（4）5分钟以后，让大家都坐下来，让"情绪源"站起来，接着是那3个被他传染的，再然后是后面那3个被传染的，直到所有被传染的人都站了起来，你会惊奇于情绪传染的可怕性。

2. 第二轮

（1）告诉参与者们，你已经找到了治理不安情绪传染的有效措施，那就是制造快乐源，即用真挚柔和的微笑来冲淡大家因为不安而带来的阴影。

（2）让大家重新坐下围成一圈，闭上眼睛，告诉大家你将会从他们当中选择一个同学作为快乐之源，并通过微笑将快乐传递给大家；任何一个得到微笑的人也要将微笑传递给其他3个人。

（3）在参与者的身后转圈，假装指定了快乐之源，实际上你并没有拍任何人的后背，然后让他们睁开眼睛，声称游戏开始。

（4）自由活动3分钟，3分钟以后，让他们重新坐下来，并让收到快乐讯息的同学举起手来，然后让大家指出他们认为的快乐情绪源，你会发现大家的手指会指向很多不同的人。

（5）面带微笑地告诉大家实际上根本就没有指定的快乐情绪源，是他们自己的快乐感染了自己。

三、相关讨论

（1）不安和快乐哪一个更容易被传染？在第一轮中，当你被传染了不安的情绪，你是否会真的感觉到不安，你的举止动作会不会反映出这一点？第二轮中呢？

（2）在游戏的过程中，你对于别人要传染给你不安的预期，导致你真的开始不安；同样，你想让别人对你微笑，促使你接受和给予微笑。在日常生活和工作当中，你是否会遇到这样的情况？

（3）在一个团队里，某个人的情绪会如何影响到其他人，影响团队的工作效率？为了减少被别人的负面情绪带来的不利影响，你需要做什么？

游戏三　谈判认知游戏——教你穿衣服

一、游戏目的

谈判沟通的一大误区就是假设别人所知道的与你知道的一样多，并且这样的假设一旦在谈判者的脑子里形成，便很难消除。下面这个游戏就以一种很喜剧的方式说明了这一个错误的假设给沟通带来的阻碍。

二、游戏内容

参与人数：2名志愿者，集体参与

时间：20分钟

场地：不限

道具：西服一件

游戏规则和程序：

（1）挑选A和B两名志愿者，A扮演老师，B扮演学生，A的任务就是在最短的时间内教会B怎么穿西服（假设B既不知道西服是什么，又不知道应该怎么穿）。

（2）B要充分扮演出学习能力比较弱的情况。例如，A让B抓住领口，B可以抓住口袋；A让B把左胳膊伸进左袖子里面，B可以伸进右袖子里面，以极尽夸张娱乐之能事。

（3）有必要的话，可以让全班同学辅助A来帮助B穿衣服，但注意只能给口头的指示，任何人不能给B以行动上的支持。

（4）给A推荐一种卓有成效的办法：示范给B看怎么穿。以下是工作指导的经典四步培训法：解释应该怎么做；演示应该怎么做；向参与者提问，让他们解释应该怎么做；请参与者自己做一遍。

三、相关讨论

（1）对于A来说，为什么在游戏的一开始总是会很恼火？

（2）怎样才能更好地使 A 与 B 之间获得更好的沟通？

游戏四　解决争端模拟谈判游戏——"你的货有问题"

一、游戏目的

谈判中，人们常常面对很多异议和争端，异议和争端又常常会让谈判陷入僵局，或者令谈判者做出错误的决定。难以处理的异议和争端往往是由于谈判双方的不同立场导致的。谈判双方就谈判中出现的问题进行理智的分析，通过沟通，找到合理的解决办法，是每一个谈判人员应该掌握的技能。

这个游戏通过在销售中买卖双方争议的处理，让学员意识到在处理异议和争端的交流过程中，语言的选择非常重要，同样的意思用不同的话说出来效果是不一样的，多用一些积极的词汇，尽量避免使用一些否定的、消极的话语，这样有助于谈判双方避免陷入负面情绪而使冲突更加激烈。游戏目的在于训练沟通能力和销售技巧。

二、游戏内容

参与人数：2 人一组，分若干个组

时间：15 分钟

场地：室内

道具：无

游戏规则和程序：

（1）将参与者分成 2 人一组，一人是 A，扮演销售人员，另一人是 B，扮演顾客。

（2）场景一：A 现在要将公司的某件商品卖给 B，而 B 则想方设法地挑出本商品的各种毛病。A 的任务是一一回答 B 的这些问题，即便是一些吹毛求疵的问题，也要解释得让 B 满意，不能伤害 B 的感情。

（3）场景二：假设 B 已经将本商品买了回去，但是发现商品有一些小问题，需要进行售后服务。B 要讲一大堆对于商品的不满，A 的任务仍然是帮他解决这些问题，提高他的满意度。

（4）交换一下角色，然后再做一遍。

（5）将每个组的问题和解决方案公布于众，选出最好的组给予奖励。

三、相关讨论

（1）对于A来说，B的无礼态度让你有什么感觉？在现实工作中你会怎样对待这些顾客？

（2）对于B来说，A怎样才能让你觉得很受重视，很满意。在交谈的过程中，如果A使用了像"不""你错了"这样的负面词汇，你会有什么感觉？谈话还会成功吗？

游戏五　谈判的语言沟通——不要激怒我

一、游戏目的

很多时候，人往往在不经意之间会说出一些伤人的话，即便他们的本意是好的，也会因为这些话被人误解，达不成应有的目的。我们在说每一句话之前都应该好好想想别人听见后会有什么感觉，会带来什么后果，这样就可以避免自己无意识地说出激怒人的话语。实际上，在我们得意扬扬的时候往往是最容易伤害别人的时候，保持谦虚谨慎的态度，会使谈判中的交流更容易一些。

语言和态度是人与人之间沟通时的两个重要因素。面对对抗的时候，有的人说出话来是火上浇油，有的人说出来就是灭火器，效果完全不同。下面游戏的目的就是要教会大家避免使用那些隐藏有负面意思甚至包含敌意的词语。

二、游戏内容

参与人数： 3人一组，分成偶数组

时间： 30分钟

场地： 不限

道具： 卡片或白纸一沓

游戏规则和程序：

（1）将参与者分成 3 人一组，但要保证是偶数组，每两组进行一场游戏；要让参与者明白他们正处于一场商务场景当中，比如商务谈判、老板对员工进行业绩评估等。

（2）给每个小组一张白纸，让他们在 3 分钟内用头脑风暴的办法列举出尽可能多地会激怒别人的话语，比如不行、这是不可能的等，每一个小组要注意不使另外一组事先了解到他们会使用的话语。

（3）让每一个小组写一个一分钟的剧本，当中要尽可能多地出现那些激怒人的词语。时间：10 分钟。

（4）告诉大家评分标准：①每个激怒性的词语给 1 分；②每个激怒性词语的激怒程度给 1～3 分；③如果表演者能使用这些会激怒对方的词语表现出真诚、合作的态度，另外加 5 分。

（5）让一个小组先开始表演，另一个小组的人员在纸上写下他们所听到的激怒性词汇。

（6）表演结束后，让表演的小组确认他们所说的那些激怒性的词汇，必要时要对其做出解释；然后两个小组调过来，重复上述过程。

（7）第二个小组的表演结束之后，大家一起分别给每一个小组打分，给分数最高的那一组颁发"火上浇油奖"。

三、相关讨论

（1）什么是激怒性的词汇？我们一般在什么时候使用这些词汇？

（2）如果你无意间说的话被人认为带有激怒性质，你会如何反应？你认为哪个更重要，是你自己的看法重要，还是别人对你的看法重要？

（3）当你无意间说了一些激怒别人的话，你认为该如何挽回？是马上道歉吗？

游戏六　谈判者的类型——你像哪种动物

一、游戏目的

每个人特定的思维模式决定其行为模式，不同思维模式的人碰到一起，总是不可避免地要发生冲突，当冲突发生的时候，互相尊重是解决问题的基本原则。在合作和沟通的过程中，要认真考虑自己和对方冲突的根源所在，并根据彼此的特点进行调整。尽管存在冲突，不同类型的人仍然可以在一定程度上互补，也可以合作得很好。作为领导者的经理层人物应该善于观察和利用这一点，才能打造一个更好的团队。

在商务谈判中，每位谈判者都有自己独特的性格，不同性格的谈判者往往倾向于使用不同的谈判战略和策略。这个游戏的目的是通过具有代表性的动物的特征来认识不同类型的谈判者。

二、游戏内容

参与人数：集体参与

时间：每人3分钟

场地：不限

道具：写有动物名字的动物肖像画

游戏规则和程序：

（1）将各种各样动物的漫画给大家看，可以做成图片贴在教室的墙上，或者做成幻灯片，让大家分别描述不同动物的性格，主要是当它们遇到危险时的反应，比如说乌龟遇到危险时，脑袋就会缩到壳里。

（2）让参与者回想一下，当他们面对矛盾的时候会有什么反应，这一点和图中的哪种动物最像；如果图里面没有，也可以找外面的，最主要是言之有理。

（3）让每个人描述他所选择的动物性格，说出理由。比如说："我像刺猬，看上去浑身长满刺，很难惹的样子，其实我很温顺。"

三、相关讨论

（1）你所选的动物和别人所选的动物是不是有不同的地方？你具有该动物的哪种性格？别人注意到了吗？

（2）当具有不同性格的人碰到一起，应该如何相处？

游戏七 肢体语言游戏——肢体语言的秘密

一、游戏目的

人与人之间的交流有两种方式,一种是语言的,另一种是非语言的,这两个方面互为补充,缺一不可。有时候,非语言方式传达的信息比语言要更加精确。在日常的生活和工作中,为了让别人对你有一个更好的印象,一定要注意戒除自己那些不招人喜欢的动作或表情,使用一些良好的手势、表情帮助你的交流。因为好的肢体语言会帮助你的沟通,坏的肢体语言会阻碍你的社交。

语言沟通只占30%不到,更多的沟通是通过肢体语言来实现的。没有肢体语言的帮助,一个人说话会变得很拘谨,但是过多或不合适的肢体语言也会让你的形象大打折扣,自然、自信的身体语言会使我们的沟通更加自如。在谈判中,肢体语言可能透露很多信息。这个游戏的目的是要帮助大家注意自己的身体语言,学习观察对方的肢体语言所表达的意思。

二、游戏内容

参与人数:2人一组,可以有多个组同时进行

时间:10分钟

场地:不限

道具:无

游戏规则和程序:

(1)将参与者分为2人一组,让他们进行2~3分钟的交流,交谈的内容不限。

(2)当大家停下以后,请参与者彼此说一下对方有什么非语言表现,比如有人老爱眨眼睛,有人会不时地撩一下自己的头发。问这些做出无意识动作的人是否注意到了自己这些行为。

(3)让大家继续讨论2~3分钟,但注意这次不要有任何肢体语言,看看与前次有什么不同。

三、相关讨论

(1)在第一次交谈中,有多少人注意到了自己的肢体语言?

（2）对方有没有什么动作或表情让你觉得极不舒服，你是否告诉了他你的这种情绪？

（3）当你不能用你的动作或表情辅助你的谈话的时候，有什么样的感觉？是否会觉得很不舒服？

游戏八　谈判团队合作游戏——找错误

一、游戏目的

在大型商务谈判中，谈判双方往往是由多名谈判者组成的谈判小组，每个谈判者都有不同的知识和经验，擅长不同的领域。有效利用谈判小组内各人的知识和经验，辨别谈判中的假象和阻碍因素并将它们排除，具有重大意义。

作为一个团队，要通过综合大家的知识和经验，再加以沟通合作来完成谈判任务。这个游戏可以让参与者体验一下各自在团队合作中的角色以及一起合作解决困难时存在的问题，同时也可以体验依靠大家的智慧解决问题的乐趣，认识到合作的重要性。

二、游戏内容

参与人数：8人一组，可分若干小组

时间：40分钟

材料：写有说明的卡片

场地：室内

游戏规则与程序：

（1）将参与者分成几个小组，最好不要让他们自由组合，由培训者指定小组成员，这样能为他们创造一个新的环境，以训练他们的沟通合作能力。

（2）给每个小组发一张卡片，卡片上面写有三条有关项目的说明，并且每组的三条说明中都有一条是错误的，每组要通过讨论辨别出错误的一条来。

（3）培训者在旁观察，记下每组的分析思路和方法，帮助各组分析他们的方法是否正确。

（4）表现优秀的小组可以获得奖励。

三、相关讨论

（1）你们这个团队中，大家在知识和经验领域有什么不同？

（2）在完成任务过程中，大家有没有发挥各自的优势？

（3）在讨论过程中，哪些人常常能坚持己见？哪些人善于与人合作？

游戏九　谈判策略——Queen 还是 King？

一、游戏目的

合作、守约、信任在谈判和经济交往中起着十分重要的作用。只有严格守约，才能达成信任，形成一个相对稳固的合作局面。如果有人不守约，尽管偶尔可能获得高额利益，但最终会导致谈判破裂，还会使得自己的合作伙伴越来越少。

这个游戏模拟了谈判磋商以及履约的过程。如果大家不谈判不合作，每个人都没有利益可得。如果谈判则可以取得一定的利益，但如果有背信弃义者出现，则谈判的成果又会被破坏，进入新一轮的恶性竞争。只有不断地达成协议，最终形成一个相对稳定、互相信任的局面。

二、游戏内容

参与人数：4人一组

时间：40分钟

材料：4张一面是 Q，一面是 K 的卡片

场地：室内

游戏规则和程序：

（1）每人一张卡片，卡片一边是 Q，另一边是 K，每个人可以自由选择自己出哪一面。

（2）总共玩10局。

（3）每5、7、9局可以商量出牌，其余局不能商量。

（4）最后统计大家的得分。

（5）计分规则：

1）出现4个Q时，每人输掉1分；

2）出现3个Q1个K时，出Q的人赢1分，K输3分；

3）出现2个Q2个K时，Q每人赢1分，K每人输2分；

4）出现1个Q3个K时，Q赢3分，K每人输1分。

5）当出现4个K时，每个人都赢1分。

（6）讨论结束后，总结常出现的几种情形：

1）在不商量的牌局中，所有的人都会选择出Q（个别会有例外）。因为如果有K出现时，出Q的肯定是得分；而没有K出现时，出Q的损失也最小（只输1分）。所以每个人为了自己的利益，必定会选择出Q。

2）在商量的几局中，大部分商量的结果是要求每个人都出K，因为只有全部是K时才能每个人都得1分，不会有扣分的情况。但相对来说，这样的利益也是比较均衡。

3）但在商量出K的情况下，也会有两种结果：一种是都按照商量的计划出K，结果与商量的完全一样，每个人都得到1分。另一种情况就是，有人不按照商量的计划出牌，擅自背叛约定改变为出Q。这样，背叛的人得到3分，其余守约的人都输掉1分。如果两方背叛，则背叛的各得2分，守约的各输2分，等等。

4）此外，还有比较少的几种情况是，有人一开始就出Q，因为他是基于一个公平合理的心理，认为这种情况才能双赢，以公平、善良的心理去推测别人，所以一开始也会出Q。如果在一个非常理想的状态下，大家都这样去行动，则是一个非常好的结果。但在实际的游戏中，各方并不了解，所以往往是输的一方。

5）最后的统计结果是，每个人都不会赢得太多分，很多的人都会是负数。

三、相关讨论

（1）你们起初的策略是什么？你们预期对方会采用什么战略？

（2）如何才能实现合作？

（3）如果重复玩这个游戏，结果会有什么不一样吗？

游戏十 双向沟通——闭上眼睛撕纸

一、游戏目的

我们平时经常使用单向的沟通方式,听者总是见仁见智,个人按照自己的理解来执行,结果通常都会出现很大的差异。但在双向沟通的过程中,差异会有所减少,但沟通过程的复杂性会大大增加。什么方法更好,这要依据实际情况而定。

二、游戏内容

参与人数:20 人左右最为合适

时间:15 分钟

材料:准备总人数 2 倍的 A4 纸(废纸亦可)

操作规则与程序:

(1)给每位参与者发一张纸。

(2)主持人发出单项指令。

1)大家闭上眼睛,全过程不许问问题。

2)把纸对折。

3)再对折、再对折。

4)把右上角撕下来,转 180 度,把左上角也撕下来。

5)睁开眼睛,把纸打开。

6)主持人会发现各种答案。

(3)主持人请一位参与者上来,重复上述的指令,唯一不同的是这次参与者们可以问问题。

三、相关讨论

(1)完成第一步之后可以问大家,为什么会有这么多不同的结果。

(2)完成第二步之后又问大家,为什么还会有误差(希望说明的是,任何参与沟通的人数及使用的方法都不是绝对的,它依赖于沟通者双方彼此的了解、沟通环境的限制等,沟通是意义转换的过程)。

游戏十一　有效沟通——瞎子摸号

一、游戏目的

让参与者体会沟通的方法有很多，当环境及条件受到限制时，你是怎样去改变自己，用什么方法来解决问题。

二、游戏内容

参与人数：8～10人为一组比较合适

时间：30分钟

材料及场地：摄像机、眼罩及小贴纸和空地

操作规则和程序：

(1) 让每位参与者戴上眼罩。
(2) 给每人一个号码，但这个号码只有本人知道。
(3) 让小组根据每人的号码，按从小到大的顺序排列出一条直线。
(4) 全过程不能说话，只要有人说话或脱下眼罩，游戏结束。
(5) 全过程录像，并在点评之前放给参与者看。

三、相关讨论

(1) 你是用什么方法来通知小组你的位置和号码？
(2) 沟通中都遇到了什么问题？你是怎么解决这些问题的？你觉得还有什么更好的方法吗？

游戏十二　数字传递

一、游戏目的

商务谈判中小组成员的合作配合十分重要，本游戏的目的在于培养谈判成员的团队合作与配合精神。

二、游戏内容

参与人数：5～8人为一组，可分若干小组

时间：30分钟

材料及场地：小贴纸和空地

操作规则和程序：

（1）将参与者分成若干组，每组5～8人，选派一名组员担任监督员。

（2）所有参赛的组员排成纵列队，主持人向全体参赛者和监督员宣布游戏规则。

（3）各队代表到主席台前，主持人给他们看一个数字，并要求他们必须把这个数字通过肢体语言让小组全部成员都知道，并且让小组的第一个队员将这个数字写到讲台前的白纸上（写上组名），看哪个小组最快最准确。

（4）全过程不允许说话，后面一个队员只能通过肢体语言向前一个队员进行表达，通过这样的方式层层传递，直到第一个队员将这个数字写在白纸上。

（5）比赛进行三局（每局数字分别是0、900、0.01），每局休息1分15秒。第一局胜利积5分，第二局胜利积8分，第三局胜利积10分。三局总分最高者获胜。

三、相关讨论

（1）P（计划）、D（实施）、C（检查）、A（改善行动）循环模式在这个游戏中如何得到体现？

（2）在四个步骤的循环模式中，哪个步骤最重要？

游戏十三　双赢谈判

一、游戏目的

从长远来看，谈判应该是合作的双方都有所得，即使其中有一方做出牺牲，也应是双方各有所得，因此，有人称谈判是"合作的利己主义"的体现。合作使谈判的成果丰硕，使达成的协议能经受住时间的考验，因此在成功的谈判中双方都是胜者。该游戏的目的是让学员通过游戏去找到"双赢谈判是否等于优势谈判"的答案。

二、游戏内容

形式：人数不限，特别适合大型的公开课和演讲
类型：谈判技巧
时间：3～5分钟
材料：无
场地：室内
操作程序：

（1）培训师对所有的学员说："请你们就近找到另外一位伙伴作为你的拍档，面对面地站着，用你的右手同你的拍档握手，等一下我说'预备，开始！'你就把他的手拉过来，靠在你的腰上，这样你就得一分；万一你的手被你拍档拉过去，靠在他的腰上，那么他就得到一分。时间是30秒，看谁得分最多即为获胜者（培训师可以请一个学员上台来和自己示范一次）。"

（2）接下来培训师说："你们已经看清楚了我做的示范了吗？现在你们握紧你们拍档的手，30秒计时开始。"（可以放一点节奏比较轻快的音乐）

（3）时间到，培训师宣布游戏结束。统计一下，在这个拉扯的过程中，分别请得分20分以上和得分5分以下的举手，然后将他们分成两组，请他们分别上台表演（第一次按照自己最开始想的做，告诉他们学习是成长突破的开始，第二次再按照得20分以上的一组表演的再做一次），同时组织学员进行相关讨论。

三、相关讨论

（1）为什么有的人在同样的时间内可以得到20分以上，而有的人却连5分都得不到？

可能答案或思考方向：能够得20分以上，说明你和你的拍档都在互动当中，因为只有互动才能双赢；而得分不足5分的，是因为他们都只希

望自己得分，只希望自己胜出，双方越是这样就越不能和谐，最后双方都很难碰到自己的腰，这样的局面就会僵持不下。这就好比谈判过程中双方都很想靠近自己的立场而忽视了对方的立场。

（2）这个游戏对我们学习谈判技巧有什么启示？

思考方向：通过游戏我们懂得了一个道理，那就是买卖双方在谈判中获得了双赢，这就是优势谈判，谈判要胜利，就得让对方获胜，己方获利，这才是真正的双赢。

游戏十四　赌筹码

一、游戏目的

良好的沟通促进问题的解决，管理者要学会使用沟通技巧解决实际问题。体会谈判的本质，学习如何在谈判中建立信赖关系，让组员掌握沟通技巧。

二、游戏内容

游戏人数：8人

游戏时间：30～40分钟

游戏场地：教室

材料：每人一个装有7个筹码的信封，筹码共5种颜色，分别为黄、红、蓝、绿、白，每人10元人民币（组员自己准备）。

游戏规则和过程：

（1）主持人宣布这是一个真正的谈判，而不仅仅是一个游戏。它需要每个参与者投资10元钱。

（2）主持人将装筹码的信封发给每个参与者，这是他们在整个游戏中所能使用的全部资源，任何人不可以再用别的钱或其他资源。

（3）利用你的资源与别人进行谈判，谈判过程中，你可以用钱买其他人的筹码，也可以用自己的筹码交换他人的筹码。

（4）整个游戏分成5段，每段为一个谈判单元，每段时间为2分钟，段与段间隔半分钟。

（5）在每一段中，你可以和一位其他参与者谈判，以达到你的目标。每次谈判的目标由你自己决定，在每段 2 分钟的谈判过程中，你都必须只和另外一位参与者单独谈判，即使你们觉得最终协议无法达成，无事可做，也不许更换对手。

（6）在每场间隔的半分钟期间，不允许交谈。在这个阶段，每个参与者应分析情况，分析各类颜色筹码的供求，设想你的目标及达到目标的策略及下段时间的谈判人选等。

（7）整个活动（5 轮谈判）结束之后，主持人向获得 20 分以上的参与者每分奖励 1 元。得 30 分以上的参与者将获得"谈判高手"称号。

（8）计分标准：每个筹码算 1 分，每 1 分钱算 1 元。可得到 20 分以上的办法：①8 个任何同一种颜色的筹码为 20 分；②9 个任何同一种颜色的筹码 25 分；③10 个任何同一种颜色的筹码为 30 分；④10 个任何两种颜色的筹码，且每种颜色为 5 个为 20 分；⑤12 个任何两种颜色的筹码，且每种颜色为 6 个为 30 分。

三、相关讨论

（1）你得到了多少分？赔了还是赚了？

（2）你是怎样得到这个成绩的？你觉得促使谈判成功的最主要因素是什么？

（3）你一开始确定的目标是怎样的？在谈判过程中你运用了什么沟通技巧来实现目标？

游戏十五　积极反馈

一、游戏目的

积极的反馈在谈判沟通中有着非常重要的作用，不但可以鼓励人们分享更多信息，也助于双方合作找出多种方案。

二、游戏内容

游戏人数：集体

游戏时间：30～40分钟

游戏场地：教室

游戏规则和过程：

（1）游戏开始前，向大家暗示，我们每个人都希望赢得别人的尊重，都需要别人积极鼓励。

（2）将团队分成若干个小组，每两个人一组。

（3）让每人写出4～5个他们所注意到的自己搭档身上的特点。诸如：一个外表上的良好特征，如甜美的笑容、悦耳的嗓音等；一种极其讨人喜欢的个性，如体贴他人、有耐心、整洁细心等；一种引人注目的才能或技巧，如良好的演讲技巧、打字异常准确等。所列出的各项都必须是积极的、正面的。

（4）当他们写完后，每两个人之间展开自由的讨论，每个人都要告诉对方自己所观察到的东西。

建议每个人把他的搭档所做的这些积极的反馈信息记录下来，在自己很沮丧的时候读一读。

三、相关讨论

（1）你觉得进行这个游戏愉快吗？如果不是，为什么？（对于这些积极的反馈信息的接收者或施予者来说，这个游戏可能是个全新的体验）

（2）为什么对我们中的大多数人来说，赞扬别人是一件困难的事情？

（3）为什么能让我们更加轻松地给予别人积极的反馈信息？（首先发展相互之间密切的关系，提供确切的证据，选择适当的时间）

（4）如何使自己更加轻松地接受别人反馈的积极肯定的信息？（尝试去优雅地接受它；在对它进行质疑前，先好好地思考一下它的正确之处，允许自己对它感觉良好）

（5）为什么有些人很快就给别人负面的评价，几乎从来不提别人的好处？

游戏十六　摆放积木

一、游戏目的

通过该游戏的训练，提高直接面向客户的销售人员的沟通能力和反应能力。

二、游戏内容

参加人数：5～7人一组
道具：积木若干，眼罩若干
场地：空地或教室
游戏规则和程序：

（1）请全体参与者将现成的玩具模型的结构（通常是飞机或房屋的结构）研究一下，时间是1分钟。

（2）将参与者分成若干小组，每组5～7个人，并且从每个小组挑出一个人蒙上双眼，同时将玩具模型拆开打乱。

让小组的其他成员参考该模型的图片，指挥这个被蒙上眼睛的参与者将模型重建起来。要求大家通过语言来指挥这位蒙上眼睛的参与者，诸如"摸到一块2厘米宽的积木，放在左下角的位置"，而不能直接将零碎的积木放到他手中。

注意事项：只能用语言来指挥，不能动手帮助。

三、相关讨论

（1）该游戏可用于沟通游戏当中，主要说明如何与陌生人进行交往的一些知识。

（2）对于直接面向客户的销售人员的沟通能力很重要，要懂得循序渐进地将顾客心理的保护屏障一层层剥掉，使顾客产生信任，促使销售成功。

（3）此游戏还可以进行改编，即将原先的分组重新组合，每6人一个组，原来的搭档必须仍在同一组，可由A扮演B的角色，以B的身份说出刚刚所掌握的B的情况，并告诉其他队员。做完之后互换角色，达到小组成员能够迅速地认识同伴并建立关系。

游戏十七　博弈游戏

一、游戏目的

这个游戏再现了商业领域的竞争关系和定价策略,从而为参与者提供了实战演习的机会。这个游戏是典型的博弈论思想的体现,反映在"背靠背"的情况下怎样猜测对手的想法。

二、游戏内容

参加人数:20人左右

时间:30分钟

道具:幻灯片

游戏规则和程序:

(1) 将参与者分成5个组,每个组将分别代表一家航空公司。市场经营的规则就是:所有航空公司的利润率都维持在9%;如果有3家以下的公司采取降价策略,降价的公司由于薄利多销,利润率可达12%,而没有采取降价策略的公司利润率则为6%;如果有3家或3家以上的公司同时降价,则所有公司的利润都只有6%。

(2) 每个小组派代表到小房间里(当然,如果条件不允许,也可将各小组分开,最重要的是让他们有独立思考的空间),主持人给他们交代上述游戏规则,并告诉小组代表,他们之间需要通过协商初步达成一种协议。初步协商之后小组代表回到小组,并将情况向小组汇报。

(3) 小组经过讨论5分钟之后,需要得出最终的决策:降还是不降?并将决定写在纸条上,同时交给主持人。

(4) 主持人公布结果。

(5) 可重复一至两次,看大家的选择又会是什么。

(6) 注意事项:本游戏看似简单,但结果往往出人意料但又在意料之中,因为大部分公司都会选择降价,结果往往会导致两败俱伤。

三、相关讨论

(1) 作为小组代表,在和别组代表讨论时,你的出发点是什么?你隐瞒了什么？采用了什么战略？

（2）回到自己的小组中，你们的决策是在什么基础上产生的？你们是否遵守了几个小组达成的共识？你们是否运用了博弈论？

（3）这个游戏可以用博弈论中的典型案例——囚徒困境来分析。如果每家航空公司都采取不降价的策略，便可以使彼此均保持9%的利润率，但是受到降价后12%利润率的吸引，很多人还是会选择降价。在这种选择下，每家公司都降价将导致行业利润率的集体下降，最终利润率变成6%，但这种结果是无法避免的，因为每家公司都在追逐高利润。怎样才能保持公司的高利润率呢？

（4）这个游戏告诉我们两个道理：一是不要假定竞争对手比你傻。二是不要打价格战，因为价格战没有赢家。经营行为还是应该按照行业规则和市场需求操作。

游戏十八　拍卖游戏

一、游戏目的

通过该游戏的实训，可以提高谈判者的心理素质，理顺其竞争心态和增强其决策能力。

二、游戏内容

参加人数：不限

道具：100元1张的人民币，拍卖锤子和举手牌

场地：空地或教室

游戏规则和程序：

（1）主持人向全体参与者宣布拍卖标的为这一张100元的现钞。

（2）主持人宣布规则：①从价格的5%开始，也就是5元开始出价；②最高和第二高的投标者必须都支付他们的最终最高出价金额；③但只有最高的出价者赢得100元的奖金。

（3）开始拍卖。

三、相关讨论

（1）如何避免早期不合理的升级。

（2）"胜利"可能具有的各种含义。

（3）游戏可能的发现：①在绝大多数游戏中，最高和第二高的出价者都会支付超过拍卖的金额；②在很多情况下，你会从双方收集到超过100元（即总共200元）；③出价通常从房间的所有4个角落开始迅速从5元开始推动价格；④在50元和100元之间，你通常只有2个玩家留在游戏中；⑤当出价超过100元时，你可能会从房间里大笑起来。你不需要让任何一个玩家继续，但你可以质疑他们，并给他们额外的时间考虑在结束谈判拍卖之前从3到1倒计时。

（4）为什么会出到这么高价？①玩家被吸引到获得100元的前景，获得小额前期投资。②玩家后来被困在接近100元的水平，不想失去他们100元的出价。他们希望另一边在下一个出价后下降，让他们以最小的损失逃脱。③自我也扮演一个角色——没有一方想退回在其他参与者面前退让，显得没面子。玩家大脑的边缘情感部分推翻了大脑的高等脑皮质部分。④此外，我们希望与我们早先的承诺保持一致。退出的话也许意味着承认我们是傻瓜，首先进入投标战争。通常这会导致为赢而付出任何代价。

游戏十九　用力推

一、游戏目的

这是一个快速简单但费力的活动，显示有两种方式让别人做我们想要他们做的事。我们可以推他们，在这种情况下，我们一定会得到抵抗，或者我们可以拉他们，或换句话说，向他们陈述我们的观点，解释原因，告诉他们为什么我们希望他们采取这个行动。因此，结果可能是期望较低或没有阻力。该游戏的目的主要是训练谈判者如何成功地让谈判对手接受我们想要他们做的事。

二、游戏内容

参加人数：20人左右

时间：20分钟

场地：空房间或教室

游戏规则和程序：

（1）让一半的参与者退出房间2分钟，另外一半留在房间里。

（2）向留在房间里的参与者说明：在另外一半人进来的时候，迅速找到一位搭档；并要求搭档举起他/她的手臂，使他们的手掌面对他们。

（3）游戏分为两轮。

第一轮，参与者开始推动他们的合作伙伴，没有任何解释，试图让他们去房间的对面，本能地，他们的合作伙伴将开始抵制。

第二轮，每个参与者必须非常温柔地问他/她的伙伴，并给他们一个理由，他们希望他们陪伴他/她到房间的另一边。

三、相关讨论

（1）第一轮游戏和第二轮游戏的区别在哪里？

（2）为什么在第一轮当中大家会抵抗？

（3）第二轮游戏当中，你们是如何和搭档沟通的？

游戏二十　这是几呢？

一、游戏目的

谈判时，我们可能需要跳出既定的框架去思考和找到解决方案。这个游戏是为了让参与者意识到框架对我们的影响，以及如何才能跳出框架思考谈判中存在的问题。

二、游戏内容

参与人数：30人

材料与场地：5支铅笔或其他任何物品

时间：20分钟

游戏规则和过程：

（1）要求参与者看看主持人用铅笔正在做的模式，并给它一个数字。你可以尽可能多地做不同的模式。正确的数字总是指你显示的手指数，而不是项目的图案。比如说：

1）垂直放置1个物品，在桌子上或膝盖上显示一根手指，说它是一个"1"。

2）垂直放置2个物品，并在桌子上或膝盖上显示两根手指，说它是一个"2"。

3）垂直放置3个物品，在桌子上或膝盖上显示三根手指，说它是一个"3"。

4）水平放置4个物品，在桌子上或膝盖上显示4根手指，说它是一个"4"。

5）将5个物品十字交叉，并在桌子上或膝盖上显示5根手指，说是一个"5"。

6）水平放置1个物品，在桌子上或膝盖上显示1根手指，说它是一个"1"。

（2）接下来，创建新模式，并要求参与者告诉你数字是多少。答错者被淘汰，答对者继续参与游戏。

（3）可以做之前做过的模式，但是用不同手指，问他们数字。

（4）加快速度，直到有人每次都回答正确时，说明他们可能猜出规则了，就可以停止游戏。

三、相关讨论

（1）这游戏困难吗？困难在哪里？

（2）你们是在看物品摆放的模式，还是看手指？

（3）当物品的数字和手指的数字不一致时，你们有什么感受？

（4）对于坚持到最后的人们，尽管你们已经知道了规则，你们是如何避免物品模式对你造成的干扰？

参考文献

[1] Martin, D., Mayfield, J., Mayfield, M., & Herbig, P. *International Negotiations: An Entirely Different Animal* [M]. New York: The McGraw-Hill Companies, 2003.

[2] Reitz H. J., Wall, J. A., & Love M. S. (Jr.) Ethics in Negotiation: Oil and Water or Good Lubrication [C]. *Negotiation: Readings, Exercises, and Cases*. New York: McGraw Hill Education, 2002: 230-244.

[3] Salacuse, J. W. *Intercultural Negotiation in International Business* [M]. New York: The McGraw-Hill Companies, 2003.

[4] Friedman, R. A., & Shapiro, D. L. Deception and Mutual Gains Bargaining: Are They Mutually Exclusive? [C]. *Negotiation: Readings, Exercises, and Cases*. New York: McGraw Hill Education, 2002.

[5] Wokutch, R. E., & Carson, T. L. The Ethics and Profitability of Bluffing in Business [C]. *Negotiation: Readings, Exercises, and Cases*. New York: McGraw Hill Education, 2002: 224-229.

[6] Lewicki, R. J., Barry, B. & Saunders, D. M. *Negotiation: Readings, Exercises and Cases*. New York: McGraw-Hill, 2015.

[7] 安昌光. 中美商务谈判风格差异的跨文化分析 [J]. 中国商贸, 2010, (29): 230-231.

[8] [英] 巴里·莫德 (Barry Maude). 国际商务谈判: 原理与实务 [M]. 吴易明, 译. 北京: 中国人民大学出版社, 2016.

[9] 白远. 国际商务谈判: 理论、案例分析与实践 [M]. 4版. 北京: 中国人民大学出版社, 2015.

[10] [美] 查尔斯·W. L. 希尔. 国际商务: 全球市场竞争 [M]. 曹海陵, 刘萍, 译. 北京: 中国人民大学出版社, 2002.

[11] 陈福明. 商务谈判 [M]. 北京: 北京大学出版社, 2006.

[12] 崔建远. 合同法 [M]. 北京: 北京大学出版社, 2012.

[13] [美] 斯图尔特·戴蒙德. 沃顿商学院最受欢迎的谈判课 [M]. 杨晓红, 李升炜, 王蕾译. 北京: 中信出版社, 2012.

[14] [美] 戴维·迈尔斯. 心理学 [M]. 黄希庭, 等译. 北京: 人民邮

电出版社，2013.

[15] [美] 丹尼·厄特尔，马克·戈登. 成交只是起点——为顺利履行合同而谈判 [M]. 张龙，吴元元，郭薇，译. 北京：商务印书馆，2009.

[16] 丁建忠. 国际商业谈判 [M]. 北京：中信出版社，1994.

[17] 窦然，姚大伟. 国际商务谈判与沟通技巧 [M]. 上海：复旦大学出版社，2009.

[18] 樊建廷. 商务谈判 [M]. 大连：东北财经大学出版社，2003.

[19] [美] 艾莉卡·爱瑞尔·福克斯. 哈佛谈判心理学 [M]. 胡姣姣，译. 北京：中国友谊出版社，2014.

[20] 龚荒. 商务谈判与沟通——理论、技巧、实务 [M]. 北京：人民邮电出版社，2014.

[21] 韩玉珍. 国际商务谈判实务 [M]. 北京：北京大学出版社，2006.

[22] 高玉清，孙越. 论文化差异对中美商务谈判的影响 [J]. 吉林省经济管理干部学院学报，2009（2）.

[23] 黄卫平，董丽丽. 国际商务谈判 [M]. 北京：机械工业出版社，2016.

[24] 黄卫平，丁凯，宋洋. 国际商务谈判 [M]. 北京：中国人民大学出版社，2011.

[25] 焦慧娟，王永祥. 价值观差异对中美商务谈判风格的影响 [J]. 文学教育（中），2012（12）：34.

[26] 井润田，席酉民. 国际商务谈判 [M]. 北京：机械工业出版社，2006.

[27] [瑞] 克劳德·塞利奇，苏比哈什·C. 贾殷. 国际商务经典译丛：国际商务谈判 [M]. 檀文茹，等译. 北京：中国人民大学出版社，2014.

[28] 李会影. 销售中的心理学策略 [M]. 北京：中国纺织出版社，2013.

[29] 李品媛. 现代商务谈判 [M]. 大连：东北财经大学出版社，2005.

[30] 李爽，于湛波，张宇慧，等. 商务谈判 [M]. 北京：清华大学出版社，2015.

[31] 梁发芾. 关于道德的黄金法则 [N/OL]. 2006-07-29，http://

fa66. blog. 163. com.

[32] 林海. 跨文化因素对中美商务谈判的影响［J］. 经济师, 2004 (10).

[33] 林志鹏. 国际商务谈判中文化差异的影响及应对策略［J］. 现代经济信息, 2015, (2): 122.

[34] 刘春生. 国际商务谈判［M］. 北京: 电子工业出版社, 2016.

[35] 刘宏, 白桦. 国际商务谈判［M］. 大连: 东北财经大学出版社, 2011.

[36] 刘宏. 国际商务谈判［M］. 大连: 东北财经大学出版社, 2015.

[37] 刘静. 软实力视域下传统文化输出的问题与对策［J］. 河南大学学报（社会科学版）, 2011 (2).

[38] 刘金波, 王葳. 国际商务谈判［M］. 北京: 北京大学出版社, 2012.

[39] 刘向阳. 国际商务谈判［M］. 北京: 机械工业出版社, 2009.

[40] 刘元. 国际经济与贸易专业: 国际商务谈判［M］. 北京: 首都经济贸易大学出版社, 2014.

[41] 刘元. 国际商务谈判［M］. 北京: 北京大学出版社, 2016.

[42] 刘园. 国际商务谈判［M］. 北京: 对外经济贸易大学出版社, 2012.

[43] ［澳］罗伯特. 国际商务谈判（英文版）［M］. 北京: 对外经济贸易出版社, 2009.

[44] ［美］罗杰·费希尔, 威廉·尤里, 布鲁斯·巴顿. 谈判力——无需让步的说服技术［M］. 王燕, 罗昕, 译. 北京: 中信出版社, 2009.

[45] 吕晨钟. 学谈判必读的95个中外案例［M］. 北京: 北京工业大学出版社, 2005.

[46] 马红梅. 现代商务谈判语言研究［D］. 成都: 四川师范大学, 2008.

[47] 穆海涛. 国际商务谈判如何跨越文化障碍［J］. 中国商贸, 2011, (08): 240-241.

[48] ［美］乔·纳瓦罗. FBI教你读心术［M］. 王丽, 译. 长春: 吉林文史出版社, 2009.

[49] 曲洋. 国际商务谈判［M］. 北京: 化学工业出版社, 2011.

[50] 宋莉萍. 商务谈判理论、策略与技巧［M］. 上海: 上海财经大学出

版社，2012.
- [51] 孙南申．国际商法［M］．杭州：浙江大学出版社，2010.
- [52] 孙平．国际商务谈判［M］．武汉：武汉大学出版社，2011.
- [53] 汤秀莲．国际商务谈判［M］．天津：南开大学出版社，2008.
- [54] 田玉来．国际商务谈判［M］．北京：电子工业出版社，2008.
- [55] 汪飞燕，黄锐．国际商务谈判［M］．北京：中国科学技术大学出版社，2013.
- [56] 王淙，丁晶．国际商务谈判［M］．北京：对外经济贸易大学出版社，2013.
- [57] 王天驰．国际商务谈判中文化差异的影响分析［J］．商场现代化，2014，(26)：167-169.
- [58] 文四英．国际商务谈判的道德运作［J］．经济与社会发展，2002 (11)：144-146.
- [59] 薛荣久，蒋小桦．国际商务谈判［M］．重庆：重庆大学出版社，2010.
- [60] 殷庆林．商务谈判［M］．大连：东北财经大学出版社，2013.
- [61] 于国庆，田南生．国际商务谈判［M］．大连：大连理工大学出版社，2014.
- [62] 于湛波，李爽．商务谈判（第2版）［M］．北京：清华大学出版社，2011.
- [63] 袁其刚．国际商务谈判［M］．北京：高等教育出版社，2014.
- [64] 张祥．国际商务谈判——原则、方法、艺术［M］．北京：社会科学文献出版社，2014.
- [65] 仲鑫．国际商务谈判［M］．北京：机械工业出版社，2011.
- [66] 周黎明．国际商法［M］．北京：北京大学出版社，2014.
- [67] 周晓菊．国际商务谈判［M］．北京：中国电力出版社，2010.
- [68] 陈红．商务谈判语言的特点及运用技巧［J］．贵州师范学院学报，2011 (5).
- [69] 杨伶俐，张焊．从跨文化视角分析中美商务谈判风格差异［J］．国际商务（对外经济贸易大学学报），2012，(04)：15-22.
- [70] 张蓓．国际商务谈判中的道德与伦理［J］．信息化建设，2015 (11).

[71] 张华. 试析商务谈判的非道德行为 [J]. 社会心理科学, 2004 (5).

[72] 赵芳, 吴玮, 韩晓燕. 国际商务谈判中的跨文化障碍及应对策略 [J]. 河北经贸大学学报, 2013, (4): 96-99.

[73] 10个经典培训小游戏 [J/OL]. 百度文库. https://wenku.baidu.com/view/3f468fe1b307e87100f6960e.html.

[74] 互动游戏. 经典培训小游戏两则 [J/OL]. http://www.hudong67.com/article/161.html.

[75] 创新游戏: 双赢谈判 [J/OL]. 金羊网. http://www.ycwb.com/gb/content/2004-08/03/content_734963.htm.